우계학파 연구

우계학파 연구

황의동 지음

서광사

우계학파 연구

황의동 지음

펴낸이―김신혁
펴낸곳―서광사
출판등록일―1977. 6. 30.
출판등록번호―제 6-0017호

(130-820) 서울시 동대문구 용두 2동 119-46
대표전화 · 924-6161 팩시밀리 · 922-4993 E-mail · phil6161@chol.com
http://www.seokwangsa.co.kr

지은이와의 합의하에 인지는 생략합니다.

제1판 제1쇄 펴낸날 · 2005년 10월 30일

ISBN 89-306-4009-5 93150

이 책을 내면서

한국유학사는 크게 보아 기호학파와 영남학파라는 두 산맥을 중심으로 형성 발전되어 왔다. 그리고 다시 기호학파는 율곡학파, 영남학파는 퇴계학파가 그 주류로 기능해 온 것이 사실이다. 물론 학파는 지역적 연고나 인물중심 그리고 철학의 특성에 따라 다양하게 분류될 수도 있다. 최근 우리 학계에서는 유학사의 정립이라는 차원에서 학파에 관한 연구가 활기를 띠고 있다. 한국사상사연구회가 편찬한 《조선유학의 학파들》은 그러한 노력의 산물이다. 그럼에도 불구하고 '우계학파'라는 말은 생소한 말이고, 우리 학계에서 공인된 이름이라고 보기에는 아직 이르다. 그것은 우계학파가 갖는 학문적 정체성 그리고 유학사 속에서의 역할과 위상에 대한 의문 때문이다. 우리가 하나의 학파를 말할 때는 적어도 그 학파 나름의 철학적 특성을 갖고 있어야 하고, 그들의 역할과 위상이 역사 속에서 객관적으로 인정될 수 있어야 한다. 이러한 조건을 염두에 두었을 때 과연 우계학파는 가능한가?

사실 우계 성혼 자신만 하더라도 그는 율곡과 연관하여 다루어 온 감이 없지 않다. 좀 더 심하게 표현하면, 항상 율곡의 주연 속에 하나의 조연으로 인식되어 온 것이 사실이다. 더구나 우계와 율곡, 율곡과 우계는 평생을 함께 한 막역한 도우였고, 정치적으로도 서인의 지도자로서 운명을 같이 해 왔기 때문이다. 그리하여 우계와 율곡 두 사람은 모두가 문묘에 배향된 18현으로 영광을 함께 했고 또 한때는 함께 쫓겨나기도 했다가 다시 회복되기도 했다. 이러한 두 사람의 운명적인 만남과 삶이 '혼(渾)'이 곧

이(珥)요 이(珥)가 곧 혼(渾)'이라고 할 만큼 가깝게 보였고, 그 과정에서 우계는 늘 율곡의 그늘 아래 묻혀 왔다.

그러나 근래 우계문화재단을 중심으로 우계에 대한 학문적 연구가 활기를 띠면서, 우계의 학문적 특성과 그의 도학적 위상이 점차 조명되기 시작했다. 김충렬 교수의 〈우율사칠논변평의〉는 그 대표적인 성과의 하나라고 볼 수 있다.

'우계학파'라는 말이 우리 학계에서 사용된 것은 최근이다. 장지연의 《조선유교연원》이나 현상윤의 《조선유학사》 그리고 배종호의 《한국유학사》, 이병도의 《한국유학사》, 유승국의 《한국의 유교》에서도 우계학파라는 말은 보이지 않는다. 근래 조선조 유학을 학파별로 본격적으로 검토한 《조선 유학의 학파들》에서도 우계학파는 없다. 다만 기호학파 내에 율곡학파와는 다른 생각을 지닌 어떤 흐름이 있다는 인식이 서서히 자리잡게 된 것은 유명종 교수의 논문이나 최완기 교수의 《한국성리학의 맥》을 통해서라고 볼 수 있다. 이들은 이를 정치적 당파와 연관하여 '소론학파' 내지 '소론계의 학파'라고 불렀다. 또 고영진 교수는 《조선중기 예학사상사》에서 '성혼학파'라는 말을 사용하고 있다. 최완기 교수가 그의 저서에서 우계학맥에 주목하고, '소론학파'로 분명히 규정하여 다룬 것은 높이 평가할 일이다.

필자는 한국성리학을 연구하면서 많은 유학자들에 대한 개별 연구를 수행해 왔다. 거의 기호학파 유학자들에 대한 연구가 주류를 이루었다. 그 중에도 특히 율곡연구는 나의 중심과제였다. 그러던 중 우계연구의 기회가 주어졌고, 그 과정에서 율곡과는 다소 구별되는 우계의 학문적 특성과 그 뿌리 그리고 그의 학문적 체취가 유학사에 길게 드리워 있다는 사실을 발견하게 되었다. 사변적인 성리 이론보다는 유학 본래의 실천을 중시하고, 대의명분에 집착하기보다는 현실적인 실리에도 눈을 돌리며, 자기 학설의 고집보다는 다른 학설에 대해 귀를 기울이고, 자기수양을 중시하고 마음공부를 강조해 온 하나의 큰 흐름을 볼 수 있었다. 이들의 개방적 학풍, 탈사변적 학풍, 마음공부에의 몰두는 마침내 육왕 심학을 여는 데 주도적인 역할을 하였다. 물론 이러한 특성은 율곡이나 그 후예들에게 있어서도 전혀 없는 것은 아니다. 그러나 문제는 율곡 이후 전개된 율곡학파의 학문적 정체성에서 그 차이를 발견하게 된다. 그리고 이러한 차이는 이념적 차이와 함께 윤증, 박세채를 중심으로 '소론'이라는 정치적 독립으로 이어졌다. 학문적으로도 율곡과 주고받은 편지 속에서 우계의 입장은 조용하지만 나직이 잘 표현되어 있고, 율곡과의 우정을 넘어 퇴계설을 수용하는 태도를 보여 주고 있다. 이러한 전통은 조익·임영·박세채 등의 성리설을 통해 드러나 있고, 이재·이단상 등 비사승 율곡 계열과 밀접히 연관되어 있다. 또한 우계학파는 박세채를 제외하고는 거의 이기심성론에 대해 무관심한 것이 특징이다. 이는 율곡학파가 지속적으로 줄기차게 이기심성에 대한 철학적 논구에 매달린 것과는 좋은 대조를 이룬다.

이렇게 볼 때, 우계학파는 한국유학사에서 그리고 기호유학 내에서 하나의 학파로서 인정받기에 충분하다. 인맥으로 보면 우계 직계의 문인이었던 윤황, 최기남, 강항, 안방준, 조헌, 정엽, 황신, 김집, 신흠, 이정구, 김상용, 이항복, 이귀, 이시백, 김덕령, 이수광 등이 있고, 이후 윤선거, 윤순거, 윤증, 윤동원, 권극중, 권득기, 권시, 권이진, 조익, 조지겸, 조복양, 장유, 최명길, 최후량, 최석정, 최창대, 남구만, 박세채, 박세당, 박태보, 오윤겸, 오도일, 나만갑, 나량좌, 한영기, 정제두 등이 그 중심인물이다. 우계학파는 16세기 우계의 문인들을 중심으로 그 학풍이 온존되다가, 윤선거에 이르러 서서히 그 정체성이 노정되었고, 윤선거의 강도사건, 묘지명사건 이후 송시열과의 결별을 계기로 윤증, 박세채를 중심으로 정치적 독립을 선언하는 동시에 이념적으로도 자기정체성을 천명하기에 이르렀다. 다른 한편으로는 조익, 이시

8

백, 장유, 최명길, 신흠 등이 관심을 보였던 육왕심학이 정제두에 이르러 분명하게 드러나면서 '강화학파'를 낳게 되었다.

필자는 먼저 제1장에서 우계학파가 형성되게 된 가학적 배경과 역사적 배경을 검토하였고, 여말 절의파에 연결되는 우계학파의 연원에 대해 살펴보았다. 그리고 우계학파의 가학적 연원으로서 성삼문, 성수침, 성제원의 의리정신과 도학적 삶에 대해 고찰해 보았다. 이어 구체적으로 우계학파가 어떻게 형성되었고 이후 어떻게 전개되어갔는가를 짚어 보았으며, 우계학파의 사상적 특성에 대해 논구하였다.

다음 제2장에서는 우계 성혼의 삶과 인품, 율곡과의 학문적 교유 그리고 그의 세계이해와 인간이해에 대해 고찰하였다. 또한 우계의 정신건강법과 교육사상 그리고 경세사상에 대해 살펴보았다. 끝으로 제3장에서는 각론으로, 우계학파의 중심인물인 조헌, 윤황, 안방준, 조익, 권시, 윤선거, 윤증, 박세당, 박세채, 정제두 등의 학문과 사상에 대해 개략적으로 서술하였다.

이 책은 우계학파의 가능성을 검토한 연구서로서 시작에 불과하다. 학계의 애정 어린 질정(叱正)과 이후 지속적인 연구를 기대한다. 기호학파는 곧 율곡학파를 의미했다면, 이제 이 책을 통해 '우계학파'라는 또 하나의 큰 기호준령이 존재함을 인식할 수 있다면 그것으로 의미를 갖는다. 이 책을 집필하기까지 성원과 격려를 해 주신 우계문화재단(이사장 성낙정)에 감사의 인사를 올리며, 끝으로 이 책을 출간해 주신 서광사 김신혁 사장님을 비롯한 편집부 여러 선생님들에게 고마운 뜻을 표한다. 또한 어려운 여건에서도 가정을 지키며 성원해 준 아내 오정희에게도 감사의 정을 보낸다.

2005년 9월
台巖書齋에서 황의동 올림

차 례

제1장 우계학파

제1절 우계학파 형성의 배경

'우계학파(牛溪學派)'는 아직 우리 학계에서 생소한 이름이다. 그것은 그 동안 우계 성혼의 사상과 그의 유학사적 위상이 율곡 내지 율곡학파에 가리워 제대로 드러나지 못한데서 기인한다.[1] 우리 학계에서의 우계 학맥에 대한 관심과 연구성과를 보면 매우 미흡한 편이다. 물론 근래 '우계문화재단'에 의해 우계의 학문과 사상이 어느 정도 연구되고 있음은 다행한 일이지만, 우계의 학맥에 관한 보다 체계적이고 심층적인 연구는 아직 없었던 것으로 이해된다. 예컨대 장지연의《조선유교연원》에서는 우계에 대한 언급은 있으나 학맥에 대한 언급은 전혀 없고, 현상윤의《조선유학사》에서도 우계 학맥의 존재는 당쟁시대의 유학 정도로 언급되고 있고, 이병도의《한국유학사》에서도 '서인학파', '남인학파'로서의 분류는 하고 있지만, 우계 학맥에 대한 유학사적 위상은 미흡한 편이다. 특히 조선조 유학을 학파별로 조명한《조선유학의 학파들》[2]에서도 관학파, 전기사림파, 후기사림파, 화담학파, 퇴계학파, 남명학파, 율곡학파, 서애학파, 학봉학파, 탈주자학파, 기호남인학파, 낙학파, 호학파, 녹문학파, 강화학파, 성호학파, 북학파, 노사학파, 화서학파, 한주학파, 간재학파, 개화파 등으로 자세히 분류하고 있지만, 우계 학맥에 대한 배려는 따로 없다.

다만 최완기는《한국성리학의 맥》에서 우계 학맥에 주목하고,

---

1) 이 점에 착안하여 김충렬은 〈우율사칠논변평의〉(《성우계사상연구논총》, 우계문화재단, 1991)에서 우계 성혼의 학문적 특성과 그 위상을 새롭게 조명한 바 있다.

2) 예문서원, 서울, 1996.

'소론성리학'이라는 이름으로 별도의 학맥으로 분류하고 있으며,[3] 곳곳에서 '우계학파'라는 명칭을 사용하고 있다.[4] 또 유명종은 우계를 '절충파의 비조(鼻祖)'로 규정하고, 이와 연관하여 그의 학맥을 가늠해 보고 있으며,[5] 고영진은 '성혼학파'라는 말을 사용하고 있을 뿐이다.[6]

우리가 어떤 하나의 학파를 말할 때는 그 학맥의 학문적 특성이 존재하고, 사우간에 학풍을 공유하며, 나아가 그것이 하나의 학자 군으로 결속되어 유지되었을 때를 말한다.

그런데 학파의 범주를 어떻게 설정하고 그 속에 어떤 기준을 정하여 인물을 포함할 것인가는 매우 어려운 문제라고 하겠다. 왜냐하면 우선 사승(師承) 관계라는 것이 애매모호하기 때문이다. 스승과 제자의 관계 설정이 형식적일 경우도 많고, 또 어떤 경우는 직접 배우지 않고 사숙했을지라도 오히려 더 철저한 사승 관계를 보여 주는 경우도 있기 때문이다. 더욱이 사제의 관계라 하더라도 반드시 스승의 학설을 묵수해야만 하는가 하는 문제가 있고, 또 스승이 여럿일 경우 누구의 학문적 영향을 많이 받았는가도 중요한 요소가 된다. 그리고 또 지역을 중심으로 한 학파를 말할 경우에는 더욱 복잡해진다. 그의 생애에서 볼 때 태어나고 자라고 배우고 관직생활을 하고 죽은 곳이 각기 다르다는 점을 감안하면 단선적으로 규정하기에는 어려운 문제다. 이러한 점을 고려하여 우계학파가 어떠한 배경하에서 형성되어 나아갔는가를 검토해 보고자 한다.

---

3) 최완기,《한국성리학의 맥》, 느티나무, 1993, 221~222면 참조.
4) 위의 책, 229면.
5) 유명종,〈절충파의 비조 우계의 이기철학과 그 전개〉,《성우계사상연구논총》, 우계문화재단, 1991, 331면.
6) 고영진,《조선중기 예학사상사》, 한길사, 1995, 172면.

1. 가학적 배경

성혼(成渾, 牛溪, 1535~1598)은 이이(李珥, 栗谷, 1536~1584),
송익필(宋翼弼, 龜峰, 1534~1599)과 더불어 지역적 연고와 서인
으로서의 정치적 입장을 함께 해 왔다. 특히 율곡과는 20세 때부
터 학문적 동지로 평생 우정을 함께 했고, 성리학에 있어서도 왕
복 토론을 통해 서로 배웠다. 율곡도 스스로 말했듯이, "만약 견
해의 경지를 따진다면 내가 조금 낫다고 할 수 있으나, 조리(操
履)의 독실함에 이르러서는 내가 미칠 수 없다"[7]고 할 만큼 우계
는 내면적인 실천에 뛰어났고, 율곡은 이론에 밝아 서로 배울 수
있는 좋은 친우였다.

이처럼 우계와 율곡은 정치적으로나 개인적 우정에 있어서나
막역한 관계였지만, 두 사람이 1572년 왕복 편지를 주고받으며
성리학에 대한 논변을 한 데서 볼 수 있듯이, 미미한 가운데 학
문적 차이가 엿보인다. 즉, 우계는 율곡의 인심도심설이나 사단
칠정론에 대해 전적으로 동의하지 않고, 퇴계설에 근거하여 자신
의 절충적 견해를 밝히고 있음을 볼 수 있다. 이는 우계가 율곡
처럼 퇴계의 설에 반대하는 것이 아니라, 오히려 퇴계의 설을 수
용하여 '이기일물설(理氣一物說)'로 절충하고 있음을 알 수 있다.
아울러 학풍에 있어서도 이미 이론성리학에 몰두하기보다는 실
심(實心)에 기초한 마음공부와 실천을 중시하고 있다.

그런데 우계학파는 다음 두 가지 특징을 갖고 형성되었다고 볼
수 있다. 하나는 가학적(家學的) 전승을 통해 형성되었다는 점이
다. 우선 성혼의 학통은 부친 성수침(成守琛)과 숙부 성수종(成守
琮)이 조광조(趙光祖)의 문인이었으므로 가학을 통해 여말 내지
15세기의 도학풍을 계승하였다. 그리고 이는 사육신의 한 사람

---

7) 《牛溪集》, 年譜, 附錄, 〈行狀〉: "栗谷嘗稱曰 若論見解所到 吾差有一日之
長 操履篤實 吾所不及云."

이었던 성삼문(成三問)의 죽음 이후 불어닥친 가문의 위기 속에서, 은인자중하며 자기수양에 전념하며 성현 되기를 기약하는 창녕 성씨(昌寧 成氏)의 가학풍이 자연스럽게 형성되었던 것이다. 이는 바로 성우(成遇)·성운(成運) 형제, 성희(成熺)·성담수(成聃壽) 부자, 성삼문의 종질이었던 성제원(成悌元)·성수침·성수종의 처세와 학풍을 통해 입증되었던 것이다.

이러한 창녕 성씨의 가학은 우계의 사위였던 윤황(尹煌)에게로 전승되면서 파평 윤씨(坡平 尹氏)로 전승된다. 윤황의 아들 8형제는 모두가 당대의 유학자로서 이름이 있었는데, 특히 윤선거(尹宣擧)가 가장 뛰어났다. 윤선거는 김집의 문인이기도 하지만, 부친과 외조부 우계의 영향을 많이 받았고, 그의 아들 윤증(尹拯)에 의해 우계학파의 면모가 확실하게 드러났다.

다음은 전주 최씨(全州 崔氏)의 가학적 계보를 들 수 있다. 우계의 문인 가운데 최기남(崔起南)이 있었고, 그의 아들이 우리 나라 초기 양명학자로 분류되는 최명길(崔鳴吉)이다. 최명길의 육왕학적 가학은 그의 아들 최후량(崔後亮)으로 이어졌으나, 손자인 최석정(崔錫鼎)은 성리학을 옹호하고 양명학을 경계하였다. 그럼에도 이들의 가학은 다시 증손자 최창대(崔昌大)로 이어져 소론파의 맥을 이어갔다.

또한 반남 박씨(潘南 朴氏)의 경우에도 우계학파 형성에 일익을 담당하였으니, 김상헌(金尙憲)의 문인인 박세채(朴世采)는 윤증과 더불어 소론파의 중심적 위치에 있었고, 학설에 있어서도 율곡학파와는 다른 길을 걸었다. 그는 우계의 문인이었던 신흠(申欽)의 외손이었고, 그의 문하에서 정제두(鄭齊斗)와 같은 양명학자가 배출되었다. 박세당(朴世堂)은 박세채와 8촌간이며 남구만(南九萬)은 그의 처남이었는데, 《사변록(思辨錄)》을 써서 학계에 큰 파문을 일으켰고, 그의 형 박세후(朴世垕)는 윤선거의 사위였다. 또한 박세당의 두 아들 박태유(朴泰維)와 박태보(朴泰輔)는 모두 소론파의 중심적 위치에서 크게 활약하였다.

우계학파 형성에 있어 안동 권씨(安東權氏)도 그 일익을 담당
했다. 우계의 문인으로 권극중(權克中)이 있는데, 그의 당질이 권
득기(權得己)이다. 권득기의 가학은 그의 아들 권시(權諰)에게 이
어졌고, 권시는 두 아들 권기(權愭)와 권유(權惟)를 통해 권이진
(權以鎭)에게 계승되었다. 권득기는 박지계(朴知誡)와 절친한 도
우(道友)였는데, 권시는 부친과 박지계로부터 수학하였다. 또한
박지계의 형 박지경(朴知警)은 권시의 장인이었고, 권시는 윤증
의 장인이면서 윤휴의 아들 윤의제(尹義濟)의 장인이기도 했다.
또 권시의 아들 권유는 송시열(宋時烈)의 큰사위였으므로 당시
복잡한 연혼(連婚)관계를 짐작할 수 있다.

끝으로 풍양 조씨(豊壤 趙氏)도 우계학파 형성에 참여하였으
니, 윤근수(尹根壽)의 문인이 조익(趙翼)인데, 그의 육왕학풍은
아들 조복양(趙復陽)을 거쳐 손자 조지겸(趙持謙)에게로 전승되
어 소론파 유학 형성에 기여하였다.

이제까지 창녕 성씨의 가학으로부터 출발한 우계학파는 파평
윤씨 , 풍양 조씨, 안동 권씨, 반남 박씨, 전주 최씨를 거쳐 하나
의 학맥을 형성하며 발전해 왔음을 알 수 있다.

2. 역사적 배경

우계학파 형성에 있어 또 하나의 특징은 '소론'이라는 정치적
당파와 밀접히 관련되어 형성되었다는 점이다. 본래 학문은 순수
하게 그 자체로서 평가받고 발전해 나갈 수 있다면 바람직하겠지
만, 우리 역사에서 보듯이 학문적 논쟁이나 사건이 정치적 이해
관계와 결부되어 변질된 경우를 종종 볼 수 있다. 두 차례의 예
송(禮訟)도 그랬듯이, 우계학파의 형성과정도 정치와 복잡하게
결부되어 전개되어 왔다.

우선 성삼문을 비롯한 사육신의 무참한 희생과 생육신의 고고한 절의가 창녕 성씨의 가학풍으로 전승되었고, 이는 직접 15세기 도학의 정신적 뿌리가 되었음을 '무오사화(戊午史禍)'를 통해서 알 수 있다. 또한 1498년에 일어난 무오사화를 시작으로 갑자사화(1504년), 기묘사화(1519년), 을사사화(1545년)를 통해 양심적인 사림세력이 희생되거나 정권에서 축출되었으며, 선조 때에 이르러서는 집권세력간의 내부 분열로 동인·서인, 그리고 남인·북인, 노론·소론의 당쟁을 겪게 되었다. 이제 우계학파의 형성과 전개에 있어 소론이라는 정치적 당파가 우계학파와 운명을 함께 하게 된 과정을 간략히 고찰해 보기로 하자.[8]

조선시대는 사회구조적으로 학자들이 곧 정치 행정의 주체가 되는 시스템이었기 때문에 학문과 정치가 밀접히 연관되어 있었다. 따라서 학파적 유대가 곧 정치적 당파로 이어지는 불가피한 여건을 지니고 있었다. 그러므로 사화는 당쟁을 가져왔고, 당쟁은 사화에서 생겨 났는데,[9] 퇴계 이전의 정치싸움은 사화로 나타났고 그 이후로는 당쟁으로 나타났다.[10]

결국 조선조에 있어 퇴계·남명(南冥: 조식)의 문하는 동인이라는 당파로 나타났고 우계·율곡·구봉(龜峰: 송익필)의 문하는 서인이라는 당파로 드러났던 것이다. 그러나 우계나 율곡 생존시만 하더라도 동서의 갈등이 그리 심각한 수준은 아니었다. 임진왜란, 병자호란을 겪은 후 17세기에 이르러 당쟁은 더욱 노골화되고, 동서의 갈등에서 이제 노론과 소론, 남인과 북인으로 나뉘어져 갈등하게 되었다. 그렇지만 실제적으로 당쟁의 갈등은 서인 내지 노론과 남인의 갈등, 또 같은 서인 내에서 노론과 소론의 갈등이 가장 대표적인 것이었다.

---

8) 이병도,《한국유학사》, 아세아문화사, 1987, 313~324면 참조.
9) 강주진,《이조당쟁사연구》, 서울대학교출판부, 1971, 117면.
10) 강주진, 위의 책, 122면.

그런데 동서의 분당이 정계에서 쟁론이 시작되어 학계에 파급되었다면, 노소의 분당은 쟁론이 학계에서 출발하여 정계에 파급된 차이가 있다.[11] 학파로서의 우계학파는 기본적으로 율곡학파와 함께 서인계에 속하였지만, 17세기 이후에는 송시열과 남인윤휴의 갈등 속에서 다시 송시열과 윤선거·윤증 부자의 갈등, 송시열과 박세채와의 갈등으로 이어지면서, 송시열을 중심으로 한 노론과 윤증·박세채를 중심으로 한 소론과의 갈등을 야기했던 것이다. 따라서 우계학파의 연구에서 정파로서의 소론과의 관계와 당쟁의 과정에 대한 검토는 매우 필요한 작업이다. 왜냐하면 노소의 대립과 갈등이 단순히 정치적 이해관계에서만 이루어졌다고 볼 수만은 없기 때문이다. 먼저 당쟁의 과정을 개략적으로 살펴보고[12] 이를 바탕으로 양자 사이에 가로놓인 이념적·사상적 차이가 무엇인지 검토해 보기로 하자.

(1) 서인과 남인간의 갈등

먼저 서인과 남인간의 갈등을 야기한 사건이 바로 우계와 율곡의 문묘종사(文廟從祀) 문제였다. 1623년(인조 1년) 4월 특진관유순익(劉舜翼)이 처음으로 경연석상에서 율곡의 문묘종사를 건의하였다. 이민구, 유백증, 이경여 등이 적극적으로 동조했으나, 인조는 신중론을 펴며 거절했다. 이 때 우계의 문묘종사가 함께 거론되지 아니한 것은 우계가 아직 신원되지 않았기 때문이다. 그후 우계, 율곡의 문묘종사는 서인계의 당론으로 정해졌다.

1635년(인조 13년) 서인계 유생 송시형(宋時亨)은 종사소(從祀疏)를 올렸고, 남인계 유생 채진후는 반대소를 올려 이 문제가

---

11) 현상윤, 《조선유학사》, 민중서관, 1948, 230면.
12) 이성무의 《조선시대당쟁사 2》(동방미디어, 2000)와 강주진의 《이조당쟁사연구》(서울대학교출판부, 1971)를 주로 참고하였음.

본격적으로 논의되었다. 이에 대해 인조는 "율곡과 우계는 착한 사람이라고는 할 수 있지만, 도덕이 높지 않고 흠이 있어 비방이 따른다"고 소견을 밝혔다. 그리고 그는 율곡의 금강산 입산문제와 우계의 기축옥사 및 임진왜란 당시의 허물을 들어 종사를 반대한 채진후의 상소를 두둔하여 서인들을 자극하였다. 이에 영의정 윤방, 좌의정 오윤겸, 우의정 김상용 등 3정승이 우계와 율곡의 문묘종사를 변호했지만 인조는 승낙하지 않았다. 그후 효종의 즉위를 계기로 종사운동은 활기를 띠게 되었다. 1649년(효종 즉위년) 11월 태학생 홍위 등 수백 명이 연명소를 올렸으나 효종 역시 신중하였다. 게다가 영남유생 유직 등 950여 명이 '우율승무반대소(牛栗陞廡反對疏)'를 올려 우계, 율곡의 문묘종사를 반대하였다. 이에 다시 상주의 유생 신석형 등 40여 명이 유직의 상소를 비판하며 우계, 율곡의 종사를 건의하였다. 그러나 결국 효종조에는 해결을 보지 못하였는데, 현종 초 기해예송(己亥禮訟)에서 이긴 서인들은 이 때가 호기라 생각하여 다방면으로 현종을 압박했지만 결국 허락되지 않았다. 1674년(현종 15년) 갑인예송(甲寅禮訟)으로 50년 만에 서남간의 정권교체가 이루어졌다. 숙종 초 남인 집권시기에는 종사논의가 잠잠했다가 1680년(숙종 6년) 경신환국(庚申換局)으로 서인이 집권하면서 우계, 율곡의 문묘종사가 다시 거론되었다. 경신환국으로 남인은 거의 무력화된 상태에서 1681년(숙종 7년) 9월 성균관과 8도의 유생 500여 명이 상소하자, 숙종도 승낙하여 4대 58년간의 논쟁이 끝나게 되었다.

그러나 1689년(숙종 15) 기사환국(己巳換局)으로 다시 남인이 집권하자, 우계와 율곡은 문묘에서 출향(黜享)되는 수모를 겪었고, 1694년(숙종 20) 갑술환국(甲戌換局)으로 다시 문묘에 받들어지게 되었다.[13]

---

13) 이성무, 앞의 책, 35~40면 참조.

이와 같이 서인계의 대표적 인물이었던 우계와 율곡의 종사문
제는 당시 서인과 남인의 정쟁의 대상이 되었던 것이다. 이는 학
연과 지연 그리고 정치적 이해가 복잡하게 연계된 갈등이었다.

서인과 남인의 본격적인 갈등은 예송에 있었다. 유교의 예 가
운데에서도 통과의례인 관혼상제는 큰 비중을 차지하였고, 그 가
운데에서도 상례는 더욱 중시되었다. 그런데 효종이 죽자 인조의
계비인 자의대비 조씨가 효종을 위해 몇 년의 복을 입어야 하는
가에 관해 서인계 학자와 남인계 학자간에 대립이 생기게 되었
다. 인조의 장자인 소현세자가 인조보다 먼저 세상을 떠나 인조
의 뒤를 차자인 효종이 계승하였으므로, 효종은 가통(家統)으로
보면 차자이지만 왕통(王統)으로 보면 적자(嫡子)였다. 이에 대해
서인계의 송시열과 송준길 등은 효종은 결국 차자이므로 1년 복
을 입어야 한다는 기년설(朞年說)을 주장하였고, 남인계열의 윤
휴, 허목, 윤선도 등은 효종이 왕위를 계승했으니 적자인 셈이므
로 3년 복을 입어야 한다고 주장하여 격렬한 논쟁이 벌어졌다.
결국 송시열 계의 기년설이 채택되었는데, 이들 주장의 이론적
근거는 기년설은 가통을 중시한 반면 3년 설은 왕통을 중시한 것
이었다. 이를 기해예송이라 한다. 그후 효종의 비이고 현종의 모
후인 인선왕후가 세상을 떠나자, 다시 자의대비의 복이 문제가
되어 제2차 예송이 일어났다. 여기에서 서인계 학자들은 대공설
(大功說)에 따라 9월 복을 주장하였고, 남인계 학자들은 기년설
에 따라 1년 복을 입어야 한다고 주장하여 또 한 차례 대립하게
되었다. 결국 기년설이 채택되어 남인이 승리하고 송시열은 유배
되기에 이르렀다.[14]

노소론의 분당과 관련하여 또 하나 중요한 배경이 되었던 것이
윤휴의 경전주석에 대한 송시열과의 갈등이었다. 본래 송시열과

---

14) 황의동, 《한국의 유학사상》, 서광사, 1995, 287면 참조.

윤휴는 가까운 사이여서, 그는 항상 윤휴의 인물됨과 재주 그리고 학문을 칭찬하여 백이(伯夷)에 비유하기도 하였다. 뒤에 송시열은 윤휴가 지은 《중용주(中庸註)》가 정·주(程·朱)의 설과 다름이 있음을 보고 "《중용》의 주자주(朱子註)가 그릇되고 그대의 학설이 옳으냐?"고 물었다. 이에 대해 윤휴는 "그대는 자사(子思)의 뜻을 주자만이 알고 나는 알 수 없다고 보느냐"고 대답하였다. 이로부터 송시열은 윤휴의 생각이 불순하다 하여 이단에 비유하였으나 크게 배척하지는 않았다. 그러나 다음 해 예송 이후 윤휴의 의논이 크게 변하자, 그와 절교하고 윤휴의 학문을 공격하였다. 주자를 모욕함은 '사문난적(斯文亂賊)'이니, 그 해가 홍수나 맹수의 화보다도 심하다고 하며 비난하였다. 또한 윤휴를 반드시 '적휴(賊鑴)', '참적(讒賊)'이라 칭하고 원수같이 여기니, 송시열을 따르는 이들이 모두 본받았다. 윤선거와 권시가 묻기를 "그대는 어찌하여 처음에는 윤휴를 백이처럼 높이고 중간에는 육상산(陸象山)에 비겨 의심하고, 끝내는 남곤과 심정에 비유하여 배척하느냐" 하니, 송시열은 말하기를 "내가 젊었을 때 윤휴와 가장 친했는데, 주자를 의심함을 보고 고치고자 하였으나 듣지 않았다. 그러나 정의가 이미 깊어 서로 벗의 열에 두었더니, 상례 이래로 크게 변하여 내가 계속하여 구의(舊誼)를 온전히 하고자 하였으나 그가 나를 절교하였으니, 절교할 만한 일이 있어서가 아니라 스스로 절교한 것이다"라고 답하였다.

이로 보건대 송시열은 예송 이전에는 다만 윤휴의 학설을 공격하고 그 인물을 심하게 공격하지는 않았고, 윤휴를 난적(亂賊), 소인으로 생각한 것은 그와 틈이 생긴 예송 이후의 일이었다. 즉, 송시열은 윤휴가 자기의 죄를 주장한 데 대해 원한과 분노를 쌓아 주자를 빌려 더욱 통렬히 배척한 것이다.[15]

---

15) 이병도, 앞의 책, 310~311면 참조.

(2) 노론과 소론의 분열과 갈등

같은 서인계 내에서의 노론과 소론의 분열과 대립은 복합적인 요인에 의해서였다. 이병도에 의하면, 서인들 가운데에는 훈척파(勳戚派)와 청의파(淸議派)라는 두 갈래의 큰 흐름이 있어 서로 반목하였다 한다. 즉, 훈척파는 영상 김수항(金壽恒), 좌상 민정중(閔鼎重), 우상 김석주(金錫胄), 국구(國舅) 민유중(閔維重), 김만기(金萬基), 어영대장 김익훈(金益勳) 등 모두 남인을 축출하는 데 공이 많고 나이가 든 고관들이었고, 청의파는 사간 조지겸(趙持謙), 교리 오도일(吳道一), 박태보(朴泰輔), 지평 박태유(朴泰維), 교리 한태동(韓泰東) 등 젊은 명관(名官)들로 모두 청의(淸議)를 힘써 주장하였다.

그런데 훈척파는 서인의 지위를 공고히 하고 권세를 독점하며 남인들을 모두 제거하여 재기하지 못하게 하고자 하였고, 청의파는 남인들에게 깊은 원한을 주어서는 안 된다고 생각하고 깨끗한 절조를 지키는 데 힘쓰면서 일면 훈척파의 전횡에 반대하였다.

1682년(숙종 8년)에 훈척파 김익훈, 김석주는 사람을 시켜 남인을 정탐케 하여 허새(許璽), 허영(許瑛)의 변란을 고발하여 죽였다. 또 김익훈은 남인 유명견(柳命堅)을 무고로 밀고하였으며, 이어 남인 민암(閔黯)의 일을 고변(告變)하였으나 허위임이 밝혀졌다. 이 때 남인 조지겸, 한태동 등은 김익훈의 무고를 탄핵하였다. 이에 송시열은 김장생의 손자인 김익훈을 두둔함으로써 젊은 선비들의 비난을 받게 되었다.[16]

또한 송시열은 효종의 덕을 기리기 위해 효종의 신주를 옮기지 않는 백세불천(百世不遷)의 세실(世室)로 삼자고 주장하였는데, 박세채가 반대하였다. 아울러 송시열은 태조의 위화도회군을 존주대의(尊周大義)에서 나왔다 하고, 태조의 존호(尊號)가 세조와

---

16) 이병도, 앞의 책, 313~314면 참조.

선조보다 적으니 존호를 높여야 한다고 주장하였다. 이에 대해
박세채는 태조의 위화도회군은 '화가위국(化家爲國)'을 위해 한
것이지 결코 존주대의에서 나온 것이 아니며, 제왕의 시호는 마
땅히 왕업(王業)에서 비롯되어야 하는데, 회군은 왕위에 오르기
전의 일이므로 시호를 보낼 필요가 없다고 반대하였다.

이와 같이 같은 서인 내에서 노론과 소론과의 갈등은 실제적으
로는 송시열과 남인 윤휴와의 반목에서 그 연유를 찾지 않을 수
없다. 당시 서인계 내지 노론계의 영수로서 학문적으로나 정치적
으로 '대로(大老)'의 위치에 있었던 송시열에게 당당히 맞설 수
있었던 이는 오직 윤휴뿐이었기 때문이다. 윤휴는 위에서 보았듯
이, 주자의 권위에 구애되지 아니하고 자주적이고 개방적 입장에
서 학문하고자 하는 열린 눈을 가지고 있었다. 주자를 존숭하면
서 주자학의 충실한 계승을 자신의 학문적 사명으로 인식하고 있
는 송시열과 갈등을 일으킬 것임은 분명한 일이었다. 게다가 예
송에서 정면승부를 하지 않을 수 없었고, 당파와 연관하여 권력
투쟁의 양상으로 발전하면서 송시열과 윤휴 두 사람은 동지가 아
닌 적대관계로 변질되고 있었다. 이러한 상황에서 윤선거, 윤증
부자의 윤휴에 대한 옹호와 변호는 송시열에게 많은 실망과 반감
을 갖게 하였다. 이제 이들 부자와 송시열과의 갈등전말을 간략
히 살펴보기로 하자.

병자호란이 발발하자 윤선거는 권순장(權順長), 김익겸(金益
謙)과 함께 의병을 일으켜 최후까지 싸우다가 안 되면 자결하기
로 맹세하였다. 그러나 강화성은 너무 쉽게 함락되었고, 당시 남
문을 지키고 있던 권순장과 김익겸은 김상용(金尙容)을 따라 자
결하였다. 윤선거의 아내 이씨 부인 또한 절의를 지켜 목숨을 끊
었다. 동문을 지키고 있던 윤선거는 아내가 죽고 자식이 길가에
버려진 상황에서 이러지도 저러지도 못하였다. 더구나 병마에 시
달리던 아버지 윤황이 남한산성에 포위되어 있는 상황에서 그는

차마 죽음을 택할 수 없었다. 강화성이 이미 함락되고 남한산성
도 위태로운 상태에서 죽기는 마찬가지였다. 차라리 남한산성에
서 아버지와 함께 죽음을 맞고 싶었다. 그는 이름을 '선복(宣卜)'
으로 바꾸고 노비로 변장한 뒤 강화도를 빠져 나왔다. 그러나 그
는 남한산성에 들어가지도 못했다. 전쟁이 끝난 후 그는 그 때
죽지 못한 자괴감(自愧感)에 출사(出仕)도 포기하고 재혼도 하지
않고 고향에 칩거하면서 학문연구에 전념하였다. 부득이한 상황
을 이해하더라도 당시 유교적 관점에서 보면 부끄러운 일이었기
때문이다.

　윤선거는 우계의 외손자로서 권시를 사이에 두고 송시열과 겹
사돈의 관계에 있었다. 또 윤선거의 중형인 윤문거(尹文擧)와 송
시열은 사돈관계에 있었다. 그러므로 윤선거는 송시열을 비롯한
송준길(宋浚吉), 유계(兪棨), 권시(權諰), 이유태(李惟泰), 윤휴 등
당대 호서의 유림들과 동문수학하면서 폭넓게 교류할 수 있었
다.[17]

　그런데 1653년(효종 4년) 어느 날 윤선거는 송시열, 유계, 윤원
거 등 10여 명과 함께 황산서원(黃山書院)에 모였는데, 여기에서
윤휴의《중용장구》해석에 대한 토의가 이루어졌다. 윤선거는 윤
휴를 성인에 가까운 사람이라고 칭찬하면서 다른 사람들은 그의
정온(精蘊)함을 족히 알지 못한다고 하였다. 이에 송시열이 말하
기를 "나는 진실로 윤휴의 정온함을 알지 못하겠다. 그러나 그가
주자를 공박한 한 가지 일이 사도(斯道)를 어지럽힌 적이 됨은
알고 있다"고 하였다. 이에 윤선거는 "의리는 천하의 공도(公道)
이므로 그의 소견으로 주자의 주설(註說)을 논평한 것이 무슨 불
가함이 있어 이처럼 공박하는가" 하였다. 송시열이 말하기를 "주
자 이후로는 한 가지 이치도 밝지 못함이 없고 한 글자도 모호함

---

17) 이성무, 앞의 책, 52면 참조.

이 없는데, 무슨 의심나는 바가 있어서 그가 감히 의론을 일으키는 것인가? 그리고 혹 주자의 글을 지적하거나 상량(商量)하여 이 부분이 가히 의심스럽다고 말한다면 혹시 옳겠으나, 그가 어찌 감히 주자의 중용을 단번에 쓸어버리고 자기의 학설로 이에 대신할 수 있는가?"라고 하였다. 이에 윤선거가 말하기를 "이것은 고명(高明)하기 때문이다"라고 하자, 송시열이 격노해 말하기를 "공은 과연 주자는 고명하지 못하고 윤휴가 도리어 더 낫다고 생각하는가. 또 옛날의 이른바 고명은 덕성을 높이는데서 나온 말이며 중용을 말할 수 있는 이상이라야 가해질 수 있는 말인데, 공의 이른바 고명은 어찌 이와 상반되는가"라고 하였다. 이에 윤선거가 "고명하다고 한 나의 말은 실언이다. 이것은 경솔한 소치였다"라고 말하자, 송시열은 "이미 난적이라고 말하였으니 경솔하다는 말은 당치도 않다. 대저 춘추의 법에 난신적자(亂臣賊子)는 먼저 그 당여(黨與)를 다스린다 하였으니, 만일 왕천하(王天下)할 자가 일어난다면 공은 마땅히 윤휴보다 먼저 법의 심판을 받아야 할 것이다"라고 하였다.[18] 여기에서 이미 송시열은 윤휴에 대해 '사도난적(斯道亂賊)'으로 규정하면서 윤휴의 학문을 '정밀하게 온축하였다' 하고, 또 사람됨을 '고명(高明)'이라 한 윤선거에 대해 춘추의 법을 인용하여 윤휴보다 먼저 법의 심판을 받아야 한다고 힐책하고 있음을 볼 수 있다. 따라서 이병도는 노소분당의 계기를 황산서원 모임으로 보고 있는 것이다.[19]

그후 1665년(현종 6년) 동학사 모임에서 다시 격화되었다. 당시 송시열, 윤선거, 이유태 등 몇 명의 사계 문하생들은 우계, 율곡의 연보를 간행하기 위해 모였었다. 여기에서 다시 윤휴에 대한 논의가 밤늦도록 이루어졌는데, 송시열은 윤선거에게 다음과

---

18) 이은순, 《조선후기당쟁사연구》, 일조각, 1993, 6면에서 재인용.
19) 이은순, 위의 책, 6면 참조.

같이 소신을 물었다.

　이와 같이 오래도록 다툴 필요 없이 일단 한마디로 결정하는 것이 좋겠네. 공이 한번 말해 보게. 주자가 옳은가 윤휴가 옳은가? 또 주자가 그른가 윤휴가 그른가?[20]

이에 대해 윤선거는 흑백으로 말하면 윤휴는 흑이고, 음양으로 말하면 윤휴는 음이라고 대답하였다. 이러한 답변에 송시열은 안심했지만, 윤선거는 집으로 돌아와 다시 송시열에게 편지를 보내고, 동학사에서 자신이 윤휴를 가리켜 흑이니 음이니 한 것은 그의 학설에 한정될 뿐, 그의 인품에 대한 평가는 아니라 변명하였다. 송시열은 이 편지를 읽고 윤선거를 의심하였고, 윤휴에 대한 윤선거의 두터운 신의에 기분이 상했다.

　그러던 차 1669년(현종 10년) 윤선거가 세상을 떠나자, 송시열은 불편한 심기에도 교우간의 정리를 생각하여 제문을 보내 조문하였다. 윤휴도 아들 편에 제문을 보내 왔는데 윤증이 이를 받자, 송시열은 이를 사양하지 않고 받은 것에 대해 못내 불쾌하게 생각하였다.

　어느 날 윤증은 박세채가 지은 행장과 자신이 만든 연보를 가지고 아버지의 묘갈명(墓碣銘)을 송시열에게 부탁하였다. 윤증은 묘갈명을 짓는 데 도움이 될까 하여, 아버지 윤선거가 생전에 송시열에게 보내려고 써 두었던 한 통의 편지를 함께 전해 주었으니 이것이 소위 〈기유의서(己酉擬書)〉였다. 여기에서 윤선거는 윤휴, 허목 등을 변호하였을 뿐 아니라 등용해야 한다고까지 썼던 것이니, 송시열의 윤선거에 대한 미움과 불신은 더욱 깊어갔다. 송시열은 윤선거의 묘갈명을 마지못해 쓰면서 "박세채가 쓴 행장을 따라 쓸 뿐, 새로 짓지는 않는다"고 하였다. 윤증은 송시

---

20)《宋子大全》, 卷122, 〈與或人〉.

열을 설득하여 다시 받고 싶어 그의 유배지까지 방문하여 애원하였으나 결국 자구를 수정하는 데 지나지 않았다. 즉 "진실로 현석(玄石, 박세채)이 행장을 더할 수 없이 표현했기에, 나는 그의 말을 따라 짓지는 않고 이 비명을 쓰네"[21]라는 내용이었다.

그후 송시열은 또 윤선거의 강화도에서의 탈출사건을 거론하며 죽지 못하고 비굴하게 살아남은 데 대해 비난하였다. 이에 윤증은 스승에 대한 섭섭한 감정을 갖게 되었고, 마침내 〈신유의서(辛酉擬書)〉를 통해 스승 송시열의 처신에 대해 신랄한 비판을 하게 되었다. 여기에서 윤증은 송시열이 지나치게 윤휴와 남인을 몰아붙여 정치적 실효는 하나도 거두지 못한 채 당쟁만 격화시켰다고 비판하였다. 또 그가 평생을 바쳐 주창한 대의도 실효가 없다고 평가하고 그의 편벽된 기질도 비판하였다. 이를 본 송시열은 "윤증이 반드시 나를 죽이려 한다"고 대노하였다. 결국 이로 인해 사제지간의 의리가 끊어지게 되고 노소분당의 길로 접어드는 계기가 되었다.

1680년(숙종 9년) 경신환국(庚申換局)으로 재집권한 서인은 척신(戚臣)들의 간섭과 음모, 이어지는 옥사로 정국이 혼란스러웠다. 이에 척신 민정중이 정국의 안정을 위해 송시열, 박세채, 윤증 3원로의 입조(入朝)를 추진하였고, 숙종도 정성을 다해 이를 실현시키고자 하였다. 이 와중에서 박세채는 송시열과 윤증의 화해를 통해 '삼인동사(三人同事)'가 실현될 수 있도록 양쪽을 드나들며 지성으로 노력하였다. 그 결과 송시열로부터 윤증에 대해 별 유감이 없다는 답변을 얻어내고 윤증을 설득하였다. 이에 윤증도 마음의 문을 열고 과천 나량좌(羅良佐)의 집에까지 왔으나 진척이 없었다. 이에 박세채는 과천으로 달려와 사흘 밤을 지새우며 윤증의 입조를 간곡하게 설득하였는데, 이에 윤증은 입조의

---

21) 앞의 책, 卷178, 〈尹吉甫墓碣銘〉.

명분으로 세 가지 조건을 제시하였다. 즉, 서인과 남인 사이의 원독(怨毒)을 풀어 줄 수 있는가? 삼척(三戚)의 정치적인 개입을 막을 수 있는가? 자기편은 등용하고 반대파는 배척하는 폐단을 시정할 수 있는가? 하는 것이었다. 이를 해결하지 않고는 결코 입조할 수 없다는 것이었다. 결국 박세채는 이는 자신의 힘으로 해결하기 어렵다 하고 '3인동사'는 결렬되고 말았다.[22] 이 무렵 송시열과 박세채 사이에도 많은 불화가 있었다. 즉시 상경한 박세채는 송시열을 만나지도 않고 태조의 존호를 덧붙여 높이자는 것에 대한 자신의 견해를 피력한 다음 파주로 내려가 버렸다.

이와 같이 같은 서인 내 노소의 갈등이 심화되면서, 숙종은 장희빈을 총애하여 그를 중심으로 정국을 운영하였다. 장희빈이 아들을 낳자 숙종은 서둘러 원자정호(元子定號)를 추진하게 되었고, 이 과정에서 송시열도 상소를 올려 숙종의 원자의 명호를 정함이 너무 성급한 조치였다고 비판하였다. 이에 숙종은 송시열을 제주도에 위리 안치시키고, 백여 명의 서인들을 처벌하였으니 이것이 기사환국(己巳換局)이다. 이어 인현왕후 민씨는 폐출되고, 박태보는 국문 끝에 죽음을 당했다. 다시 남인들은 송시열의 극형을 연이어 주장하였고, 숙종은 이를 받아들여 정읍에서 사사하였다. 17세기 정계와 학계의 중심에서 이른바 '대로'로서 가장 중심적 위치에 있었고, 당쟁에서도 그 중심에 서 있던 송시열은 결국 정쟁의 와중에서 파란만장한 생애를 마쳤던 것이다.

그런데 여기에서 우리는 1684년(숙종 10년) 10월 송시열이 그의 문인 박광일과 회덕 판교촌에서 나눈 다음과 같은 대화를 통해 노소분당의 내면을 어느 정도 짐작할 수 있다.

박광일: 노론, 소론의 말이 한번 나온 뒤로 사문(斯文)의 벽이 아주 가까운 곳에서 일어나고 있습니다. 어찌하여 세도(世道)가 이처럼

---

22) 이성무, 앞의 책, 59~61면 참조.

나쁘단 말입니까?

송시열: 이미 노론, 소론의 말이 나왔으니, 무슨 일인들 발생하지 않
겠느냐. 대체로 요즈음 일은 그 근원을 따지면 윤휴를 가차없이 배
척한 까닭으로 이 지경에 이른 것이다. 처음에는 윤휴가 총명하고
민첩했으므로 내가 깊이 혹했다. 그런데 그 사람은 항상 퇴계, 율
곡, 우계 등 제현의 단점을 말하기 좋아하고, 주자를 기탄없이 배
척했으니, 이는 사문(斯文)의 난적(亂賊)이요 이단 중에도 심한 자
이다. 이 때문에 내가 우리 도를 위해 윤휴를 배척한 것인데, 윤
선거만은 극력 구호하므로 역시 내가 가차없이 나무랐다. 기해년
(효종 10년) 이후에는 혹 그가 윤휴를 단념하고 절교했는가 여겼
는데, 윤선거가 죽은 뒤에 윤휴가 제문을 지어 보내자 윤증도 거
절하지 않고 그것을 받았다. 그런 뒤에야 나는 그가 끝내 윤휴와
절교하지 않을 것을 알았다. 이 때문에 내가 그의 제문에 그 미의
(微意)를 약간 표시했고, 묘문(墓文)도 그렇게 했던 것인데, 이것
이 윤증이 나를 원망해 이렇게 노론과 소론의 분열에까지 이르렀
다.[23]

이를 통해서 볼 때, 송시열이 윤휴를 배척한 근거는 유교의
'벽이단(闢異端)' 내지 '춘추의리'였다는 것이 그의 설명이다. 또
이에 동조한 윤선거와 윤증도 같은 무리이므로 응징하지 않을 수
없었다는 말이다.

그후 갑술환국(甲戌換局)으로 남인과 장희빈이 몰락하자 세자
의 지위가 불안해졌다. 이 때 남구만, 윤지완, 최석정, 유상운 등
소인계는 세자 보호를 자임하고 나섰다. 이에 정국은 장씨 남매
의 처벌과 세자보호를 둘러싸고 노소론이 정면으로 대결하는 형
국이 되었다. 이러한 과정에서 박세채는 율곡의 조제론(調劑論)
을 기반으로 1683년(숙종 9년), 1688년(숙종 14년), 1694년(숙종
20년) 세 차례에 걸쳐 탕평론(蕩平論)을 개진하였다. 그의 이러한

---

23) 《宋子大全》, 附錄, 卷16, 〈語錄3〉.

노력은 일시 효과가 있는 듯하였으나 결국 무위였다.

다음은 박세당을 중심으로 한 노론과 소론의 갈등에 대해 검토해 보기로 하자. 박세당은 1702년(숙종 28년) 이경석(李景奭)의 후손으로부터 신도비명을 지어 달라는 부탁을 받았다. 이경석은 삼전도 비문을 지었다는 이유로 송시열로부터 혹독한 비난을 받았던 인물이다. 이 비문에서 박세당은 송시열을 '노성인(老成人: 이경석)을 모욕한 불상(不祥)한 무리'로 규정하였다. 그리고 명문에서 두 사람을 봉황(이경석)과 올빼미(송시열)로 비유하였다.[24] 이에 송시열의 문인들이 궐기하여 박세당을 성토하였다. 결국 숙종은 노론의 편을 들어 박세당을 삭탈관직하였다.

이에 그치지 않고 1703년 박세당의 《사변록》이 알려지자, 이를 사문난적으로 몰아 처벌을 주장하였다. 결국 《사변록》과 〈이경석신도비문〉은 불태워지고, 박세당은 사문난적으로 단죄되었던 것이다.

그후 1714년(숙종 40년) 1월 윤증이 죽자 그의 제문을 최석정(崔錫鼎)이 지었는데, 여기에서 그는 '송시열의 북벌론은 허명(虛名)을 훔친 것'이라는 표현을 했다. 이것이 노론의 반발을 사, 한때 갈등이 심각했으나 숙종은 개인적인 문제라 하여 무마시켰다. 그러나 뜻밖에 1715년(숙종 41년) 《가례원류(家禮源流)》 파문으로 이어졌다. 이것은 당초 윤선거와 유계가 공동으로 편찬하기 시작하였는데, 얼마 후 유계가 무안군수로 부임함에 따라 유계는 그 초본을 윤증에게 부탁하였다. 유계가 죽자 초본은 그대로 윤증의 집에 보관되었다. 어느 날 유계의 손자이자 윤증의 문인인 유상기(兪相基)가 윤증과 상의도 없이 《가례원류》를 간행하고자 하여 숙종의 승낙을 받았다. 유상기는 그 책을 자신의 조부 유계가 혼자 편집한 것으로 여기고 윤증에게 원고를 넘겨달라고 하였

---

24) 《西溪集》, 卷22, 〈領議政白軒李公神道碑銘〉.

다. 그는 유계의 단독편집을 고집하였고, 윤증은 공동편집을 주장하였다. 유상기는 윤증이 송시열을 배반하더니 유계까지 배반하였다고 비난하였다. 결국 《가례원류》는 유상기의 강청에 못 이겨 권상하(權尙夏)의 서문과 정호(鄭澔)의 발문을 받아 간행되었다. 여기에서 권상하는 서문에서 윤증이 스승을 배반하였다고 비난하였고, 정호도 발문을 통해 유계가 적임이 아닌 사람에게 부탁해 이 지경에 이르렀다고 비난하였다.[25] 이 책을 숙종에게 올리자, 그는 책을 열람한 뒤 정호의 파직을 명하고 그의 발문을 쓰지 못하게 했다. 이에 노론의 항의가 빗발쳤고, 소론측에서는 권상하의 서문도 삭제해야 한다고 주장하였다. 이런 와중에서 숙종은 결단을 내려 《가례원류》는 사가의 문제이므로 조정에서 관여할 문제가 아니라 하여 논의를 금지시켰다. 이 때 정언 조상건이 권상하를 변호하는 상소에서 윤증의 배사(背師)를 극렬하게 비난하자 격노한 숙종은 조상건을 삭탈관직하였다.

그런데 다시 1716년(숙종 42년) 2월 판중추부사 이여가 송시열을 옹호하고 윤증을 비방하는 상소를 올리자, 숙종은 뜻밖에 이에 동조하였다. 노론은 이에 고무되어 다시 송시열과 윤증의 시비를 가리고자 하였다. 이에 숙종은 일단 권상하, 민진원, 김창집 등 노론을 삭탈관직한 후 회니시비(懷尼是非)의 빌미가 된 윤선거의 묘갈명과 〈신유의서(辛酉擬書)〉를 가져오라 하였다. 이를 읽고 숙종은 "〈신유의서〉에는 윤증이 송시열을 비난한 글이 많지만, 묘갈명에는 송시열이 윤선거를 욕한 내용이 없다"[26]는 이른바 '병신처분(丙申處分)'을 내렸던 것이다. 회니시비의 지루한 갈등에 대한 정치적 해결이었다. 이후 윤선거 문집 판본은 헐어 없애도록 하였고, 윤선거 부자에게 '선정(先正)'이란 칭호도 사용하

---

25) 이성무, 앞의 책, 114~116면 참조.
26) 《肅宗實錄》, 卷58, 42年 7月 癸亥條.

지 못하게 하였고, 유현(儒賢)으로도 부르지 못하게 하고 관작
마저 추탈(追奪)하였다. 이로부터 노론에 의한 일당 전제정치가
지속되었던 것이다.[27]

(3) 노론과 소론의 이념적 차이

이제까지 조선조 역사를 통해 가장 치열했던 당쟁의 과정을 특
히 서인(노론)과 남인, 노론과 소론의 갈등을 중심으로 개관해 보
았다. 이는 우계학파의 연구에서 정치적·역사적 측면에서 검토
하지 않을 수 없는 문제였기 때문이다. 우계학파는 정치적으로
16세기에는 서인으로, 17세기 이후에는 소론으로 불리었기 때문
이다. 학문과 현실적인 정치가 결코 분리될 수 없었던 조선조 특
유의 여건에서 우계학파는 전기에는 서인으로, 후기에는 소론으
로 지칭되었다고 볼 수 있다.

그런데 우계와 율곡으로 표방된 서인계가 노론과 소론으로 갈
등하면서 우계학파는 당쟁의 중심에 서게 되었다. 거기에는 앞에
서 살펴보았듯이 송시열과 남인간의 갈등 특히 송시열과 윤휴의
갈등이 핵심이 되었고, 이 과정에서 윤선거, 윤증, 박세채 등이
윤휴의 편에 서서 옹호하거나 동조함으로써 결국 같은 서인 내의
분열과 갈등을 초래했던 것이다.

이러한 노소의 갈등에는 예송, 윤선거의 묘갈명 사건, 태조의
존호가상문제, 김익훈의 처벌문제, 기유의서, 신유의서, 《가례원
류》 사건 등 많은 사건과 문제들이 근인과 원인이 된 것임은 물
론이다. 그 과정에서 사적 감정이 개입되고, 또 정치적 이해가
얽혀 당쟁이 더욱 심화되었다고 볼 수 있다. 그럼에도 불구하고
이들 양대 계파, 즉 송시열을 중심으로 한 노론계열과 윤선거,
윤증, 박세채를 중심으로 한 소론계열(윤휴 포함) 사이에 가로놓

---

27) 이상 이성무의 《조선시대당쟁사 2》를 많이 참조하였음.

인 사상적·이념적 차이가 노소갈등의 본질로 자리하고 있음도 간과할 수 없다.[28] 당시 갈등의 당사자였던 송시열, 윤선거, 윤증, 권시, 윤휴, 박세채는 서로 얽힌 인척관계에 있었다. 이러한 인척관계를 넘어서까지 갈등이 증폭된 것은 이념적 차이가 중요한 걸림돌이 되었음을 짐작케 한다. 권시의 차자인 권유는 송시열의 큰사위이고, 윤증은 권시의 큰사위이다. 또 송시열의 둘째 사위는 윤증의 중부인 윤문거의 아들인 윤박(尹搏)이며, 손자며느리는 박세채의 딸이다. 아울러 송시열의 아들 송기태(宋基泰)의 생모는 윤선거의 종매(從妹)였다. 또한 윤휴의 아버지 윤효전(尹孝全)은 윤선거의 일족인 윤담휴(尹覃休)의 딸과 결혼하였으나 자식이 없이 죽어 다시 경주 김씨와 재혼하여 윤휴를 낳았다. 윤휴는 권시의 일족인 권첩(權怗)의 딸과 결혼하였고, 그의 장자인 윤의제는 권시의 사위가 되었다. 이러한 끈끈한 인척관계에도 불구하고 심각한 갈등과 대립을 가져왔던 것은 이념적 차이가 그 중요한 걸림돌이었음을 짐작케 한다.[29] 이제 이들 양파의 이념적·사상적 차이에 대해 살펴보기로 하자.

첫째, 학풍의 차이를 지적할 수 있다. 윤휴는 《독서기(讀書記)》 11권을 통해 주자에 구애받지 않고 자주적인 경전해석을 하였고, 박세당 역시 《사변록》을 통해 자주적 입장에서 경전해석을 시도하였다. 그러나 송시열은 이를 '사문난적'으로 규정하고 주자에 대한 존숭과 주자학에 대한 계승을 자신의 사명으로 인식하였다. 여기에 전자의 개방적 학풍과 보수적 학풍 사이에 갈등은 불가피한 것이었다. 송시열은 이를 벽이단의 관점과 춘추의리의 관점에서 보고 있는 것이다. 더구나 박세당의 경우 노자, 장자에 대한 주석서까지 낼 정도로 자유분방한 입장에서 학문을 하였다. 그리

---

28) 이은순, 앞의 책, 9~15쪽 참조.
　　강주진, 앞의 책, 147면.
29) 강주진, 위의 책, 129~133면 참조.

고 송시열이 주자, 율곡 성리학의 충실한 계승을 목표로 하였다
면 윤선거, 윤증, 윤휴, 권시 등은 성리학을 하면서도 실학적 관
심과 심학적 관심에 경도되어 있었다. 박세채의 경우에는 율곡에
학파적 연원을 가지고 있으면서도 송시열과는 달리 사단칠정론
에 있어 퇴계의 설을 수용하고 있었다.[30] 이렇게 볼 때, 소론계의
개방적이고 자주적인 학풍과 노론계의 보수적인 학풍의 차이를
엿볼 수 있다.

둘째, 처세의 측면에서 양자의 이념적 지향이 다르게 보이는
면이 있다. 즉, 이병도의 지적과 같이 소론계는 당시 청의파로서
세속적 권력보다는 청의(淸議)를 추구하면서 깨끗한 절조를 지키
고자 노력하였다면, 노론계는 당시 훈척파로서 현실정치에 깊숙
이 참여하여 나름대로 유교적 경세를 적극적으로 실천하고자 하
였다.[31] 이를 달리 말하면 소론계는 내성(內聖)의 측면에서 자기
수양에 힘썼다면, 노론계는 외왕(外王)의 측면에서 치인에 더욱
관심이 컸다 할 것이다. 소론계의 이러한 처세는 멀리 성삼문의
죽음 이후 형성된 창녕 성씨의 '은거자수(隱居自守)'의 가학적 전
통이 발휘된 것이라 할 수 있다. 더욱이 파평 윤씨에 이르러서는
윤선거의 강화도사건 이후 이러한 처세가 부득이했던 측면도 이
해할 수 있다. 반대로 노론계의 경우 왕실과 외척관계가 형성되
면서 세속적 권력에 깊숙이 관여되었고, 나아가 권력의 유지를
위한 경쟁과 갈등이 불가피했던 것이다.

셋째, 예송사건을 통해 양자의 이념적 차이를 발견할 수 있다.
물론 이 예송은 노론과 소론의 갈등이 아니라 서인과 남인간의
갈등이었지만, 실제로 뒤에 드러난 노론과 소론의 분열과 갈등의
정점에는 남인 윤휴가 자리하고 있고, 또 여러 측면에서 소론계

---

30) 권정안, 〈문순공 남계 박세채〉, 《동국 18현》, 하, 율곡사상연구원, 1999,
   627면.
31) 이병도, 《한국유학사》, 313~314면 참조.

가 윤휴와 이념적 지향을 거의 함께 했다는 점에서 여기에 포함해 다루어도 좋을 것이다. 기해예송에서 볼 때 송시열은 효종을 차자로 보아 1년 복을 입어야 한다 하였고, 윤휴는 효종은 이미 왕위를 계승하였으므로 승통(承統)한 장자로 보아 3년 복을 주장했던 것이다. 이러한 예론의 차이는 결국 효종의 지위를 가통에서 보느냐 왕통에서 보느냐의 차이였다. 따라서 송시열은 가통을 중시하는 입장이었고, 윤휴는 왕통을 중시하는 입장이었기 때문에 양측의 갈등이 불가피했다.

넷째, 역사인식의 차이를 지적할 수 있다. 먼저 소론계의 원류로 인식되던 이경석이 지은 〈삼전도비문〉에 대한 평가와 박세당이 지은 〈이경석신도비문〉을 통해 양자의 역사인식의 차이를 볼 수 있다. 우선 삼전도 비문은 송시열을 비롯한 숭명의리론자들의 입장에서 보면 치욕적인 것이요 의리에 어긋난다는 평가가 당연하다. 대청복수와 북벌론 그리고 춘추의리정신에 투철한 송시열의 입장에서 보면 삼전도 비문은 명분에 어긋난 치욕의 문장일 수 있다.

그러나 박세당은 〈이경석신도비문〉에서 송시열의 명분론과 의리론을 정면으로 비판하고 있으며, 남구만도 죽기 직전에 쓴 글에서 이경석의 삼전도 비문 찬술은 현실적으로 불가피한 선택이었음을 강조하였다.[32] 또한 윤증도 송시열이 주장하는 존명벌청(尊明伐淸)의 의리는 그 방법을 말로만 내세우고 내실이 없기 때문에 주자가 경계한 '의리쌍행(義利雙行)'이 되고 말았다고 비판하였다.[33] 이와 같이 이들 양자 사이에는 의리론(義理論, 名分論)과 실리론(實利論), 이상론과 현실론의 이념적 차이가 존재하였음을 알 수 있다.

---

32) 이은순, 앞의 책, 10~11면 참조.
33) 윤증의 〈辛酉擬書〉.

또한 송시열이 태조 이성계의 위화도회군을 기려 '소의정륜(昭義正倫)'으로 시호를 더욱 높이자고 주장함에 대하여, 박세채는 위화도회군은 '화가위국(化家爲國)'을 위한 것이었지 결코 존주대의(尊周大義)에서 나온 것은 아니라 하였다. 여기에서도 양자 사이에 위화도회군을 보는 역사적 인식의 차이를 발견할 수 있다. 이와 같은 이념적 · 사상적 이질성이 다른 사실적 요인과 복합적으로 작용하여 노론과 소론의 분열과 갈등을 가져왔다고 볼 수 있다.

제2절 우계학파의 연원

지금까지 우계학파는 기호학파 속에서 다루어져 왔고, 우계를 중심으로 한 가학적 연원과 도학적 연원을 기반으로 형성되었다. 우계 성혼은 창녕 성씨의 후예로서 정암(靜庵) 조광조(趙光祖)의 문인인 청송(聽松) 성수침(成守琛)의 아들이요, 성수종(成守琮)의 조카가 된다. 창녕 성씨의 가학적 전통은 15세기 수양대군의 불의 앞에 목숨을 바쳐 항거했던 매죽헌(梅竹軒) 성삼문(成三問, 1418~1456)에게로 거슬러 올라간다. 그는 세종과 문종의 총애를 받았던 젊은 학자로서 훈민정음의 창제에도 탁월한 업적을 남기었으나, 그의 의리와 충절의 삶이 더욱 빛나는 바 있다. 그는 1456년(세조 2년) 부친 성승(成勝) 그리고 박팽년(朴彭年), 이개(李塏), 유성원(柳誠源), 하위지(河緯地), 유응부(兪應孚), 김문기(金文起) 등과 함께 단종의 복위를 도모하였는데, 이것이 발각되어 혹독한 고문과 형벌 앞에 굴하지 않고 항거하다 마침내 39세의 젊은 나이로 세상을 마쳤다. 그의 죽음과 함께 부친도 참형을 당하였고, 삼빙(三聘), 삼고(三顧), 삼성(三省)의 세 동생과 맹첨(孟瞻), 맹평(孟平), 맹종(孟終), 헌(憲), 택(澤) 그리고 갓난아기 등 여섯 아들도 모두 살해되었다. 이른바 멸문(滅門)의 화를 당하게 되었던 것이다. 그는 이른바 '사육신(死六臣)'의 한 사람으로 일컬어지며, 그의 강렬한 충절의리의 정신은 이후 유교적 충절의 표상으로 기려졌고, 창녕 성씨의 가학적 전통으로 계승되어 왔다. 같은 시기의 인재(仁齋) 성담수(成聃壽: ?~1456)는 성삼문과는 재종간으로 성삼문의 단종 복위사건에 연좌되어 심한 고문을 받고 김해로 유배되었다가 3년 후에 풀려 나왔다. 그후 그는 일체 벼슬을 단념하고 파주에 은거하여 독서와 낚시질로 일생을 소일하였는데, 그는 생육신의 한 사람이다.

더욱이 기묘·을사사화가 16세기 초엽에 일어났고, 이 시대를 당하여 묘당(廟堂)에 나아가기를 꺼리고 산림에 묻혀 도학을 닦은 대표적 인물이 화담(花潭) 서경덕(徐敬德, 1489~1546), 청송(聽松) 성수침(成守琛, 1493~1564), 대곡(大谷) 성운(成運, 1497~1579), 남명(南冥) 조식(曺植, 1501~1572), 용문(龍門) 조욱(趙昱, 1498~1557), 일재(一齋) 이항(李恒, 1499~1576), 동주(東洲) 성제원(成悌元, 1506~1559) 등이었다. 그리고 이 정주학 전환기에 있어 그 방향을 은거자수(隱居自守), 성현자기(聖賢自期)의 도학 군자풍으로 돌려놓는 데 중추적 역할을 한 이가 바로 성수침이었다.[1]

성운은 명종 때의 유학자로서 형 성우(成遇)가 을사사화로 화를 입자, 벼슬을 버리고 속리산에 은거하였으며, 그후 참봉 등 수 차례나 벼슬에 임명되었으나 나아가지 않고 시문과 거문고로 소일하였다. 성우, 성운 형제는 모두 성수침과는 종형제간이었다.

이렇게 볼 때, 16세기 초엽부터 일어난 '은거하여 자신을 지키고, 성현이 되기를 기약한다'는 도학풍은 바로 창녕 성씨의 가학이라 해도 과언이 아니었다.[2] 여기에서 창녕 성씨의 가학적 학풍이라 일컬어지는 '은거자수 성현자기'란 무엇을 의미하는가? 이는 유학의 본령이 수기치인(修己治人)의 도요 내성외왕(內聖外王)의 도라고 할 때, 치인보다는 수기, 외왕보다는 내성에 치중하는 학문적 경향을 의미한다. 즉, 격물치지(格物致知) 성의정심(誠意正心)의 수기에 중점을 두는 학풍이라 하겠다. 물론 이는 유학의 근본정신에서 보면 치인 내지 외왕을 경시하는 것이요, 유학은

---

1) 김충렬, 〈우율사칠논변평의〉, 《성우계사상연구논총》, 우계문화재단, 1991, 16면.
2) 김충렬, 위의 글, 18면.

궁극적으로 제가, 치국, 평천하로 나아가 대동(大同)의 이상을 실현해야 한다고 볼 때 문제를 안고 있음은 물론이다. 그러나 이는 15세기 성삼문이나 16세기 사화시대에서 보듯이, 불의의 시대에 있어서 지식인의 현실참여가 얼마나 어려운가를 절실하게 체험한데서 온 가학적 전통이었다. 말하자면 불의의 시대에 앞뒤를 헤아리지 않고 벼슬에 나아가 희생되느니보다는, 오히려 은인자중하며 유교적 학문에 충실하여 장차 때가 되면 나아가 일할 수 있는 역량을 갖춤에 학문의 목적을 두는 신중한 처세다. 이러한 학풍은 당시 지식인 사회에서도 어느 정도 구별되었던 것으로 보인다. 즉, 퇴계와 율곡은 출사(出仕)와 이론을 중시하는 편이었다면, 청송과 남명은 불사(不仕)와 천리(踐履)를 중시하는 편이었다고 볼 수 있다.[3] 우계의 학문형성에 있어 부친 성수침의 영향은 매우 컸다. 그는 은거하며 뜻을 지켜 도학을 밝히고,[4] 아들인 성혼에게 타이르기를, "도는 큰길과 같고 성현의 가르침은 해와 별처럼 밝아 알기 어렵지 않으나, 요는 힘써 행하여 그 앎을 채우는 데 있으니, 말로만 하는 학문은 도무지 소용이 없다"[5]고 하였다. 여기에서도 성수침의 도학적 실천을 중시하는 학풍이 우계에게 얼마나 강렬하게 훈육되고 있는가를 짐작할 수 있다. 그러므로 후학들은 평하기를, "그의 학문은 가정에서 얻었다",[6] "가정에서 배웠기 때문에 도를 일찍 들었다"[7]고 평가하고 있는 것이다. 이와 같이 그의 윤리적 실천과 은거자수의 도학풍이 가

---

3) 김충렬, 앞의 글, 19면.

4)《牛溪集》, 年譜, 附錄, 〈行狀〉: "考諱守琛 世稱聽松先生 少受業趙靜菴之門 隱居守志 講明道學."

5)《燃藜室記述》, 卷11, 〈明宗朝遺逸 成守琛〉: "公嘗謂學者曰 道若大路 而聖賢謨訓昭如日星 知之不難 要在力行 以實其知爾 言語之學 都不濟事."

6)《牛溪先生年譜補遺》, 卷1, 〈德行〉: "先生之學 大抵得於家庭……"

7)《牛溪集》, 年譜, 附錄, 〈神道碑銘(金尙憲)〉: "先生學于家庭 聞道甚早……"

학적 전통에서 비롯되었음은 분명하다.[8]

또 하나 우계학풍의 형성에 영향을 미친 것은 정암 조광조를 중심으로 한 사승(師承)관계에서 비롯된 도학풍이라 할 수 있다. 우계의 학맥을 검토해 보면, 그는 부친인 성수침에게서 배웠고, 그는 우리 나라 도학의 창시자로 일컬어지는 조광조에게서 수업하였다.[9] 그리고 조광조는 한훤당(寒暄堂) 김굉필(金宏弼)에게서, 김굉필은 점필재(佔畢齋) 김종직(金宗直)에게서, 김종직은 부친인 강호(江湖) 김숙자(金叔滋)에게서, 김숙자는 야은(冶隱) 길재(吉再)로부터, 길재는 포은(圃隱) 정몽주(鄭夢周)에게서 배웠던 것이다. 이 학맥은 우리 나라 도학의 정맥(正脈)으로 일컬어지는데, 우계학파의 연원이 바로 여기에 닿아 있음을 알 수 있다. 율곡은 조광조를 가장 존모(尊慕)하고 사숙(私淑)하여 그의 도학에 간접적으로 연결되어 있다면, 우계는 부친을 통해 직접 조광조와 연결되어 있다. 조광조는 율곡이 말했듯이 우리 나라 도학의 실질적인 창시자로서,[10] 유교적 이상정치를 실현하고자 노력하다가 기묘사화 때 희생된 당대 가장 대표적인 유학자였다. 그는 수기와 치인의 양면에서 탁월한 역량을 갖추어 30대 초반에 이미 전국 사림의 영수로 추앙을 받았고, 중종의 신망이 두텁고 백성들의 존경 또한 지극했던 것으로 전해진다. 따라서 그에게는 많은 문인들이 따랐는데, 성수침, 성수종, 기준(奇遵), 조욱(趙昱), 백인걸(白仁傑), 이연경(李延慶) 등이 대표적이다. 그런데 성수침은 그의 부친이며 스승이었고, 성수종은 숙부이며, 백인걸 또한 그가 17세 때 《상서(尚書)》를 배운 스승으로서 존경과 흠모가 적

---

8) 황의동,《율곡학의 선구와 후예》, 예문서원, 1999, 223면.

9)《牛溪集》, 年譜, 附錄,〈墓表陰記(金集)〉: "聽松學于靜菴 先生得之家庭 又尊慕退陶而友栗谷."

10)《栗谷全書》, 卷31,〈語錄 上〉: "鄭圃隱號爲理學之祖 而以余觀之 乃安社稷之臣 非儒者也 然則道學自趙靜菴始起."

지 않았다.

이렇게 볼 때, 우계학의 형성에 있어 가학적 전통과 사승관계로 중첩된 도학풍이 가장 큰 영향을 미쳤다고 볼 수 있지만, 본래 도학이란 수기와 치인을 그 내용으로 삼는다고 볼 때,[11] 은거수지(隱居守志)의 수기적 측면에 더욱 치중했던 우계학풍은 역시 가학적 영향이 더 컸다고 볼 수 있다.

우계학파의 연원에 있어서 또 하나의 계열은 기묘명현(己卯名賢)의 하나였던 노천(老泉) 김식(金湜, 1482~1520) 계열이다. 김식은 조광조, 김안국, 기준 등과 함께 도학 소장파를 이루어 개혁을 통한 왕도정치를 꾀하다가 기묘사화에 연루되어 선산으로 유배 중 거창으로 도피하여 자살하였다. 그의 문인으로 이진자(頤眞子) 김덕수(金德秀)가 있고, 또 그의 문하에 월정(月汀) 윤근수(尹根壽)가 있다. 윤근수의 문하에서 조익(趙翼), 김상헌(金尙憲), 이정구(李廷龜)가 나오고, 또 그들의 문하에서 박세채(朴世采), 정제두(鄭齊斗), 조복양(趙復陽), 조지겸(趙持謙), 임영(林泳) 등이 배출되었다는 점에서 김식의 연원을 말할 수 있다. 역시 이 계열도 조광조와 같은 도학의 뿌리를 갖고 있다는 공통점이 있다.

---

11) 앞의 책, 卷15,〈東湖問答〉:"夫道學者 格致以明乎善 誠正以修其身 蘊諸躬則爲天德 施之政則爲王道."

제3절 창녕 성씨의 가학

1. 성삼문의 의리적 삶과 정신

성삼문(成三問, 1418~1456)은 15세기 조선조의 탁월한 학자이며, 정치적 격동기에서 목숨을 바쳐 의리를 지켰던 이른바 사육신의 한 사람이다. 그는 38세의 짧은 생애를 살았지만, 여말 포은 정몽주 이후 가장 대표적인 충절로 일컬어진다. 따라서 그에 관한 연구나 학문적 접근은 일정한 한계를 갖는다. 그것은 무엇보다 그의 문집이 온전하게 전해지지 못하여 그의 사상을 알 수 있는 일차 자료가 너무나 부족하기 때문이며, 또 하나는 그에 대한 평가는 사상적인 이론체계의 문제가 아니라 생명을 바쳐 이룩한 의리적 삶 그 자체에 있기 때문이다. 그러므로 그에 대한 역사적 평가나 학문적 평가는 이러한 잣대 위에서 이루어져야 올바른 평가가 될 것이다.

그럼에도 불구하고, 그의 탁월한 학자적인 역량을 고려한다면 그의 문집을 통한 학문적·사상적 조명이 함께 이루어졌으면 하는 아쉬움은 남는다. 그에 관한 자료는 《성근보집(成謹甫集)》이 가장 중요한 것이 된다. 그러나 시(詩), 부(賦) 몇 편과 서문(序文), 발문(跋文), 설(說), 송(頌), 명(銘) 몇 편이 있으며, 그의 정치사상을 알 수 있는 〈중시대책(重試對策)〉 1편과 세계(世系), 실기(實記) 그리고 송시열이 쓴 〈홍주성선생유허비문(洪州成先生遺墟碑文)〉, 〈연산성선생유허비문(連山成先生遺墟碑文)〉, 박태보가 쓴 〈영월육신사기(寧越六臣祠記)〉, 김상헌이 쓴 〈육신유고발(六臣遺稿跋)〉이 게재되어 있다.

그는 충청도 홍주 노은동(현 충남 홍성군 홍북면 노은리) 외가에서 출생하였는데,[1] 그의 자는 근보(謹甫) 또는 눌옹(訥翁)이며, 호는 매죽헌(梅竹軒)이다. 본관은 창녕이며 도총관 성승(成勝)의 아들이다. 그가 태어난 홍주 노은동은 여말의 명장이었던 최영(崔瑩) 장군의 생장지이기도 하다.

그는 1435년 18세 때 생원시에 합격하였고, 21세 때에는 하위지와 함께 식년(式年)문과에 급제하여 집현전 학사로 발탁되었다. 그가 문과에 급제하자 안평대군을 통해 그의 학문과 인품을 전해 들은 세종은 집현전에서 키워낼 만한 인물이라 생각하고, 그를 집현전에 배속시켜 박팽년(朴彭年), 신숙주(申叔舟), 하위지(河緯地), 이개(李塏), 이석형(李石亨) 등과 함께 학문연구에 전념토록 하였다. 25세 때에는 박팽년, 신숙주, 이개, 하위지, 이석형 등과 함께 삼각산 진관사에서 휴가를 받아 독서에 열중하기도 하였다. 세종은 언문청을 설치하여 집현전 학사들을 중심으로 연구를 진행시킨 결과 1443년(세종 25)에 훈민정음을 제정하였는데, 정인지, 신숙주, 최항, 박팽년, 이개 등과 더불어 성삼문이 주도적 역할을 했던 것으로 보인다.[2] 성삼문은 1445년 신숙주와 함께 요동에 파견되어 그곳에 귀양와 있던 명나라 학자 황찬(黃瓚)으로부터 음운학을 배워오는데, 이후 13차례나 요동을 왕래하였다.[3] 1447년 그의 나이 30세 때 신숙주, 최항, 박팽년, 이개, 강희안 등과 함께 한국 한자음을 정리한 《동국정운(東國正韻)》을 편찬하였는데, 이것도 13차에 걸친 요동 방문의 결과였다.[4] 또한 그해에 그는 〈팔준도전(八駿圖箋)〉을 지어 문과 중시에 장원으로 급제하였다.

1453년(단종 원년, 癸酉) 수양대군이 김종서를 죽인 후에 집현

1) 최완수,《조선왕조 충의열전》, 돌베개, 1998, 122면.
2) 송재소,〈해제〉,《국역 육선생유고》, 민족문화추진회, 1999, 6면.
3) 위의 글, 6면.
4) 위의 글, 6면.

전의 여러 신하에게 정난공신(靖難功臣)의 칭호를 내려 주었는데, 그는 이를 부끄럽게 여겼다. 여러 공신들이 이에 보답하고자 교대로 연회를 베풀었지만, 그는 홀로 연회를 베풀지 아니하였다.[5] 1455년(단종 3년, 乙亥) 수양대군이 단종으로부터 선위(禪位)를 받을 때, 예방승지 성삼문은 국새(國璽)를 끌어안고 통곡하였다. 1456년(세조 2년, 丙子) 아버지 성승, 박팽년 등과 함께 상왕의 복위를 도모하기 위해 명나라 사신을 청하여 연회하는 날 거사하기로 기약하였다. 그러나 김질(金礩)의 변절과 고발로 단종 복위의 거사계획은 발각되고 참혹한 고문과 형벌이 이어졌다.

성삼문에게 형틀을 씌워 뜰 안으로 끌고 들어와 임금이 친히 심문하기를, "너희들의 이번 일은 무슨 일인가? 무엇 때문에 나를 배반하는가?" 하니, 성삼문이 소리지르며 말하기를, "옛 임금을 복위시키려는 거요. 천하에 어찌 자기 임금과 자기의 어버이를 사랑하지 않는 사람이 있겠소. 내 마음은 나라가 다 아는데, 나으리는 무엇이 이상하여 묻는 거요? 나으리가 남의 나라를 빼앗았소. 삼문이 남의 신하가 되어 군주가 폐위당하는 것을 보고 견딜 수 없어 그러는거요. 나으리가 평소에 걸핏하면 주공(周公)을 자칭하는데, 주공도 이런 일이 있었소? 삼문이 이렇게 하는 것은 하늘에 태양이 둘이 없고 백성은 군주가 둘이 있을 수 없기 때문이요."라고 하였다.[6] 여기에서 우리는 그의 이 거사계획이 부당하게 폐위된 단종의 왕위를 다시 찾자는 것이요, 신하에게는 두 임금이 있을 수 없고 백성에게도 두 임금이 있을 수 없다는 명분 때문이었음을 알 수 있다. 이는 유가의 '불사이군(不事二君)'의 원칙을 천명한 것이고, 신하가 임금을 범하는 반역에 대한 항의였던 것이다.

---

5) 유영박,《사육신》, 동방도서, 1996, 78면.

6)《大東野乘》, 第22卷,〈海東雜錄 4〉.

이어 세조가 말하기를 "너는 나의 녹을 먹지 아니하였는가? 녹을 먹고도 배반을 하였으므로 명분은 상왕을 복위한다고 하지만 사실은 스스로 정권을 차지하려는 것이 아닌가?"라고 묻자, 그는 말하기를 "상왕께서 계신데 나으리가 어찌 나를 신하라고 하십니까? 또 나으리의 녹을 먹지 아니하였으니, 만약 나의 말을 믿지 못하겠다면 내 가산을 몰수하여 헤아려 보십시오"라고 하였다.[7]

여기에서 우리는 수양대군과 성삼문 간에 군신의 의리문제에 대한 이견을 엿볼 수 있다. 수양은 성삼문이 자신의 신하로서 녹을 먹었으니 당연히 신하가 아니냐는 논리지만, 성삼문은 이미 마음속에 수양을 자신의 군주로 생각하지 아니하고 받은 녹을 먹지 아니하고 그대로 보관하였으며, 수양을 향해 '나으리'라는 호칭으로 군신관계가 결코 아님을 분명히 하였던 것이다. 또한 수양이야말로 어린 조카의 왕위를 빼앗은 불의를 범했다는 그 자신의 엄정한 평가를 전제하는 것이다. 그가 죽은 뒤에 그의 가산을 적몰하여 보니, 1455년(세조 즉위년) 이후부터 받은 녹봉을 별도로 한 곳에 쌓아 두고 '어느 달의 녹'이라고 기록해 놓았으며, 집안에는 남은 것이 아무것도 없었고, 침방에는 오직 거적자리만 있을 뿐이었다고 전한다.[8] 이를 통해서 볼 때, 그의 단종 복위의 의리와 수양대군에 대한 불의의 평가는 이미 확고했던 것을 알 수 있고, 이 사건이 일시의 감정적 행동이 아니라 사생관에 입각한 이성적 결단이었음을 짐작할 수 있다.

그는 또 말하기를 "신숙주는 나와 서로 좋은 사이지만, 그러나 죽어야 마땅하다"고 하였는데,[9] 여기에서 우리는 붕우지도(朋友之道)의 의리가 어떠한 것인가를 잘 알 수 있다. 개인적으로는 두

---

7) 南孝溫, 《六臣傳》.

8) 위의 글.

9) 《世祖實錄》, 2年 6月 2日條.

사람이 좋은 친우관계였지만, 문종의 당부를 잊었을 뿐 아니라 불의의 편에 선 신숙주의 처세는 신의를 저버린 것이므로 결코 용납할 수 없다는 그의 결연한 태도를 볼 수 있다.

그는 혹독한 고문에도 결코 굴하지 아니하고 태연자약하게 수양의 불의를 꾸짖고 자신의 의리를 유감없이 천명하였다. 그는 고문 후 수레에 실려 문을 나오며 좌우를 돌아다보며 "너희들은 어진 임금을 도와 태평성대를 이룩하라. 성삼문은 돌아가서 지하에서 옛 임금을 뵙겠다"고 말하였다 한다.[10] 또 그는 형장에 끌려가며 다음과 같은 시를 남겼다 한다.

> 울리는 저 북소리 목숨을 재촉하는데,
> 머리를 돌이키니 서산에 해 저문다.
> 황천 가는 길엔 주막도 없다는데,
> 오늘 밤은 뉘 집에서 자고 가리.[11]

또한 그가 죽음을 앞에 두고 지었다 하는 절명시가 다음과 같이 전한다.

> 임금님 녹을 먹고 임금님 옷을 입었으니,
> 평소에 먹은 마음 어김없기를 바라노라.
> 한 목숨 바치는데 충의가 있음을 알았으니,
> 현릉의 송백이 꿈속에 아련하네.[12]

생사의 기로에서 의리와 충절에 투철한 그의 신념과 강건한 선

---

10) 南孝溫, 앞의 책.

11) 신석호, 〈성삼문〉, 《고려, 조선초기의 학자 9인》, 신구문화사, 1974, 197면.
   '擊鼓催人命 回頭日欲斜 黃泉無一店 今夜宿誰家.'

12) 南孝溫, 앞의 책, 絶筆. 《秋江集》에는 이 시를 成勝이 지은 것으로 되어 있으나, 尹童土가 편찬한 《魯陵志》와 다른 野乘에 모두 성삼문의 시라고 되어 있다(조동영 역, 《국역 육선생유고》, 민족문화추진회, 1999, 158면).
   '食君之食衣君衣 素志平生莫願違 一死固知忠義在 顯陵松柏夢依依.'

비의 기상을 확연히 엿볼 수 있다. 결국 성삼문 일가는 이로 인해 멸문의 화를 당했으니, 아버지 성승을 비롯하여 아들 5형제와 아우 등 남자는 젖먹이까지도 살해되었다. 가산은 몰수되고 처와 자부는 관비에 충당되었다.[13] 200년 후 숙종 때에 이르러 육신의 무덤이 수축되고 묘지 위에 사당을 세우게 되었고, 삭탈된 관직이 회복되었다. 또 영조 때에는 그에게 이조판서의 관직이 추증되었고, '충문(忠文)'의 시호가 주어졌다.[14]

그런데 이러한 성삼문의 절의를 숭상하고 기리는 태도와 정신은 이미 그의 글 속에 많이 드러나 있음을 알 수 있다. 연의 미덕을 노래한 다음 시를 보기로 하자.

> 연아 연아, 고운 연아
> 마음 비고서 곧기까지 하구나.
> 이 세상에 군자가 있지 않다면,
> 어찌 그 덕을 견줄 수 있겠느냐.
> 진흙에 있으면서도 더러움을 타지 않고,
> 물 속에 있으면서도 젖지를 않는구나.
> 군자가 거처하니,
> 어찌 비루함이 있을 수 있겠느냐.
> 연아 연아, 고운 연아
> 그대 이름을 정우(淨友)라 부르고 싶다.[15]

여기에서 성삼문은 연을 군자의 덕에 비유하면서 마음을 비우고 곧으며 진흙 속에 있으면서도 더럽지 아니하고, 물 속에 있으면서도 젖지 않음을 예찬하였다. 또 〈매죽헌부(梅竹軒賦)〉에서는 다음과 같이 매화와 대나무의 지조와 절의를 노래하고 있다.

---

13) 신석호, 앞의 책, 198면.
14) 위의 글, 201면.
15) 조동영 역, 앞의 책, 〈蓮頌〉, 172면.

48

오직 매형(梅兄)의 청아한 지조와
차군(此君)의 굳센 절의만은,
비와 이슬에 영화로움을 빌리지도 않았고,
눈과 서리도 오만하게 보았도다……

만고풍상 속에서도 사라지지 않음이여,
추운 겨울에도 그 아름다움을 보전하도다.
사람들이 매화를 사랑함이여,
그 하얀 것을 사랑하도다.
사람들이 대나무를 사랑함이여,
그 푸른 것을 사랑하도다.[16]

여기에서 그는 자신의 호가 '매죽헌(梅竹軒)'이듯이, 매화의 깨
끗함과 대나무의 푸름을 예찬하였다. 매화는 눈서리에도 굴하지
않고 청아한 지조를 지키며, 대나무는 만고풍상 속에서도 굳센
절의를 지키기 때문이다. 이는 마치 자신의 삶과 가치관을 그대
로 읊은 것과 같고, 실제로 그는 매화와 대나무와 같은 지조와
절의를 지키며 짧은 생애를 살았던 것이다.

또한 〈송죽설월송(松竹雪月頌)〉에서도 소나무와 대나무의 곧고
굳셈과 달과 눈의 밝고 깨끗함을 다음과 같이 읊고 있다.

소나무와 대나무는 곧고 또 굳세니,
굳세고 곧은 것은 군자가 존경하는 바며
달과 눈은 밝고 또 깨끗하니,
밝고 깨끗한 것은 군자가 기뻐하는 바라.
저래산에는 소나무가 없고 저 기수(淇水)에는 대나무가 없겠네.
군자가 옮겨와서 지척에 두었으니,
여름에는 눈이 내리지 않고 낮에는 달이 뜨지 않건마는,
군자가 소유하고 있음에 계절이 따로 없도다.[17]

---

16) 조동영 역, 앞의 책, 〈蓮頌〉, 98~99면.
17) 위의 책, 〈松竹雪月頌〉, 173면.

여기에서도 그는 소나무와 대나무의 곧고 굳셈, 즉 어떠한 고난에도 변함 없는 지조와 절개를 칭송하고 있으며, 달과 눈의 밝고 깨끗함, 즉 공명정대하고 청렴결백함을 칭송하고 있는 것이다. 이러한 미덕이야말로 군자의 조건으로서 성삼문 그 자신이 추구해 온 이상적 가치였다. 이상 몇 편의 시를 통해서 우리는 그의 충절의리가 결코 우연의 소산이 아니라 평소 그의 삶 속에서 온축되어 드러난 것임을 알 수 있다. 같은 충절의리라 하더라도 그것이 일시적인 충동이나 감정에서 나온 것이냐, 아니면 온 생애를 통해 다듬어진 이성적 실천이냐에 따라 그 평가는 달라진다. 이런 점에서 그의 충절의리는 더욱 높게 평가된다.

성삼문의 의리정신은 한국유학사의 도학적 전통 속에서 이해되어야 하고 재평가되어야 한다. 물론 그의 유학사상을 체계적으로 이해할 수 있는 자료는 없지만, 제한된 그의 문집 속에서 유학자적 면모를 쉽게 볼 수 있다. 그는 〈제 일암(題 一菴)〉이라는 시 속에서 '우리들은 공자를 배우는 자들인데, 덕이 전일하지 못하니 도리어 부끄럽구나'라고 읊고 있음을 볼 수 있다.[18] 여기에서 그는 스스로 '공자를 배우는 자'임을 분명히 하고 있다. 그는 또 "군자의 한 몸에는 도학과 사문(斯文)의 기대가 있고, 천지와 생민의 기대가 있어서 그 책임이 매우 크고 막중하다"[19]고 천명하고 있다. 아울러 요·순이 가졌던 삼가고 두려워하는 마음과 성탕(成湯)이 가졌던 두려워하는 마음, 그리고 문왕이 가졌던 공경하고 삼가는 마음이 모두 정치의 심법이라고 말하고 있다.[20] 그리하여 임금이 2제와 3왕의 마음으로 마음을 삼는다면 2제와

18) 조동영 역, 앞의 책, 〈一菴에 題하다〉, 156면.

19) 《成謹甫集》, 卷2, 〈集賢校理李先生錫名序〉: "夫君子一身 有道學斯文之托 有天地生民之寄 其任甚大 而其責甚重."

20) 위의 책, 卷2, 策, 〈重試對策〉: "堯舜之兢兢業業 成湯之慄慄 文王之翼翼 皆此心也."

3왕의 훌륭한 치적을 이루게 될 것이라 하였다.[21]

이렇게 볼 때, 그에 있어 학문의 궁극적인 지향은 요(堯), 순
(舜), 우(禹), 탕(湯), 문왕(文王), 무왕(武王), 주공(周公), 공자
(孔子)의 뜻을 계승함에 있었고, 군자의 책임이 일면 도학의 실
천과 생민을 위함에 있었던 것이다.

그런데 한국의 유학사는 의리적 전통을 그 특징으로 하고 있
다. 13세기 말 회헌(晦軒) 안향(安珦: 1243~1306)에 의해 성리학
이 수입된 이후 여말의 유학은 두 갈래로 전개되어 갔다. 하나는
'의리(義理)'를 중시하는 학파요 또 하나는 '실리(實利)'를 중시
하는 학파였다. 전자를 의리학파 또는 절의파라 하는데, 정몽주
를 비롯하여 그의 문인이었던 길재, 김숙자로 이어져 갔다. 후자
는 훈구파 또는 사공파라 하는데, 정도전을 비롯하여 그의 문인
이었던 권근이 대표적 인물이다. 이들은 여말의 역사인식과 이성
계의 혁명을 보는 시각에 있어서도 견해를 달리한다. 절의파는
당시의 현실을 경장기(更張期)로 인식하여, 이성계의 혁명을 신
하가 임금을 범한 불의로 단정하고 협력하지 않았다. 그러나 사
공파는 당시의 현실을 창업기(創業期)로 인식하여 이성계의 조선
조 창업을 정당화하였다. 또한 절의파는 명분과 원칙을 중시하는
이상주의적·명분주의적 색채를 갖는다면, 사공파는 실리와 상
황적 대응을 중시하는 현실주의 내지 공리주의적 색채를 지닌다.
따라서 절의파는 《춘추》의리를 강조하지만, 사공파는 《주역》의
상황적 대응을 중시한다. 이들 양파는 상호 이념적 갈등과 정치
적 대립을 겪으면서 조선조 500년을 지나왔고, 이러한 두 갈래의
이념적 지향은 오늘날까지도 계속되고 있다고 볼 수 있다.

그런데 한국유학사는 전통적으로 '의리'를 더욱 중시해 온 특
징이 있고, 이들 절의파가 한국유학을 주도해 왔다고 볼 수 있

---

21) 앞의 글: "伏望殿下以二帝三王之心爲心 則可以致二帝三王之治."

다. 의리학의 전통은 15세기 조선조 초 수양대군이 어린 조카 단
종의 왕위를 찬탈하면서 심각한 갈등을 겪게 된다. 세종시대를
주도했던 당시 집현전의 학사들, 즉 성삼문, 정인지, 신숙주, 박
팽년, 이개, 하위지, 이석형 등은 학문연구에 전념하고 정책개발
에 앞장섰던 동지들이었으나, 수양대군의 왕위찬탈을 놓고 처세
와 가치관에 있어서 각기 다른 길을 걷게 되었다. 여기에서 정인
지, 신숙주 등은 현실주의 내지 공리주의적 입장에서 수양대군의
왕권찬탈을 정당화하였고, 그의 편에 서서 적극적으로 현실에 참
여하였다. 그러나 성삼문을 비롯한 박팽년, 이개, 하위지 등은
수양대군의 왕권찬탈을 불의로 규정하고 목숨을 걸고 맞서 싸웠
고, 마침내 혹독한 고문과 참혹한 형벌로 생애를 마쳤던 것이다.

이는 포은의 뒤를 이어 유교적 충절과 의리를 유감없이 발휘한
자랑스런 일이었다. 그 이후 연산시대를 맞아 김종직(金宗直)의
〈조의제문(弔義帝文)〉이 문제가 되어 무오사화가 일어났고(1498
년, 연산군 4년), 연산군 생모 윤씨 폐출 사사(賜死)사건이 계기가
되어 갑자사화가 발생하였다(1504년, 연산군 10년). 또한 중종반
정 후 조광조의 개혁정치가 훈구 관료들의 저항에 부딪혀 실패하
면서 기묘사화가 일어났고(1519년, 중종 14년), 이어 인종의 외숙
윤임과 명종의 외숙 윤원형의 대립갈등으로 을사사화가 일어났
다(1545년, 명종 원년). 이를 4대 사화라 하는데, 장장 반 세기에
걸친 정치적 격변으로 수많은 사림들이 희생을 당해야 했다. 이
때 중종시대의 대표적인 유학자였던 김종직과 그의 문인 김굉필,
정여창 그리고 김굉필의 문인이었던 조광조 등이 도학풍의 새로
운 유교 부흥운동을 전개하였다. 특히 조광조는 그 자신 유교적
이상정치를 구현하고자 하였으며, 부정·불의와 타협하지 않는
강직한 선비의 모범을 보여 주었다. 이러한 전통은 16세기 성리
학의 전성기를 맞아 퇴계, 율곡 등에 의해 계승되었고, 임진왜란
을 맞아 조헌(趙憲), 곽재우(郭再祐), 고경명(高敬命) 등 수많은

의병들에 의해 계승되었다. 17세기 병자호란과 정묘호란을 맞아 다시 대청의리(對淸義理)가 강조되었으니, 송시열(宋時烈), 김상헌(金尙憲), 홍익한(洪翼漢), 윤집(尹集), 오달제(吳達濟) 등 삼학사(三學士)들에 의해 연면히 계승되었다. 19세기 서세동점(西勢東漸)의 와중에서는 위정척사(衛正斥邪)의 명분으로 의리학이 계승되었으니, 그 중심인물이 바로 화서(華西) 이항로(李恒老)를 비롯한 그의 문인 면암(勉菴) 최익현(崔益鉉), 의암(毅菴) 유인석(柳麟錫) 등이다. 그리고 이 의리적 전통은 한말 일제강점기를 거치면서 수많은 의사, 열사, 독립군, 의병을 통해 끊임없이 이어져 갔던 것이다.

이렇게 볼 때, 성삼문을 비롯한 사육신의 충절의리는 여말 포은의 충절의리를 계승한 것이면서, 15세기의 도학적 의리, 임진왜란 때의 의병정신, 병자호란 때의 북벌의리, 한말의 위정척사와 독립운동으로 계승되어 갔던 것이다.

그러면 성삼문의 '의리'란 철학적으로 어떤 의미를 갖는지 검토해 보기로 하자. 본래 유학에서는 인(仁)을 가리켜 인간이 편히 살 수 있는 집이라 하고, 의(義)는 인간의 바른 길이라 하였다.[22] '의'란 인간이 인간으로서 마땅히 가야 할 그 길이다. 만약 '의'를 떠난 인간의 행위는 정당화될 수 없고, '의'를 떠난 인간은 곧 인간이 아니라고 말하게 된다. 이처럼 '의'는 인간의 삶과 행위를 규율하는 잣대요 준거이다. 그런데 이러한 '의'는 인간이 인간일 수 있는 이치(理), 즉 성(性)에 근거를 둔다. 맹자는 사람들의 마음이 한 가지로 그러한 바를 의(義) 또는 리(理)라고 하였다.[23] 즉, 인간의 보편한 마음을 일러 '의' 또는 '리'라고 본 것이다. 여기에서 '리'는 인간의 마음에 내재한 존재원리로서 말한 것

---

22) 《孟子》, 〈離婁章 下〉: "仁 人之安宅也 義 人之正路也."
23) 위의 책, 〈告子章 上〉: "心之所同然者何也 謂理也義也."

이라면, '의'는 인간이 대인, 대물관계에서 지켜 가야 할 당위원
리로서 말한 것이다. '리'를 그대로 실천, 실현함이 곧 '의'인 것
이다. 이 세계 일체존재는 저마다의 이치를 가지고 있다. 인간도
넓게는 사물 가운데의 하나이다. 따라서 사물에 있는 것이 '리'
요, 사물에 처하는 것이 곧 '의'가 된다.[24] 인간주체가 대상세계
인 사물을 만나 가장 적정하게 해결하는 것이 바로 '의'인 것이
다. '의'는 내 마음이 사물에 대처하는 마땅함이다. 사물을 보아
합당하면 처지에 따라서 응하는 것이므로 다시 집착하는 바가 없
다. '의'는 부귀에 합당하면 부귀하는 것이요, 빈천(貧賤)에 합당
하면 빈천하는 것이다. 또 사는 것에 합당하면 사는 것이요, 죽
는 것에 합당하면 죽는 것이다. 단지 의리의 합당 여부만을 볼
뿐인 것이다.[25] 이와 같이 '의'는 상황에 따라 달라지는 것이다.
'의'의 의미는 현실에서 '마땅함'을 추구하는 상황성의 문제와
'올바름'을 구현하는 도덕성의 문제로 요약될 수 있다. 즉, 사실
판단의 의미가 큰 상황성과 가치판단의 의미가 강조되는 도덕성
의 문제라고 하겠다.[26] 그러므로 유학에서 중시하는 의리사상의
진정한 의미는 이 '원리적 의'와 '상황적 의'가 조화를 이루는 데
있으며, 궁극적 가치가 '합내외지도(合內外之道)'의 실현이라는
지극히 높은 경지에 있음을 의미한다.[27] 이렇게 볼 때, 끊임없는
자기개혁과 사회적 부정에 대항하는 '저항의식'으로서의 의(義)
개념과 '올바름'을 바탕으로 '마땅함'을 추구하는 의미로서의 의

---

24) 《周易》,〈艮卦 象傳〉, 程子傳: "在物爲理 處物爲義."
25) 《論語》,〈里仁篇〉, 朱子注: "義是吾心所處之宜者 見事合恁地處則隨而應
　　之 更無所執也 義當富貴便富貴 義當貧賤便貧賤 當生則生 當死則死 只
　　看義理合如何."
26) 오석원,〈19세기 한국 도학파의 의리사상에 관한 연구〉, 성균관대학교대
　　학원(박사학위논문), 1991, 69면.
27) 오석원, 위의 글, 76면.

54

(義) 개념은 서로 상충되거나 대립되는 것이 아니라 대대적(對待的) 상보관계라 하겠다.[28]

그런데 의(義)는 생(生)과 함께 인간의 기본욕구로 규정된다. 맹자는 생(生) 또한 내가 하고자 하는 바요, 의(義) 또한 내가 하고자 하는 바라 하고, 이 두 가지를 겸하여 얻을 수 없다면 생을 버리고 의를 취하겠다 하였다.[29] 여기에서 '생'이란 살고 싶은 생존욕구를 의미하고, '의'란 떳떳하고 바르게 살고 싶은 도덕적 욕구를 의미한다. 이 두 가지 욕구를 충족하며 살고 싶은 것이 인간이다. 그러나 만약 이 두 가지 가운데 취사선택해야 한다면 생을 버리고 의를 취하겠다는 것이 맹자의 사생관이요 유학의 입장이다. 공자는 이를 '살신성인(殺身成仁)'이라 하였으니, '사생취의(舍生取義)'와 상통하는 개념이다. 인간은 대체로 생존욕구에 의존하기 쉽다. 먹고 자고 쉬고 그리고 남녀간의 성적 본능을 욕구한다. 이는 성인이라도 예외가 아니다. 다만 이를 알맞게 절제하고 도덕적 욕구, 즉 올바름을 추구하며 산다는 것이 어려운 문제다. 성삼문의 충절의리는 '생'과 '의'의 기로에서 생을 버리고 의를 취한 것이라 할 수 있고, 이는 다름 아닌 살신성인의 실천이다. 인(仁)을 이루기 위해 목숨을 바친 것이다. 여기에서 '인'이나 '의'는 유가철학의 본질이자 궁극적인 가치이다. 인의(仁義)를 실현하기 위해 육신을 버리고 현실적인 삶을 버리는 결단이었다. 이는 누구나 할 수 있는 일이 아니다.

이제 이러한 관점에서 성삼문의 의리적인 삶이 오늘의 우리에게 어떤 교훈과 의미를 주는지 생각해 보기로 하자. 오늘의 한국사회는 정신적 위기 내지 윤리적 위기에 직면해 있다. 물질적인

---

28) 오석원, 앞의 글, 75면.
29) 《孟子》, 〈告子章 上〉: "生亦我所欲也 義亦我所欲也 二者不可得兼 舍生而取義者也."

풍요와 첨단 과학기술에 의해 우리들의 생활은 편리해지고 있지만, 정신과 의식은 병들어 가고 있다. 또한 서구문화의 일방질주로 전통문화 내지 전통사상 또한 위기를 맞고 있다. 우리의 말과 글, 생각과 가치관, 의식주, 문화 행태의 서구화 정도가 우려할 만한 수준에 이르렀다. 이러한 와중에서 전통문화는 위기를 맞고 있고 윤리적 위기는 더욱 심화되고 있다. 돈과 물질이 중시되는 사회에서 명분과 의리는 경시될 수밖에 없다.

그러나 돈과 물질은 인간을 위한 도구일 뿐 그 자체가 인간의 목적적 가치일 수 없다. 또 인간은 의리를 떠나 존재할 수 없다. 의리는 인간존재의 근본이요 뿌리이다. 의리를 떠난 인간은 이미 인간이라 할 수 없다. 왜냐하면 의리는 곧 인간이 인간일 수 있는 본질이자 인간이 마땅히 밟아야 할 길이기 때문이다. 여기에 성삼문의 충절의리가 현대에 있어서도 높게 평가되어야 할 이유가 있다. 하나밖에 없는 목숨을 바쳐 이룩해야 할 가치가 무엇인가? 성삼문은 '의리'를 위해 죽은 것이다.

그런데 의리적인 삶을 실천하기 어려운 이유가 바로 인간의 본능적인 생존욕구에 있다. 인간은 본래 몸과 마음으로 되어진 존재요 소체(小體, 耳目之官)와 대체(大體, 心之官)로 되어진 존재이다.[30] 따라서 신체적인 본성(욕구)과 정신적(도덕적, 지적)인 본성이 한 몸에 묘합해 있다. 이 두 가지 본성은 시시각각으로 사태에 따라 상호 긴장하고 갈등한다. 여기에서 인간은 위대해질 수도 있고 타락할 수도 있다. 이는 인간의 본래적인 모습이요 실존적 양태이다. 신체적인 본성, 본능적인 욕구가 도덕적(지적)인 본성을 이기면 인간은 동물적인 인간이 되고 만다. 반대로 도덕적인 본성이 신체적인 본성을 이기면 인간은 위대해진다. 그렇다고 신체적인 본성이 없어도 좋다는 의미는 아니다. 다만 자연 본능

---

30) 앞의 책, 〈告子章 上〉.

적 욕구를 알맞게 절제하고 도덕적 본성대로 살아가는 것이 중요
한 일이다.

또한 인간의 사심(私心)은 의리적 실천에 장애가 된다. 의(義)
와 이(利)는 본래 대립적 개념이 아니다. '의'는 '이'의 조화를 의
미하고, '의'를 실천하면 이익이 저절로 따르게 된다. 그런데 이
(利)가 사리(私利)로 해석됨에 따라 의(義)와 대립적 개념이 되었
다. '의'와 조화된 이(利)는 공리(公利)로서 선한 것이다. 그러나
사가 개재된 '이'는 사리, 사욕으로서 악한 것이다. 일단 사가 개
재되면 공정성, 공평성이 무너지게 된다. 따라서 의(義)와 이(利)
의 관계는 곧 공(公)과 사(私)의 관계로 대체될 수 있다. 의(義)란
공평무사한 것, 바른 것, 깨끗한 것이다. 그러므로 누구나 좋아
하는 미덕이다. 그러나 사(私)는 나만을 위한 것이므로 남이 피
해를 보고 공동체가 무너지게 된다. 여기에 사심의 극복을 통해
서만이 의리를 실천할 수 있다. 성삼문의 충절의리 또한 사심의
극복 없이는 불가능한 것이기 때문이다. 만약 성삼문이 당시 현
실적인 부귀영화와 이해관계를 생각했다면 참혹한 형벌을 받으
며 순절(殉節)할 이유가 없는 것이다.

오늘날 우리는 정의와 불의, 진리와 비진리, 옳고 그름, 선과
악, 군자와 소인, 왕도와 패도, 천리와 인욕이 혼동되는 시대에
살고 있다. 성삼문은 우리에게 진리와 정의를 위한 삶, 옳음과
선을 향한 몸짓, 군자가 되어 왕도를 실현해야 된다는 가르침을
제시해 주고 있다.

2. 성수침의 도학적 삶과 정신

성수침(成守琛, 1493~1564)은 우계의 부친으로 자는 중옥(仲
玉), 호는 청송(聽松) 혹은 죽우당(竹雨堂) · 파산청은(坡山淸隱) ·
우계한민(牛溪閑民)이라 하였다. 본관은 창녕이며 사숙공(思肅

公) 성세순(成世純)의 아들로 서울에서 태어났는데, 사후 시호는
문정공(文貞公)이다.

그는 태어날 때부터 남들과 달랐고 어릴 때도 장난을 좋아하지
않았으며, 점잖은 모습이 마치 어른과 같았다. 타고난 성품이 효
도가 지극하여 일가친척들이 모두 효자라고 칭찬하였다.[31] 22세
때 부친의 상을 당하여 파주 향양리에서 여묘살이를 했는데, 슬
픔이 깊어 3년 동안 죽만 먹었다. 날마다 세 번 상식을 올릴 때는
반드시 슬피 울었고, 올리는 상을 몸소 가져다 놓고 종들에게 맡
기지 않았다. 매일 새벽에 일어나 묘역을 깨끗이 쓸고 향불을 피
운 다음 절하고 꿇어앉았다. 날이 저물 때도 역시 그렇게 하였는
데, 겨울철 혹독한 추위와 여름철 찌는 듯한 더위에도 그만두지
않았다. 아우 성수종도 효행이 똑같았으므로 어떤 손님이 그 여
막에 찾아왔다가 그 효행에 감동되어 다음과 같은 시를 주고
갔다.

> 성씨 집안에 두 아들이 있는데
> 효행이 그 아버지를 이으셨네.
> 죽만 먹는 그 정성 해를 꿰뚫을 만하고
> 향 태우면서 우는 울음 하늘에 사무치네.
> 아침과 저녁에는 영전에서 절을 하고
> 새벽과 저녁 무렵에는 묘소로 가 참배하네.
> 한결같이 주문공제도 본받으니
> 오늘날 여기에서 처음 보았네.[32]

그는 아우 성수종과 함께 정암 조광조의 문하에서 수업하여 모
두 명망이 높았는데, 식자들이 성수침에게는 돈후(敦厚)하고 온
화하고 순수하다 칭찬하고, 그 아우에게는 영달(榮達)하다고 높

---

31) 《聽松集》, 卷2, 〈行狀(栗谷 李珥)〉.
32) 위의 글.

58

이 추앙하였다.[33] 그는 조광조의 문하에서 독실하게 15세기 도학 풍을 배우고 익혔다. 따라서 그의 학문적 연원은 한편으로는 정 암의 도학에 기반하면서 동시에 가학적 연원이 자리하고 있으며, 퇴계의 영향도 없지 않았다.[34] 그는 그 당시 기묘명현들의 명성 과 소문이 너무 높아진 것을 우려하였으며, 1519년 기묘사화로 스승인 조광조와 그의 동지들이 무참히 희생되자, 관직생활을 청 산하고 두문불출하며 은거자수(隱居自守)에 힘썼다. 성수침의 집 이 백악산 기슭에 있었는데, 동산 북쪽 모퉁이 송림 속에 몇 간 의 서실을 짓고 편액을 '청송(聽松)'이라 하였다.[35] 그는 청송당 뜰에 봄철에 피는 꽃나무를 심지 않고 오직 바위틈에 두루 소나 무만 마주 심어 놓았는데, 해가 오래 되어 줄기는 용처럼 꾸불꾸 불하고 껍질은 비늘처럼 겹겹으로 붙은 것이 우뚝하게 푸르렀다. 그는 날마다 소나무를 어루만지며 "나는 네가 찬바람과 서리도 잘 견디는 것을 사랑한다. 네가 이런 절조가 없다면 나도 너를 사랑하지 않았을 것이다. 저 포유(蒲柳)란 약한 나무는 가을이 오면 맨 먼저 시들어진다. 너를 보면 부끄러워 얼굴이 붉어지지 않겠느냐"라고 하였다.[36] 이와 같이 그의 호 '청송(聽松)'은 소나 무의 푸른 절조를 의미하는 것이었다.

그는 기묘사화로 인해 상심한 나머지 침잠하여《대학》,《논어》 를 읽고 주렴계(周濂溪)의 〈태극도(太極圖)〉를 그려 놓고 음미하 면서 조화의 근원을 탐색하였다. 아울러 《통서(通書)》를 비롯한 송대 성리학자들의 저술을 베껴 늘 곁에 두고 학문의 즐거움을 삼았는데, 외물이 그 마음을 더럽히지 않았다. 특히 정자가 "함양

33) 앞의 글.
34)《谿谷集》, 卷13,〈牛溪先生神道碑銘〉: "聽松之學 盖出於靜菴 而先生早服 庭訓 又嘗尊慕退陶而淑艾焉."
35) 위의 글.
36) 위의 책, 卷2,〈遺事(大谷 成運 記)〉.

(涵養)에는 모름지기 경(敬)으로 해야 하고, 진학(進學)은 치지 (致知)에 달려 있다"라고 한 말을 손수 써서 좌우에 걸어 놓고 스스로 경계하였다.[37]

사화시대를 당하여 묘당에 나아가기를 꺼리고 산림에 묻혀 도학을 닦은 대표적 인물이 서경덕, 성수침, 성운, 조식, 조욱, 이항, 성제원 등이었다. 그리고 이 정주학 전환기에 있어 은거하여 자신의 학문과 덕을 부지런히 닦고, 성현이 되기를 스스로 기약하는 '도학군자풍'으로 방향을 전환하는 데 중추적 역할을 한 이가 바로 성수침이었다.[38] 이는 조식이 성수침과 성운의 영향을 받아 벼슬을 단념하고 은거 자수하여 당시 사림을 용동(聳動)케 한 사실을 보더라도 은거 자수하는 학풍은 창녕 성씨에서 발아해서 사림에 파종되었다고 볼 수 있다.[39]

1544년 가을 그는 처가가 파평산 밑 우계 옆에 있어, 그곳에 살 만한 집을 정하여 집의 이름을 '죽우당(竹雨堂)'이라 하고 평생을 마치려 하였으나 모부인 때문에 돌아갈 수 없었다. 이에 아우 성수종이 그 뜻을 알고 적성현으로 바꿔 주기를 청하자 비로소 우계로 가서 살게 되었다.

1552년 내자시주부(內資寺主簿), 예산현감 등에 제수되었으나 나아가지 않았고, 그후로도 토산(兎山)현감, 적성(積城)현감 등에 임명되었으나 나아가지 않았다. 이와 같이 그는 관직에 관심을 두지 않고 오직 학문과 마음공부에만 전념하여 즐거움을 지녔는데, 특히 실천궁행을 중시하였다. 그는 서예에도 일가를 이루었으며, 풍류를 즐겨 평소 농부나 촌로들과도 어울려 노래를 부르기도 하였다.

---

37) 앞의 책, 卷2, 〈墓碣銘(退溪 李滉 撰)〉.
38) 김충렬, 〈우율사칠논변평의〉, 《성우계사상연구논총》, 우계문화재단, 1991, 16면.
39) 위의 글, 17면.

1561년 겨울 부인 윤씨가 세상을 떠났고, 그 이듬해부터 건강이 좋지 않아 결국 1564년 향년 72세를 일기로 세상을 마쳤다. 이제 그의 학풍에 대해 살펴보기로 하자.

그의 저서로 《청송집(聽松集)》이 있으나 지극히 적은 분량이며, 그의 학술적인 글은 단 한 편도 없다. 다만 그의 〈행장(行狀)〉이나 〈유사(遺事)〉, 〈묘지명(墓誌銘)〉 등을 통해 그의 학풍과 인품을 짐작할 수 있을 뿐이다. 이는 그의 학문이 깊지 못해서가 아니라 실천궁행을 중시하는 그의 도학풍의 영향이라고 생각된다. 그리고 글을 쓰기보다는 묵묵히 침잠하여 내면적인 자기수양을 중시했던 그의 학문적 취향과도 무관하지 않다.

성수침의 학풍은 《소학》을 중시하였고, 실천궁행을 강조한 데 특징이 있다. 그는 늘 남들에게 《소학》을 읽으라고 권하면서 "수신하는 요령이 모두 여기에 있는데, 지금 사람들은 이 《소학》을 읽지 않아 사람의 도리를 캄캄하게 모른다. 그러니 어찌 가정에서 부모를 섬길 수 있으며, 조정에서 임금을 섬길 수 있겠는가?"라고 하였다.[40] 이처럼 그는 김종직 문하의 학풍이 그랬듯이 《소학》을 중시하고 소학적 실천을 매우 강조하였다.

또한 그는 문을 꽉 닫고 혼자 누워서 열흘이 지나도록 말하지 않기도 하고, 혹 이불을 뒤집어쓰고 앉아 밤이 깊도록 잠자지 않기도 했다. 매양 생각해서 터득한 것이 있으면 스스로 즐겨 말하기를 "나는 글을 읽으면서 그 의미가 한없다는 것을 알았다. 나로 하여금 오늘날 독서하도록 한다면 거의 깨닫는 것이 많을 텐데, 칠십이 된 나이로 병조차 심하니 깊이 탄식할 만하다"[41]고 하였다. 이처럼 그는 단순한 지식의 암기가 아니라 깊은 철학적 사색을 통해 체득하고자 노력하였다.

---

40) 김충렬, 앞의 글.
41) 위의 글.

또한 그의 학문은 자기반성과 거짓 없는 진실을 주로 삼았는데, 일찍이 남에게 함부로 이야기하지 않았다. 늘 학자들에게 말하기를 "도란 마치 큰길과 같은데, 옛 성현의 가르침이 해와 별처럼 남아 있으니 알기가 어렵지 않고, 그 요령은 힘껏 행해서 실천하는 것뿐이므로 말로만 하는 학문은 모두 일을 이루어 낼 수 없다."[42]고 하였다. 우리가 행해야 할 도는 알기가 쉽고, 그 요령은 오직 실천함에 있다는 것이다. 이제 그의 인품에 대해 살펴보기로 하자.

그의 문하에 다니는 선비들은 자상하게 교훈을 받아 마치 온화한 봄바람 속에 있는 듯하며, 그의 용모를 보고 담론을 들으면 온후평이(溫厚平易)하여 마음속에 있던 무지가 저절로 사라졌다. 또 남의 착한 말을 들으면 칭찬하고 남의 잘못을 보면 얼굴을 대해 지적하지 않고, 그를 잘 인도하여 잘못이 없도록 하였다. 일을 처리할 때는 남의 말을 다 듣고도 가부를 모르는 것처럼 하다가 의리로 결단할 때에는 범할 수 없는 늠름한 기풍이 있었다.[43]

또 그는 글씨도 잘 썼다. 곱게 쓰려 하지 않고 오직 창고(蒼古)한 서체를 주장하였는데, 스스로 일가를 이루었다. 뜻대로 될 때는 빨리 휘두르는 붓이 마치 무슨 묘리(妙理)가 있는 듯하였는데, 평하는 사람이 당대 제일이라 하였다. 이는 말단에 속한 예술이기는 하나 그 뛰어난 품격을 상상할 수 있으므로 남들이 유묵(遺墨)을 간직하여 가보로 삼았다. 문장에 대해서도 애써 생각지 않았으나, 가끔 시를 물으면 산중에 사는 흥미를 자연스럽게 나타냈는데, 그림 그려서 새기는 듯하는 세속 사람은 여기에 미칠 수 없었다. 술을 잘 마시지 못했으나 혹 한 잔쯤 마시고 약간 취하면 문득 높이 읊는 소리가 방에 가득 찼다. 특히 도연명(陶淵

---

42) 김충렬, 앞의 글.

43) 위의 글.

62

明)의 시를 좋아하고 또 그의 인격을 사모하였다.[44]

　요컨대 그의 인품은 깨끗하면서도 세속을 끊어버리지 않고, 통하기는 했어도 한계를 넘지 않았다. 초야에 숨어서 남과 접촉하는 일이 적었어도 마음속에 쌓인 덕이 인심을 복종시켰다. 어진 이는 실력을 공경하고, 불초한 자는 그 이름을 흠모하였는데, 바꾸어 말하면 마치 봉황과 지초는 모두 아름답고 상서로운 것으로 여기는 것과 같다. 다 같이 존경하고 높이는 자는 그 깊은 기국과 도량이 한없다는 점을 보았을 뿐이고, 그 실현한 경지를 깊이 아는 사람은 적었다.[45]

　이상은 성혼의 막역한 도우(道友)로서 평생을 지낸 율곡이 쓴 〈행장〉을 주로 인용하여, 성수침의 삶의 자취 그리고 그의 학풍과 인품을 정리해 본 것이다. 15세기 도학을 주도했던 김종직, 김굉필, 정여창 그리고 그의 스승이었던 조광조의 학풍과 인품이 재현되는 느낌이다. 성삼문의 죽음 이후 하나의 가학적 전통이 되어 온 '은거자수(隱居自守) 성현자기(聖賢自期)'의 면모를 엿볼 수 있다. 율곡은 그를 평하기를 "학문의 공은 서경덕이 깊으나 덕성스러운 인격의 깊이는 성수침이 더하다"[46]라고 하였으니, 그의 학문과 인품을 어느 정도 가늠해 볼 수 있다.

　그의 문집에서 〈행장〉은 율곡이 썼고, 〈묘지명〉은 기대승이 썼고, 〈묘갈명〉은 퇴계가 썼고, 〈묘갈음기(墓碣陰記)〉는 조익(趙翼)이 쓴 것만 보더라도 그의 도학적 위상이 어떠한가를 짐작할 수 있다.

---

44) 김충렬, 앞의 글.
45) 위의 글.
46) 《聽松集》, 卷2, 〈襃贈事實〉: "副提學李珥因夜對 啓曰 臣有欲達之事 未得從容 不敢達也 臣今有復焉 徐敬德成守琛一時幷出 學問之功 敬德固深 而德器之厚 守琛爲優 故論者互分優劣."

3. 성제원의 도학적 삶과 학풍

성제원(成悌元, 1506~1559)은 16세기 전반기의 실천적인 도학자로서 자는 자경(子敬), 호는 동주(東洲)이며 본관은 창녕이다. 그의 글이나 학문적 자취는 별로 전해지지 않는데, 이는 아마도 그의 문집이 1906년에야 비로소 그의 후손 성기운(成璣運)에 의해 만들어져 그 동안 자료가 일실되었기 때문이 아닐까 생각된다. 오늘날 전해지는 그의 시문집《동주선생일고(東洲先生逸稿)》조차 그 내용을 보면 시가 주류를 이루고 있고, 정몽주·조광조의 묘문, 김안국(金安國)의 제문이 실려 있을 뿐이다. 그 외에도 송시열 등의 축문과 여러 문헌에 기록된 그에 관한 기록 모음인 〈제가기술(諸家記述)〉, 그리고 조식·성운 등이 써준 시를 수록한 〈투증시편(投贈詩篇)〉, 그의 스승·벗·문인들이 쓴 〈사우록(師友錄)〉과 〈문인록(門人錄)〉이 그 속에 포함되어 있다.

따라서 그의 철학적 면모나 학술적 깊이를 알 수 있는 자료는 극히 제한적이다. 다만《조선왕조실록》등 흩어져 있는 여러 자료들을 통해 그의 인품과 학문적 자취를 가늠할 수 있을 뿐이다.[47]

그는 1506년(연산 12년) 장흥부사 성몽선(成夢宣)과 평양 조씨 부인 사이에서 태어났다. 그의 증조부는 인재(仁齋) 성희(成熺)로서 단종 때 승문원 교리를 지냈다. 1456년 종질 성삼문이 단종 복위를 꾀하다 마침내 사형을 당하자, 이에 연루되어 모진 고문을 당하면서도 입을 열지 않았고, 결국 3년간 김해로 유배당했다. 훗날 송시열은 "인재가 죽지 않은 일은 매죽의 죽음보다 어려운 일이었다"고 그의 절의와 인품을 칭송했으며, 수암(遂菴) 권상하(權尙夏)는 묘표(墓表)에서 "사육신과 더불어 강상을 부식하

---

47) 김문준, 〈동주 성제원선생〉,《충현서원》, 충현서원, 2001 참조.

64

다 죽어도 후회하지 않았다. 그 마음은 밝고 밝아 일월과 빛을 다투고, 그 의리는 열렬하여 우주를 떠받쳤도다"라고 표현하였다.[48]

또한 그의 조부는 정재(靜齋) 성담년(成聃年)이며 생육신의 하나인 성담수(成聃壽)는 백조부가 된다. 그의 부친 성몽선은 일찍이 부친을 여의고 모친을 지극히 섬겼으며, 시와 글씨가 호방하고 강직하였다.[49]

성제원은 14세에 학문에 뜻을 두었으나, 그해 기묘사화가 일어나 많은 현인들이 참화를 당하였다는 소문을 듣고 책을 덮고, "당고의 화가 현세에도 일어났구나" 하고 탄식하며 은둔의 뜻을 가졌다 한다.[50] 16세에 김굉필의 문인인 서봉(西峰) 유우(柳藕, 1473~1537)에게 나아가 학문을 배웠다. 유우가 성제원의 나이가 어리다고 거절하였으나 십여 차례 간곡히 간청하므로 배우기를 허락하여 그의 문인이 되었다. 따라서 성제원의 학문적 뿌리는 정몽주—길재—김숙자—김종직—김굉필로 이어지는 사림파의 학맥에 닿아 있다고 볼 수 있다. 이는 우계의 학맥이 부친 성수침을 통해 조광조에 닿아 결국 포은을 기점으로 하는 여말 절의파의 학맥에 뿌리를 두고 있는 것과 일치한다.

성제원은 19세에 은진 송씨 송세량(宋世良)의 딸과 재혼하였는데, 송세량은 서부(西阜) 송귀수(宋龜壽)와 규암(圭菴) 송인수(宋麟壽) 형제를 두었다. 성제원은 이들 두 처남과 자주 모여 도를 논하였는데, 매우 엄숙하고 공경스러워 그 집을 지나던 사람이 '삼현(三賢)'이라고 일컬었다. 그는 44세 때 모친상을 당하였는데, 몇 달 동안이나 모친의 병석을 지키며 밤낮으로 눕지 않았으며, 밤에도 잠을 자지 않아 인근의 칭송이 높았다. 48세에 유일

---

48)《毅齋集》, 卷5, 行狀,〈蕙川先生行狀〉참조.
49)《東洲先生逸稿》, 下, 附錄,〈年譜〉.
50) 위의 글 참조.

(遺逸)로 군자주부에 천거되었다가 그해에 보은현감이 되었다. 그는 현감이 되어 세속의 형편에 따라 백성들을 다스리고 정사를 베풀어 매사가 공정하고 엄격했다. 아울러 자기자신에게는 매우 박했으나 백성을 어루만짐에는 많은 수고를 아끼지 않아 떠도는 유랑민들이 사방에서 모여들었다.

그는 보은현감의 임기를 무난히 마치고 옛 집으로 돌아와 연기 달전에서 54세의 나이로 세상을 마쳤다. 그는 공주의 충현(忠賢)서원, 보은의 상현(象賢)서원, 금화(金華)서원, 창녕의 물계(勿溪서원)에 배향되었다. 이제 여러 자료를 참고하여 성제원의 인품에 대해 살펴보기로 한다.[51] 먼저 그의 죽음에 대한《조선왕조실록》의 인물평을 보기로 하자.

전 보은현감 성제원이 세상을 마쳤다. 의기(意氣)가 뛰어나고 의지가 굳세었다. 가정에서는 효제(孝悌)를 극진히 하였고, 친구를 대함에는 한결같이 성신(誠信)으로 하였으며, 농담을 잘하고 온화하였다. 아름다운 자연을 만나면 반드시 하루 종일 거닐었다. 평상시 남과 지낼 때에는 현인이거나 어리석은 사람이거나 모두 적절히 대하니, 남들은 그의 가슴속을 알 수 없었다. 일을 만나 여론의 시비가 있으면 한결같이 옛 의리를 따르고 나머지 의논은 개의하지 않으므로 의연하여 범할 수가 없었다. 명종 때에 유일로써 보은현감에 제수되었는데, 벼슬살이를 욕심 없이 하면서 오직 술로써 즐겼으나, 교활한 아전은 위엄을 두려워하고 간사한 백성은 덕에 감복하였다. 임기가 끝난 뒤에는 곧 옛 집으로 돌아갔는데, 부름을 받고 나아가지 않고 있다가 죽었다.[52]

이와 같이 그는 한편 의지와 기상이 강건하면서도 대인관계에서 친화력이 있었고, 시비의 변별에 엄격하면서도 자연의 아름다

---

51) 김문준의 앞의 글 참조.
52)《국역 조선왕조실록》, 명종 025 14/03/18(기축),《朝鮮王朝實錄》, 20輯, 515면.

움을 감상할 줄 아는 멋이 있었다.

중봉(重峰) 조헌(趙憲)은 상소를 통해 세상을 구제할 재사(才士)를 천거할 때 퇴계(退溪) 이황(李滉), 하서(河西) 김인후(金麟厚), 남명(南冥) 조식(曺植)과 함께 그를 병칭(並稱)하면서, 그를 '조정의 큰 그릇이요 세상을 구제할 큰 인재'라고 칭송하였다. 또한 송시열은 "선생이 중국에 태어나지 못한 것을 선현들이 애석하게 여긴 것을 보면 변방의 작은 선비가 아니다"라고 하였다. 이와 같이 그는 이미 당대 퇴계, 하서, 남명과 함께 일컬을 만큼 재국(才局)과 도학의 양면에서 높이 평가받았던 것이다.

이러한 그의 위상은 '명경행수(明經行修)'의 대표적 인물로 파주의 성수침, 초계의 이희안(李希顔), 진주의 조식, 지평의 조욱과 함께 공주의 성제원이 유일로 천거된 데서도 알 수 있다.[53] 이는 이조에서 경학에 밝고 수행에 모범적인 인재를 발탁하는 특별한 제도였다. 즉, 재야 산림에 묻혀 있는 재능과 덕망을 지닌 인재를 선발하는 기회였는데, 이에 성제원도 발탁되었던 것이다.

또한《남명집》〈사우록〉에 의하면 "동주 선생은 과거 보는 일을 싫어하고 오로지 옛 도를 정밀하게 생각하고 힘써 실천하는 데 힘썼으며, 마음으로 도를 얻기에 힘쓰고 소소한 말에는 구애되지 않았다. 선생을 아는 자들이 선생은 춘풍기욕(春風沂浴)의 취미가 있다고 하였으며, 모르는 자는 한 시대의 일민(佚民)이라고 하였다"라고 평하였다. 이처럼 그는 과거에 합격하여 관직에 나아가 벼슬하는 세속적 출세에 관심이 없었고, 오로지 유교 본래의 도의 체득과 실천에 충실하면서도, 다른 한편으로는《논어》선진편에 나오는 공자의 '춘풍기수(春風沂水)의 즐거움'을 아는 참으로 멋있는 선비였던 것이다.[54] 그러므로《조선왕조실록》에

---

53)《朝鮮王朝實錄》, 20輯, 682면.

54)《論語》,〈先進篇〉: "點爾何如乎 鼓瑟希 鏗爾舍瑟而作 對曰異乎三子者之 撰 子曰何傷乎 亦各言其志也 曰莫春者 春服旣成 冠者五六人 童子六七

서는 "거침없이 표연하게 돌아다니며 산수를 아주 좋아하였으므로 사람들은 그를 유발승(有髮僧)이라 하였다"[55]라고 하였고, 또 "큰 재기가 있고 학식도 높았으며 방달(放達)하였다. 그의 학문이 노장에 가깝지 않은가 의심하였다"[56]라고도 하였다. 그러나 이는 어디까지나 그의 드러난 자취에 대한 피상적인 평일뿐, 그 자신은 유가의 본령을 지키면서도 불교나 도가에 대한 이해가 깊고 이를 무조건 배척함이 아니라 폭넓게 수용할 줄 아는 학문적 개방성을 지녔던 것이다.

人 浴乎沂 風乎舞雩 詠而歸 夫子巍喟然歎曰吾與點也."

55)《국역 조선왕조실록》, 명종 033 21/07/19(무신), 《朝鮮王朝實錄》, 25輯, 483면.

56) 위의 책, 선조 013 12/05/01(을사), 《朝鮮王朝實錄》, 25輯, 483면.

제4절 우계학파의 형성과 전개

우리 나라의 유학은 크게는 기호유학과 영남유학으로 대별되어 전개되어 왔다. 영남유학은 퇴계학파가 주류를 이루는 가운데 남명학파는 의리의 실천에 있어 주도적 역할을 해 왔다. 한편 기호유학은 화담학파 등 작은 갈래가 있기는 했어도 역시 율곡학파가 대표해 온 것이 사실이다. 따라서 우계의 학맥도 그 가운데 하나 아니면 하나의 아류로 인식되어 왔다.

그런데 우리는 율곡학파와 같으면서도 또 다른 면이 있는 하나의 큰 줄기를 발견하게 된다. 있는 듯하면서도 잘 보이지 않고, 그 목소리가 작고 주장이 소극적이며, 이론과 논리보다는 묵묵히 내면적 자기수양과 실천을 중시하는 하나의 학맥이 있으니 이것이 우계학파이다. 이들은 역사적으로 보아도 한때 잠시 정치의 전면에 나서기는 했어도, 전체적으로 보면 정치의 주체이기보다는 물러나 왕도의 실현을 준비했던 사람들이다.

한국유학사를 조망해 볼 때 대체로 영남유학이 원칙주의를 고집하고 도덕적 이상세계를 추구해 왔다면, 기호유학은 보다 개방적 입장에서 세계를 보고 현실과 이상, 윤리와 경제를 함께 추구하는 철학적 특성을 보여 왔다.

그런데 같은 율곡학파 내에서도 율곡 직계 학파는 율곡의 학설을 온전히 지켜 가려는 보수적 색채가 짙어 학문적 경직성을 보여주고 있는 데 비해, 비사승 율곡 계열, 즉 도암(陶菴) 이재(李縡) 계열이나 정관재(靜觀齋) 이단상(李端相) 계열은 율곡설에 매이지 않고 보다 개방적 입장에 서 있음을 볼 수 있다. 마찬가지로 같은 기호유학 내에서도 율곡학파보다는 우계학파가 보다 개방적 입장에 서 있었고, 현실 대처에 있어서도 보다 유연하고 신축

성 있는 대응을 하였음을 역사를 통해 알 수 있다.

· 우계와 율곡, 율곡과 우계는 참으로 좋은 친구였고 진실한 관계의 우정이었다. 우계 20세, 율곡 19세 때 두 사람은 학문적 동지로서의 약속을 하고 이 약속을 평생 지켰다. 정치적으로는 서인의 길을 함께 걸었고, 서로 아끼고 격려하면서 함께 한국유학의 지도자로 우뚝 섰다. 두 사람이 모두 문묘에 종사되는 영광을 얻었고, 또 정치적 격랑에서는 운명을 함께 하기도 하였다.

두 사람이 하나처럼 살아온 그들에게도 이념적 차이는 존재했다. 1572년 우계와 율곡의 왕복 토론은 그것을 확인할 수 있는 좋은 기회였다. 우정은 함께 하되 생각은 조금씩 다르다는 것이 두 학파가 생길 수밖에 없는 까닭이었다. 이제 우계의 학풍과 이념이 하나의 흐름이 되어 한국유학사에 어엿하게 자리매김하게 된 우계학파의 형성과 전개과정을 검토해 보기로 하자.

우계의 문인으로는 사위이자 우계학파의 적전(嫡傳)이라 할 수 있는 윤황(尹煌, 八松, 1572~1639)을 비롯하여 조헌(趙憲, 重峰, 1544~1592), 윤전(尹烇), 김상용(金尙容, 仙源, 1561~1637), 이정구(李廷龜, 月沙, 1564~1635), ·신흠(申欽, 象村, 1566~1628), 김집(金集, 愼獨齋, 1574~1656), 이귀(李貴, 默齋, 1557~1633), 정엽(鄭曄, 守夢, 1563~1625), 안방준(安邦俊, 隱峰, 牛山, 1573~1654), 신응구(申應榘, 晩退軒, 1553~1623), 김덕령(金德齡, 忠壯公, 1567~1596), 이시백(李時白, 釣巖, 1592~1660), 강항(姜沆, 睡隱, 1567~1618), 황신(黃愼, 秋浦, 1560~1617),[1] 성문준(成文濬, 滄浪, 1559~1626), 최기남(崔起南, 晩谷), 이항복(李恒福, 白沙, 1556~1618), 권극중(權克中, 靑霞子, 1585~?) , 오윤겸(吳允謙, 楸灘, 1559~1636)[2], 변이중(邊以中, 望菴, 1546~1611) 등이 있어 매우 융성하

<hr />

1) 《魯西遺稿》, 卷7, 〈代季兄與李方伯〉: "盖我黃先生少受學于坡山……"

2) 위의 책, 卷8, 〈與宋英甫〉: "坡山當日游從之中 楸灘秋浦諸公最先著聞……"

였다. 우계와 율곡은 매우 친밀하였기 때문에 제자들도 두 문하
를 넘나들어, 이 가운데 조헌, 정엽, 이귀, 황신, 안방준, 신응구
는 율곡의 문인이기도 했다. 또 신흠, 이시백, 김집은 김장생의
문인이기도 했다.

우계의 학맥은 그의 사위인 윤황에게로 이어지면서 창녕 성씨
의 가학이 파평 윤씨로 계승되었다.

윤황은 윤순거(尹舜擧, 童土, 1596~1678), 윤문거(尹文擧, 石湖,
1606~1672), 윤선거(尹宣擧, 美村, 魯西, 1610~1669) 등 8형제를
두었고, 그의 조카 윤원거(尹元擧, 龍西, 1601~1672)까지 모두가
도학과 문장에 뛰어나 파평 윤씨의 자랑이 되었다. 그 가운데에
서도 5남 윤선거는 우계학파의 중심적 위치에 있었다. 그는 가학
적으로는 부친 윤황의 가르침을 받으면서도 율곡 문하의 김장생,
김집의 문하를 드나들었고, 또 연산 학단의 송시열(宋時烈, 尤菴,
1607~1689), 송준길(宋浚吉, 同春堂, 1606~1672), 이유태(李惟泰,
草廬, 1607~1684), 유계(兪棨, 市南, 1607~1664) 그리고 윤휴(尹
鑴, 白湖, 1617~1680), 권시(權諰, 炭翁, 1604~1672) 등과도 학문
적 교류는 물론 친밀하게 지냈다. 그가 평생 준수한 것은 외조부
성혼의 학문을 계승하는 것이었다.[3] 그는 도학과 예학에 밝았고
무실(務實)과 독경(篤敬)으로 학문의 종지를 삼았다. 아울러 학문
은 반드시 낮은 것으로부터 하고 마음은 오로지 안을 쓰는데 힘
썼다.[4] 이렇게 볼 때, 윤선거의 학풍은 실(實)을 힘쓰고 경(敬)을
독실히 함에 있으며, 학문은 가깝고 쉬운 것으로부터 하고, 마음

---

3) 《定齋集》, 卷6, 〈爲羅顯道良佐上辨魯西先生疏〉, 丁卯 3月: "宣擧之平生
   遵守者 其外祖文簡公成渾之學也."

4) 《南溪集》, 卷70, 〈魯岡書院上樑文〉, 癸丑: "魯西尹先生 務實存心 篤敬爲
   學."
   위의 책, 卷71, 祭魯西先生文, 己酉: "學必自卑 心專用內 務實以主 篤
   敬爲大."

은 밖의 외물이 아니라 내면적인 자아에 집중했음을 알 수 있다.
이러한 윤선거의 학풍은 우계학파를 일관하는 보편적인 학풍이
라 할 수 있다. 이는 후일 윤증이 부친을 변호한 글이나 윤증의
문인 이세덕(李世德)이 올린 상소에서 "주자를 수학하는 일에서
송시열은 밖(外)이고 이름(名)이며, 윤선거는 안(內)이고 실제
(實)입니다. 대의를 자임하는 일에서도 송시열은 허명(虛名)이지
만 윤선거는 실심(實心)입니다"라고 한데서 잘 알 수 있다. 윤선
거의 문인으로는 그의 아들 윤증(尹拯, 明齋, 1629~1714)이 있고,
소론의 맹장 나량좌(羅良佐, 明村)가 있었다.

또한 윤황의 둘째 아들 윤순거는 백부 윤수(尹燧)에게 입양되
었는데, 외삼촌인 성문준(成文濬)에게서 학문을, 강항(姜沆)에게
서 시를, 김장생(金長生)에게서 예를 배웠다. 그는 1636년 병자
호란 때 부친 윤황이 척화(斥和)를 주장하다 귀양을 가고 숙부
윤전(尹烇)이 강화도에서 순절하자 고향에 내려와 오로지 학문에
만 전념하였다. 그는 문장과 글씨에 뛰어나 율곡의 〈향약〉과 주
자의 《가례》에 의거하여 노종(魯宗)의 종약(宗約)을 만들어 실천
하였다. 또한 스승인 강항을 위하여 〈강감회요서(綱鑑會要序)〉,
〈수은강공행장(睡隱姜公行狀)〉을 쓰고, 강항이 일본에 포로로 잡
혀가 생활하면서 보고 들은 것을 기록한 《간양록(看羊錄)》을 편
찬하여 존화양이(尊華攘夷)의 정신을 고취하였다.

윤선거의 아들 윤증은 처음 송시열의 사랑받는 제자로서 촉망
을 받았으나, 부친의 묘지명(墓誌銘) 사건, 예송 등 일련의 사건
으로 인해 사제간의 관계가 단절되고, 정치적으로는 노론 · 소론
의 길을 달리하게 되었다. 아울러 이를 계기로 이미 윤선거에서
서서히 드러나기 시작한 우계학파의 색깔이 분명히 드러나게 되
었다. 따라서 우계학파는 성혼 당시 그의 문하에서는 하나의 학
파적 결속이나 이념적 정체성이 분명하게 드러났던 것은 아니었
다. 이는 윤선거, 윤증 그리고 박세채를 통해 비로소 그 학파적

결속과 이념적 정향이 분명해졌다고 볼 수 있다. 윤증은 평생 관직을 사양하고 오로지 학문연구와 교육에만 전념해 온 학자였다. 그는 임금이 얼굴 한번 못 보고 재상의 벼슬을 주었을 만큼 '얼굴 없는 재상'으로서 학계의 신망이 높았다.

윤증은 성실(誠實), 무실(務實)을 학문의 근본으로 제시하면서,[5] 성실이란 학문하는 그 출발에서부터 입지(立志)와 더불어 요구되는 것이라 하였다. 그러므로 나량좌에게 보낸 답서에서도 "가르치고 배우는 기술에 무슨 특별한 방법이 있겠는가? 입지와 무실이 학문하는 자가 가장 힘써야 하는 것이며, 그 나머지는 책에 있을 따름이다"[6]라고 하였다. 또 그는 "실심(實心)이 있은 뒤에 실공(實功)이 있고, 실공이 있은 후에 실덕(實德)이 있으며, 실덕이 있은 후에 밖으로 드러나게 되면 가는 곳마다 실하지 않음이 없게 된다"[7]고 하여 실심, 실공, 실덕의 논리를 펴고 있다. 이러한 그의 실심, 실공, 실덕의 무실사상은 우계와 율곡의 가르침에 연유하는 것임은 물론이다. 윤선거는 윤증에게 율곡의《격몽요결(擊蒙要訣)》과 성혼의 〈위학지방(爲學之方)〉을 초학자가 읽어야 할 필독서로 제시한 바 있고,[8] 윤증은 이를 충실히 계승하였다.

이렇게 볼 때, 우계학파에게 있어 하나의 학풍적 특징이 되는

---

5)《明齋遺稿》, 卷26, 〈答或人〉: "擊蒙要訣及聖學輯要 皆以立志爲首章 盖有是志 然後方可爲其事故也 雖爲其事 不以誠則不能成 故欲其務實 非以務實爲學之終也 亦非以爲學之極功也."

6) 위의 책, 卷14, 〈答羅顯道書(戊辰, 正月 29日)〉: "所叩教學之術 有何別方 立志務實 最爲學者之先務 其餘在方册耳."

7) 위의 책, 別集, 卷3, 〈擬與懷川書(辛酉 夏)〉: "夫有實心而後 有實功 有實功而後 有實德 有實德而後 發於外者無往而不實."

8) 위의 책, 卷21, 〈答李漢遊李漢泳〉: "先人每見初學者 必以擊蒙要訣爲先 已爲此書雖約 實爲學之指南也 其次又莫要於牛溪所抄爲學之方 以此先人 必使學者 必先讀此二書."

무실(務實)학풍은 사실 우계만의 특징적인 학풍은 아니었다. 오히려 율곡의 경우 그 인용의 횟수와 강도는 더욱 높았다고 볼 수 있다.[9] 이렇게 볼 때, 우계학파가 내세우는 무실학풍은 우계, 율곡을 아우르는 우율(牛栗)학풍이라고 보아도 좋다. 다만 문제는 17세기 이후 우계학파와 율곡학파 사이의 실제적인 학풍 내지 분위기의 차이에서 비롯된 문제라고 볼 수 있다. 즉, 적어도 우계학파 쪽에서 볼 때 율곡학파의 지나친 이론 성리학에의 경도된 모습이라든지, 병자호란 후에 나타난 화이론(華夷論)에 입각한 대의명분론이라든지, 성리학 중심의 경직된 학풍, 지나친 집권욕 등을 보면서 율곡학파와는 구별되는 우계학파 나름의 정체성을 드러낸 것이라고 볼 수 있다. 다시 말하면 율곡은 무실역행(務實力行)을 강조하고 이러한 학풍의 진작을 위해 노력했지만, 후기에 내려오면서 율곡의 성리학적 이론 방어에만 주력하고, 무실학풍의 실천에는 등한히 했던 율곡학파에 대한 비판의 의미도 담겨 있었다고 볼 수 있다.

윤증의 문하에는 우리 나라 양명학의 대표적 인물인 정제두(鄭齊斗, 霞谷, 1649~1736)를 비롯하여 박태보(朴泰輔, 定齋, 1654~1689), 민이승(閔以升), 한영기(韓永箕, 漁村), 윤동원(尹東源, 一菴, 1685~1741), 양득중(梁得中, 德村, 1665~1742), 권이진(權以鎭, 有懷堂, 1668~1734), 임상덕(林象德, 老村, 1683~1719), 성지선(成至善) 등이 있다. 정제두는 윤증의 문인이면서 동시에 박세채의 문인이기도 하다. 그는 주변의 우려와 경계 속에서도 굴하지 않고 양명학을 연구 개척하여 한국양명학의 계발에 크게 기여하였다. 그의 문인으로는 이광신(李匡臣, 恒齋, 1700~1744), 이광

---

9) 율곡의 경우 〈萬言封事〉를 비롯한 상소문, 〈東湖問答〉 등 많은 글 속에서 무실(務實)을 강조하고 있으며, 율곡의 무실은 내면적인 실심(實心) 공부의 차원에서 나아가 구체적인 현실과 정치에서의 실공(實功)을 강조함으로써 조선조 후기 실학사상에 영향을 미쳤다.

사(李匡師, 圓嶠, 1705~1777), 이광려(李匡呂), 김택수(金澤秀), 심육(沈錥) 등이 있고, 그의 학풍은 이광사의 아들 이영익(李令翊, 信齋), 조카 이충익(李忠翊, 椒園, 1744~1816), 이광려의 문인 정동유(鄭東愈), 정제두의 외손 신작(申綽), 이충익의 현손 이건 방(李建芳, 蘭谷, 1861~1939) 그리고 이건창(李建昌, 寧齋, 1852~ 1898)으로 전승되어 이른바 '강화학파(江華學派)'를 낳았다.

우계의 문인이었던 최기남(崔起南)의 학맥은 아들인 최명길(崔鳴吉, 遲川, 1586~1647)에게 이어지는데, 최명길은 이항복과 신흠에게도 배웠다.[10] 최명길은 초기 양명학자로 일컬어지는데, 병자호란 때 주화(主和)의 입장에 섰던 대표적 인물이다. 이능화(李能和)는 말하기를 "지천(遲川)이 병자호란을 당하여 주화를 주장한데는 어려움에 임하고 변화에 대처하는 사상인 양명학에 크게 힘입었다"[11]고 평가하였다. 그는 1626년 인조에게 올린 〈논전례 차(論典禮箚)〉에서 "무릇 명(名)은 실(實)의 그림자이니, 명분만을 따라 그 실질을 책망하면 잃는 것이 많을 것입니다……지금 세상사람들이 숭상하는 것은 명분이요, 신이 힘쓰는 바는 실질입니다. 세상사람들이 논하는 것은 형적이요 신이 믿는 바는 마음입니다"[12]라고 하여, 양명학의 입장에서 명분보다 실질, 형적보다 마음을 강조하는 주화의 이론적 근거를 분명히 제시하였다. 그는 명분도 좋고 의리도 좋지만 먼저 백성이 살고 나라가 살아야 한다는 현실적·실질적 입장에서 주화를 주장했던 것이다. 이는 당시 주전의리 내지 화이론이 하나의 대세를 이루었던 상황에서 실로 용기 있는 주장이었다. 최명길의 양명학풍은 그의 아들

---

10) 이병도, 《한국유학사》, 아세아문화사, 1987, 366면.

11) 李能和, 〈朝鮮儒界之陽明學派〉, 《청구학총》, 제25호, 1937.

12) 《遲川集》, 卷8, 疏箚, 〈論典禮箚〉: "夫名者 實之影也 而循名以責其實 則 失之者多矣 迹者 心之著也 而執迹以求其心 則失之者亦多……嗚呼 今世 之所尙者名也 而臣之所務者實也 世之所論者迹也 而臣之所信者心也."

최후량(崔後亮, 靜修齋)에게 이어졌고, 이는 다시 손자인 최석정(崔錫鼎, 明谷, 1646~1715), 증손자 최창대(崔昌大, 昆侖)에게로 이어졌다. 또한 최명길의 형 최래길(崔來吉)의 외손서가 곧 정제두였다.[13] 그리하여 이들 전주 최씨가 우계학파의 한 줄기를 형성하고 특히 양명학의 전승에 깊이 관련된 사실은 유의해 볼 일이다.

또한 초기 양명학자로 알려진 장유(張維, 谿谷, 1587~1638)는 김장생의 문인으로 알려져 있지만, 신흠, 이정구, 김상헌의 형 김상용(金尚容)의 문하를 출입했다는 점에서, 그리고 최명길, 조익, 이시백과 평소 학문적 길을 함께 했던 점에서 우계학맥에 포함시켜 볼 수도 있다.

우계학파에 있어 또 하나의 큰 갈래는 안동(安東) 권씨(權氏)의 학맥이다.[14] 권극중(權克中)은 우계의 문인이면서 김집의 문인인데, 권득기(權得己, 晩悔, 1570~1622)는 당숙인 권극중으로부터 배웠다. 권득기의 아들 권시(權諰, 炭翁, 1604~1672)는 부친의 가학을 이어받으면서 부친의 친구였던 박지계(朴知誡, 潛冶, 1573~1635)에게서 배웠다. 권시는 당시 호서의 명유(名儒)였던 송시열, 송준길, 이유태, 윤선거, 유계, 윤휴 등과 친밀한 교유를 하였고, 그는 윤증과 윤휴의 아들 윤의제(尹義濟)를 사위로 삼았다. 또 그의 아들은 송시열의 큰사위가 되고, 박지계의 형 박지경(朴知警)은 그의 장인이 되어, 윤선거, 윤휴, 송시열, 박지계 등과 복잡한 연혼(連婚) 관계를 맺고 있었다. 또한 권시의 손자인 권

---

13) 윤남한,《조선시대의 양명학연구》, 집문당, 1986, 149면.

14) 권시의 부친 권득기는 숙부 권극중으로부터 배웠고, 권극중은 성혼의 문인이라는 점에서, 그리고 당시 권시의 학문적 입장이나 학풍, 또 윤선거, 윤휴와의 관계 등을 고려해 볼 때 이들을 범 우계학파에 포함시킬 수 있을 것이다.(한기범,〈조선시대 대전지방산림의 학맥과 학풍〉,《한국사상과 문화》, 제7집, 한국사상문화학회, 2000, 179면)

이진(權以鎭)은 윤증의 문인이면서 가학의 전통을 계승하였다. 권시는 부친 권득기와 박지계로부터 예학과 도학을 배우고, 체득 실천을 중시하는 가학의 영향을 많이 받았다.[15] 초년의 성리학적 입장은 율곡에 가까웠으나,[16] 만년에 이르러서는 성리학에 냉담한 반응을 보이면서 심학적 측면으로 경도하는 모습을 보여 주었다.[17] 이론 성리학과는 거리를 두고, 실심(實心), 공심(公心)에 입각한 공도(公道)의 실현을 추구하며, 내면적인 자기수양과 실천 궁행을 중시했던 무실(務實)학풍은 우계학풍과 궤를 함께 하는 것이었다.

또한 박세채(朴世采, 南溪, 玄石, 1631~1695)와 박세당(朴世堂, 西溪, 1629~1703)은 8촌간의 친족이었고, 박세당의 형 박세후(朴世垕)는 윤선거의 사위였다. 박세채는 김상헌의 문인이며 신흠의 외손자로서, 처음에는 송시열을 따랐으나 몇 가지 정치적 사안에서 입장을 달리하면서 결국 송시열과 결별하여 소론의 영수가 되었다. 박세채는 문묘에 배향된 '동국 18현'의 한 사람이며, 당시 송시열, 윤증과 더불어 사림의 지도적 위치에 있었다. 박세채는 우계학파 가운데 성리학이나 예학에 있어 비교적 이론적 연구작업을 많이 한 인물이다. 따라서 그의 문집도 방대하며 성리학에 있어서도 일가를 이루었는데, 율곡설에 매이지 않고 퇴계의 설도 수용하면서 절충적 태도를 취하고 있다.

박세당은 《사변록》을 써서 정주성리학과는 다른 자주적 입장에서 경전해석을 시도하였고, 노자 《도덕경》과 장자 《남화경》을 주해하여 《노자도덕경주(老子道德經註)》와 《장자남화경주(莊子南華經註)》를 남겼다. 그는 또 《색경(穡經)》을 써서 농업의 중요성을 강조하였고, 《산림경제(山林經濟)》를 써서 실학정신을 고취하

---

15) 권정안, 〈탄옹 권시〉, 《한국인물유학사 3》, 한길사, 1996, 1089면.
16) 《炭翁集》, 附錄, 〈家狀〉.
17) 권정안, 앞의 글, 1090면.

기도 하였다. 특히 그가 정주성리학의 틀을 넘어서서 자유분방한 입장에서 경전해석을 하고, 당시 이단시되던 노자, 장자에 대한 주석을 한 것은 그의 개방적인 학풍과 자주적 학문 태도를 잘 말해 주는 것이다. 그의 아들로 박태유(朴泰維), 박태보(朴泰輔, 定齋, 1654~1689)가 있었는데, 모두 소론의 중심인물로 활약하였다. 남구만(南九萬, 藥泉, 1629~1711)은 박세당의 처남이었고, 박태보는 윤증의 문인이었다. 이들 박세채, 박세당, 박세후, 박태유, 박태보 등 반남 박씨도 우계학파의 일원으로 크게 활약하였다.

박세채의 문하에는 조선조 양명학을 대표하는 정제두(鄭齊斗, 霞谷, 1649~1736)가 있었고, 또 임영(林泳, 滄溪, 1649~1696), 최석정(崔錫鼎, 明谷, 1646~1715) 등이 있다. 정제두는 박세채와 윤증의 문하를 함께 출입하여 사승관계가 중복되고 있다. 임영도 이단상, 박세채, 송시열, 송준길의 문하를 폭넓게 넘나들었기 때문에 사승관계가 매우 복잡하지만, 대체로 소론계의 학자로 분류하고 있다.[18] 임영은 성리학적으로는 절충학파에 속하는데, 김창협(金昌協), 김창흡(金昌翕) 형제에게 많은 영향을 미쳤다. 김창흡은 "조성기(趙聖期) 이후 학문의 규모를 능히 넓힌 자는 오직 임영이 그러하다"[19]고 평가하였고, 임영은 율곡 학설에 구애되지 않고 퇴계의 설도 수용하면서 학문적 개방성을 보여 주었다.

또한 우계학파의 한 갈래로서 풍양(豊壤) 조씨(趙氏) 일가를 들 수 있다. 초기 양명학자로 분류되는 조익(趙翼, 浦渚, 1579~1655)은 김상헌과 함께 윤근수(尹根壽)의 문인이다. 또 윤근수는 김덕수(金德秀)의 문인이고, 김덕수의 학맥은 기묘명현으로서 조광조와 함께 희생된 김식(金湜)에 닿는다. 조익은 사승관계로 보면

---

18) 이병도, 앞의 책, 276면.

19) 《三淵年譜》, 44歲條.

우계학파와 무관한 것 같지만, 그는 김장생의 문인이자 외종조 (外從祖) 이정구(李廷龜)에게서도 배웠다. 따라서 이정구가 우계 의 문인이고, 또 그와 절친했던 장유(張維)가 우계문하의 김상 용, 이정구, 신흠에게서 배웠고, 최명길이 또한 우계문하의 최기 남(崔起南), 이항복(李恒福)에게서 배웠고, 이시백(李時白)이 우 계의 문인이라는 점에서 보면 우계문하의 동문이라고 할 수 있 다. 그것은 그가 우계와 율곡의 문묘종사(文廟從祀)를 청원하는 간곡한 상소를 올린 데서도 잘 알 수 있다. 따라서 그의 학풍을 보아도 26, 7세 때 쓴 〈독율곡우계논심성정이기서(讀栗谷牛溪論 心性情理氣書)〉를 제외하고는 거의 이론 성리학에서 벗어나 경(敬) 을 중심으로 한 심학에 경도되어 있음을 볼 수 있다. 성리학에 있어서도 율곡설에 매이지 않고 퇴계설을 수용하여 절충적 견해 를 보여 주고 있다.

조익의 학맥은 그의 아들인 조복양(趙復陽, 松谷)에게 이어지 고, 이는 다시 손자인 조지겸(趙持謙, 迂齋, 1639~1685)에게로 이 어졌는데, 조지겸은 정치적으로도 소론파의 중심적 인물로 크게 활약하였다.

따라서 우계학파는 성혼과의 사승관계로 맺어진 학맥이나 파 평 윤씨의 가학적 전통이 그 중심이 되지만, 노소 분당 이후 송 시열을 반대하고 윤증, 박세채 편에 섰던 소론계 학자들도 포함 된다. 예컨대 성혼의 문인인 오윤겸(吳允謙)의 손자 오도일(吳道 一, 西坡, 1645~1703), 최기남, 최명길의 후손인 최석정, 최창대 등도 소론계를 대표하는 인물이다. 그 밖에 정엽의 문인이었던 나만갑(羅萬甲, 鷗浦)도 소론에 속하고, 송준길의 문인이었던 남 구만(南九萬, 藥泉, 1629~1711)도 소론계의 인물이라고 볼 수 있 다.[20] 이상 우계학파를 다음과 같이 정리해 볼 수 있다.

---

20) 현상윤, 《조선유학사》, 민중서관, 1948, 230면.

【우계학파의 학맥】

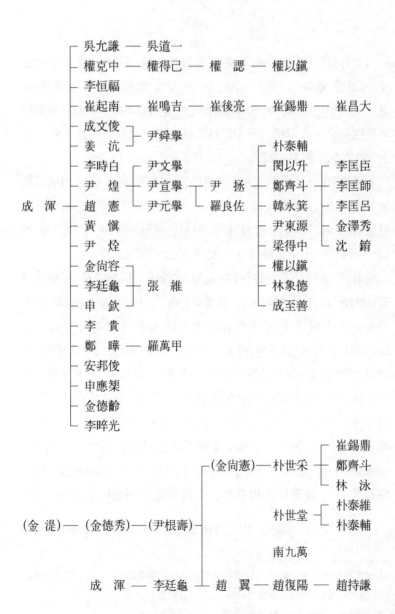

제5절   우계학파의 사상적 특성

기호유학 내에서 우계학파는 율곡학파와 더불어 양대 산맥으로 자리해 왔다. 그러면 이들 우계학파를 일관하는 사상적 특성은 무엇인가? 물론 어느 일면에서는 율곡학파의 특성과 중복되는 면도 없지 않지만, 대체로 다음과 같은 이념적 보편성을 지니고 있는 것으로 보인다.

첫째는 개방적인 학풍이다. 이들은 기호를 기반으로 하면서도 율곡의 성리설에 구애되지 아니하고 퇴계 성리학에도 호의를 보이고 있으며, 나아가 주자나 율곡에 대해서도 비판적 태도를 취하여 성리학 이해에 탄력성을 보여 주고 있다.

예컨대 조익은 '기발이이승(氣發而理乘)' 위에 다시 '이발이기발(理發而氣發)'의 성리학을 전개하는데,[1] 이는 일면 율곡의 설을 수용하면서 일면 퇴계의 설을 수용하는 절충적 성격이 짙다. 즉, 그가 '이생기(理生氣)'의 세계관 속에서 이발(理發)을 말하며, 주리적 입장을 보이는 것은 퇴계와 상통된다 하겠으나, 현상세계의 구조를 기발이승(氣發理乘)으로 보는 점은 율곡과 상통된다.[2] 이와 같이 조익은 율곡, 사계의 학맥과 닿으면서도 율곡설에 매이지 않고 퇴계설을 수용함으로써 개방적인 학풍을 보여 주고 있다.

또한 박세채는 〈사단이발칠정기발설(四端理發七情氣發說)〉에서 다음과 같이 율곡설을 비판하면서 퇴계설을 이해하고 있다.

대개 사단의 발하는 것이 비록 또한 기(氣)에 타기는 하나, 곧장

---

1) 《浦渚全集》, 卷 第22, 〈讀栗谷與牛溪論心性情理氣書〉: "自旣發之後觀之 則皆氣發而理乘也 自發之始觀之 則皆理發而氣發也."
2) 황의동, 《율곡학의 선구와 후예》, 예문서원, 1999, 306면.

인의예지(仁義禮智)로서 순수한 리(理)인 것으로 좇아 나오기 때문에 리에 치우쳐 리의 발이라고 지목하는 것이니,⋯⋯또한 칠정이 발하는 것이 비록 리에 근원하나 희노애락애오욕(喜怒哀樂愛惡欲)이 기에 겸하여 그 근원에서 일어나는 까닭에 특히 기를 들어 주장하여 기에서 발하는 것이라고 지목하여 말하는 것이다.⋯⋯이런 까닭에 사단은 본연을 좇아 리에서 발하는 것이라고 말하고, 칠정은 기질을 좇아 기에서 발하는 것이라고 말한 것이다. 무슨 불가한 것이 있는가 두렵거니와, 주자의 원설에 말한바 천지의 성을 논한다면 오로지 리를 가리켜 말하고, 또한 기질의 성을 논하면 기를 섞어서 말한 것으로 보아 어느 정도 혼륜분별(混淪分別)한 폐단은 있으나, 그 요체를 말하면 역시 율곡이 의심하는 바와 같이 리와 기 두 가지가 상대적으로 혹은 앞서고 혹은 뒤쳐지며 두 갈래로 발생하는 것은 결코 아닐 것이다.[3]

이와 같이 박세채는 예론이나 정치론에서는 기호학파의 입장을 주로 따랐지만, 성리설에서는 율곡의 설을 따르지 않고 퇴계의 설을 따르고 있다. 즉, 퇴계의 호발설(互發說)에 동조하면서 그 근거를 주자에게서 찾고 있다. 아울러 그는 '리'의 근원성을 중시하였는데, 이는 절대적인 인간 본성에 대한 긍정과 근거로서 의미를 가지는 것이며, 퇴계가 사단을 순수한 선이라고 규정하고 그 발현의 구조를 칠정의 발현과 구별짓고자 한 것과 동일 궤에 있는 것이다.[4]

---

3) 《南溪集》, 卷55, 雜著,〈四端理發七情氣發說〉: "盖四端之發 雖亦乘於氣 而以其直從仁義禮智純理底出來 故主於理而目之曰理之發⋯⋯七情之發 雖亦原於理 而以其滾自喜怒哀樂愛惡欲兼氣底發動 故主於氣而目之曰氣 之發⋯⋯於是遂以四端從本然而謂理之發 七情從氣質而謂氣之發 有何不 可恐與朱子元說所論天地之性 則專指理言論氣質之性 칙이리여기잡이언 지자 略有混淪分別之端 而亦可就重處言也 決非栗谷所疑理氣二物 或先 或後 相對爲兩較 各自出來者矣."
4) 권정안,〈문순공 남계 박세채〉,《동국 18현》, 율곡사상연구원, 1999, 628면.

82

또한 창계(滄溪) 임영(林泳)은 이단상(李端相)과 박세채의 문하에서 수업한 소론 계열의 학자인데,[5] 그는 율곡의 이기불상리(理氣不相離)의 입장을 따르면서도 기발이승(氣發理乘)은 반대하고 이기(理氣)의 호발(互發)을 주장하여 퇴계의 설을 따랐다.[6]

또한 윤증의 문인이었던 임상덕(林象德, 老村, 1683~1719)은 〈논사단칠정(論四端七情)〉에서 다음과 같이 율곡의 설을 비판하고 퇴계의 설을 옹호하고 있다.

항상 퇴계의 이발기수 기발이승(理發氣隨 氣發理乘)의 말씀을 보건대, 활간(活看)한다면 두 말이 모두 병 될 것이 없고, 활간하지 못하면 두 말이 모두 병이 있게 된다. 그리하여 율곡은 기발이승(氣發理乘)에 독실하게 근거해서 천하의 사물은 기발이승 아닌 것이 없다고 하였다. 이것은 매우 분명치 못하다.[7]

이와 같이 그는 퇴계의 이기호발설(理氣互發說)도 활간하지 못하면 문제가 없지 않지만, 잘 활간해서 본다면 문제될 것이 없다고 하였다. 아울러 율곡의 기발이승(氣發理乘)은 매우 분명치 못하다고 비판하였다.

또한 박세당은 박태보의 부친이며 그의 형 박세후는 윤선거의 사위였는데, 그는 도가에도 깊은 관심을 갖고 《노자》와 《장자》를 주해하였고, 《사변록》을 통해 주자의 경전해석에 구애되지 않고 원시유학의 정신으로 돌아가 해석하고자 하였다.

---

5) 이병도, 《한국유학사》, 아세아문화사, 1987, 276면.
6) 《滄溪集》, 卷25, 〈目錄〉: "栗谷謂牛溪旣知理氣之不能一瞬相離 而猶戀着互發之說 愚未知所謂理氣不能相離者 指何理而言乎 若指淸氣之所以爲善濁氣之所以爲惡者 皆謂之理 則誠不能以一瞬相離矣 凡人物之作用 不揀善惡 無非此氣之所爲 而氣又皆本於理 則宜不可以互發言也."
7) 《老村集》, 卷4, 雜著, 〈論四端七情〉: "常看退溪理發氣隨 氣發理乘之語 活看則兩句皆未必爲病 不活看則兩句皆有病 而栗谷乃篤據氣發理乘一句 謂天下之物 無非氣發理乘 此段尋常未曉."

이러한 자주적이고 개방적인 학풍은 장유에게서도 나타난다. 그는 〈계곡만필(谿谷漫筆)〉에서 우리 나라 학술풍토의 경직성을 다음과 같이 비판하고 있다.

중국은 학술이 다양하여 정학(正學)이 있는가 하면 선학(禪學)이나 단학(丹學)도 있으며, 또 정(程), 주(朱)를 배우는 자도 있고 육씨(陸氏)를 배우는 자도 있어서 길이 획일적이지 않다. 그러나 조선은 유무식을 막론하고 책을 가지고 글을 읽는 사람은 모두 정, 주를 읊조려 다른 학문이 있음을 듣지 못하니, 우리의 사습(士習)이 과연 중국보다 낫기 때문인가?[8]

중국의 학풍은 매우 다양한 데 비해 당시 조선조의 학풍은 정주학 일색으로 흘러 지나치게 경직되어 있는 학술풍토에 대해 예리하게 비판을 가하고 있음을 볼 수 있다. 이러한 관점에서 그는 〈설맹장논변(設孟莊論辯)〉을 지어 장자와 맹자의 논변을 시도하기도 하였고, 〈계곡만필〉에서 《노자》 51장에 대한 해석을 하기도 하였다.

또한 조익은 리(理)란 천하고금에 한가지로 그러한 공물(公物)이라 하고, 선성(先聖)의 말씀이나 가르침과 후현(後賢)들이 해석한 경의(經義)가 이 '리'를 구함에 있다 하였다. 따라서 혹 의심이 있으면 마땅히 거듭 깊이 생각하여 그 귀착처를 궁구하여 극진히 할 뿐이라 하였다.[9] 이처럼 조익도 학문의 본의는 보편한 공물로서의 '리'를 탐구함에 있다고 보고, 그 무엇에 구애됨 없이 의심하고 생각하여 진리의 구극처를 찾을 뿐이라 하였다.

---

8) 《谿谷漫筆》, 卷1: "中國學術多岐 有正學焉 有禪學焉 有丹學焉 有學程朱者 學陸氏者 門往不一 而我國則無論有識無識 挾讀書者 皆稱誦程朱 未聞有他學焉 豈我國士習 果賢於中國耶."

9) 《浦渚先生年譜》, 卷2, 〈墓誌銘〉: "此理 乃天下古今所同然之公物也 先聖之立言垂訓 後賢之解釋經義 乃所以求此理也 如或有疑 當反復深思究極其所歸而已."

84

또한 신흠은 그의 저술 곳곳에서 도가, 불교, 양명학에 대한
관심을 적고 있는데, 그 내용을 검토해 보기로 하자. 그는 〈불가
경의설(佛家經義說)〉에서 불교는 오도(吾道)의 적이요 불교인은
생민의 좀벌레라고 비판하면서도, 불교 용어에 대해 해박하게 설
명하고 있다.[10] 또 〈도가경의설(道家經義說)〉에서는 수양가(修養
家)는 자사(自私)의 소도(小道)에 지나지 않는다고 비판하면서도
도교의 용어에 대해 자세하게 설명하고 있고,[11] 〈서도덕경후(書
道德經後)〉에서는 《노자》의 '도덕(道德)'을 유가적 입장에서 해석
하고 있다.[12] 그리고 그는 《노자》는 깊으면서 자세하고, 《장자》
는 크면서 거칠다 하고, 《노자》는 뜻의 정밀함을 사용하였고,
《장자》는 뜻의 넓음을 사용하였다고 평하였다.[13]

또한 그는 중조(中朝) 근세의 학술이 비록 이름은 염락(濂洛)을
조술(祖述)한다고 하지만, 그 언론을 고찰해 보면 태반이 선불(仙
佛)에 섞여 있으니, 어찌 양명(陽明)이나 백사(白沙)의 유폐(流
弊)이겠느냐고 반문하였다.[14] 그리고 그는 왕수인(王守仁)은 진
유(眞儒)라 평가하고, 그 자신은 매양 왕수인의 호방한 자태와
빼어난 모습을 꿈속에서도 생각한다고 하였다.[15]

이렇게 볼 때, 우계학파의 학문적 경향은 어느 특정 학설에 교
조적으로 매이지 않고 자유분방하게 학문하는 태도를 지니고 있
었음을 알 수 있다. 이는 퇴계학파나 율곡학파 직계의 경직된 학
풍과는 대조적인 것이라 할 수 있다. 당시 정주학이 주류를 이루

10) 《象村集》, 卷33, 〈佛家經義說〉.
11) 위의 책, 卷33, 〈道家經義說〉.
12) 위의 책, 卷36, 〈書道德經後〉.
13) 《象村稿》, 卷57, 〈求正錄 上〉: "老深而細 莊大而疎 老用意精 莊用意博."
14) 위의 책, 卷57, 〈求正錄 上〉: "中朝近世學術 雖名祖述濂洛 而考其言論
    太半雜於仙佛 豈陽明白沙之流弊耶."
15) 《象村集》, 卷45, 〈彙言 4〉: "王文成守仁 眞儒者也……余每想其豪姿英彩
    而夢寐之也."

었던 학술풍토 속에서 그리고 불교, 도가, 양명학이 이단시되던 상황에서 이에 구애받지 않고 자유롭게 학문하고자 했던 개방적 학풍은 우계학파의 특징이라 할 수 있다.

둘째는 내성적(內聖的)인 학풍을 들 수 있다. 우계학파는 성삼문의 참화 이후 창녕 성씨의 가학적 전통이 되다시피 했던 '은거하여 자기수양에 전념하며 성현이 되기를 스스로 기약한다'는 내성적 학풍에 연원하고 있었다. 이는 성희 · 성담수 부자, 성우 · 성운 형제, 성수침 · 성수종 형제, 성혼, 성제원 등으로 그 전통이 이어졌고, 윤황 이후 파평 윤씨의 가학으로 계승되어 내려왔다. 특히 윤선거의 '강도사건' 이후 윤선거 자신은 물론 그의 아들인 윤증까지도 이러한 정신을 이어갔던 것이다. 따라서 자기수양의 문제가 학문의 중핵으로 대두되고, 마음공부의 중요성이 일층 강조되었다. 안방준은 16세 때 향시에 나아갔으나 난장판이 된 시험장의 분위기에 부끄러움을 느껴 과거공부를 포기하고 오로지 위기지학(爲己之學)에 뜻을 두었다 한다.[16] 이는 그의 스승인 우계의 가르침에 연원한다고 볼 수 있으니, 우계는 안방준에게 준 글에서 선비의 학문은 반드시 실심(實心)과 각고의 공부와 사우의 도움과 내외의 수양이 갖추어진 뒤에야 얻음이 있을 것이라 하였다.[17] 권시 또한 부친 권득기의 가르침에 따라 마음공부를 강조하였고, '은거자수(隱居自守) 성현자기(聖賢自期)'의 학풍을 지켰다. 특히 윤선거는 '강도사건'에 대한 회한과 속죄로 평생을 보냈고, 벼슬길을 단념하고 오로지 자기수양과 학문에 정진하였다. 이는 윤증에게도 영향을 미쳐 평생을 재야에 머물며 위기지학으로 일관하였다.

그러므로 윤선거는 송시열에게 보낸 편지에서 파산문하의 학

---

16) 《隱峰全書》, 附錄 下, 〈行狀(兪棨)〉 참조.
17) 위의 글: "竊見上之爲學 必有眞實心地 刻苦工夫 師友夾輔 內外交養 然後庶幾有得."

풍이 '퇴겸(退謙)'으로 도를 삼았고, 사문(師門)이 남긴 법도가 오로지 '겸비지도(謙卑之道)'를 주로 하였다고 천명하였다.[18] 여기에서 윤선거는 파산문하의 학풍이 곧 물러나 자신을 돌아보는 동시에 항상 자신의 부족함을 반성하는 겸양지도에 있다고 보았다. 나아가기보다는 물러서며, 자신을 높이기보다는 스스로 낮추는 가운데 성현공부에 전념하는 내성의 학풍에 그 특징이 있었던 것이다. 그러나 이는 불가나 도가에서의 처세처럼 세속을 버리고 초탈의 경지를 추구하는 것과는 구별된다. 왜냐하면 유가는 근본적으로 때가 되면 적극적으로 치국평천하의 길에 나서야 하기 때문이다.

이와 같이 우계학파는 적극적으로 현실에 깊숙이 참여하기보다는, 한 발 물러서서 자기를 돌아보고 내면적인 자아실현에 전념하였던 것이다. 물론 우계학파의 인물들 모두가 정치일선에서 물러섰던 것은 아니나, 대체로 이러한 내성적인 학풍 내지 위기지학의 학풍은 우계학파의 중심에 자리하고 있었던 것이다.

셋째는 무실(務實)학풍이다. 우계가 무실학풍을 강조한 것처럼 조헌의 학풍도 실학적 색채를 지니고 있다. 북학파 실학의 대표적 인물인 박제가는 《북학의》자서(自序)에서 최치원과 조헌의 실학풍에 존경과 흠모의 정을 표하고 그를 배우고 싶다 하였고, 유형원의 《반계수록》에도 율곡 다음으로 조헌의 경세책과 개혁론이 인용되고 있어, 조선조 후기 실학사상 형성에 크게 영향을 미치고 있음을 알 수 있다. 아울러 그의 인품은 천리(踐履)를 위주로 하였고,[19] 그의 학문은 실천을 기약하여[20] 실천적 학풍을 지

---

18) 《魯西遺稿》, 卷18, 〈與宋英甫〉: "大抵坡門諸公 皆以退謙爲道……盖師門遺法 專主謙卑之道而然也耶."
19) 《隱峰全書》, 卷38, 〈重峰先生遺事〉: "先生少力學自立 專以踐履爲主."
20) 위의 책, 〈抗義新編〉, 趙參判—軍殉義碑(尹根壽 撰): "趙公 學期實踐 含忠履貞."

녔던 것이다. 또한 윤황은 자손들에게 경계한 글에서 사족(士族)들이라 하더라도 빈둥빈둥 놀아서는 안 된다 하고, 남녀가 모두 각기 그 할 일을 찾아 농사를 짓거나 장사를 하는 등 생업에 힘써야 한다 하였다.[21] 안방준은 오늘의 학자들이 죽도록 강학하여 만 권의 책을 독파하지만, 하루도 몸소 실행하지 않고 한 글자도 가슴에 새기지 않으니, 이는 아침 내내 밥 먹는 얘기만 하고 하나도 배부름을 얻지 못하는 것과 같다 하였다. 따라서 사람의 자식된 자가 '효(孝)'자를 배우면 반드시 어버이에게 효도를 실행해 본 뒤에야 비로소 효자를 배운 사람이라 부를 만하다 하였다.[22] 이처럼 그에 있어서의 학문은 지식의 암기나 이해가 아니라 실천성에 있었다. 그리고 그는 인물평이나 역사인식에 있어서도 성리의 이론에 밝았던 권근보다는 의리의 실천에 모범을 보인 정몽주를 높이 평가하여 그의 평생 학문이 무실을 위주로 하였던 것이다.[23] 또한 권시도 부친 권득기의 "매사에 반드시 옳은 것을 구하고, 두 번째로 떨어지지 않도록 하라"는 가훈을 계승하여 무실학풍을 보여 주었다.

우계학파의 무실학풍은 특히 윤선거, 윤증 부자에 이르러 절정에 달하여, 율곡학파와의 비교를 통해 자기 학파의 정체성으로 드러났다. 윤선거는 학자가 근심하는 바는 단지 실심이 서지 못함에 있고, 궁행이 독실치 못함에 있을 뿐이라 하였다.[24] 그는 또 조정이 위에서 허명(虛名)을 너무 숭상하여 실심(實心)이 서지 못

---

21) 〈戒諸子書〉 참조.

22) 《隱峰全書》, 附錄 下, 〈遺事(徐鳳翎)〉: "今之學者 終身講學 讀破萬卷 而無一日之躬行 無一字之服膺 是猶終朝設食 不得一飽者也……夫爲人子而學得孝字 則須服行孝親之實 然後方可謂學得孝字人矣……"

23) 위의 책, 附錄 下, 〈戊午伸救疏(吳道一)〉: "安邦俊之平生爲學 以務實爲主."

24) 《魯西遺稿》, 附錄 上, 〈遺事〉: "學者所患 只在實心之不立 躬行之不篤耳."

88

함을 근심하였고,[25] 옛 사람은 먼저 행한 후에 말하였으니, 언어
는 진실로 말단의 일이라고[26] 하였다. 따라서 그는 제자들을 가
르침에 있어서도 하학(下學)공부를 중시하였고, 평소 '체인', '허
물을 함부로 하지 말라', '힘써 노력하라' 등을 강조하여,[27] 마음
공부와 실천의 중요성을 강조하였다. 그러므로 박세채는 송시열
에게 보낸 글에서, 윤선거의 학문은 우계의 가르침을 이었다 하
고,[28] 윤증은 부친의 학풍을 내성(內聖)의 학이요 실학이라 규정
하였다.[29] 윤증은 이러한 부친의 무실학풍을 그대로 계승하였다.
그는 입지와 무실을 학문의 근본으로 삼았는데, 이는 가전(家傳)
의 지결(旨訣)이었다 하고,[30] 실심으로서 실공을 지어야 한다 하
였다.[31] 즉, 실심이 있은 뒤에 실공이 있고, 실공이 있은 뒤에 실
덕이 있으며, 실덕이 있은 뒤에 밖으로 드러나는 것이 모두 실하
지 않은 것이 없다고 하였다.[32] 이러한 윤증의 무실학풍은 율곡
의 영향이 전혀 없는 것은 아니지만, 그보다는 우계의 학풍과 그
를 계승한 부친 윤선거, 장인 권시의 가학적 영향이 더 컸다고
생각된다. 또한 박세당도 상소에서 조정의 대신들이 '무실지거
(無實之擧)'만을 일삼기를 좋아한다고 비판하고, 이제까지의 미

---

25) 앞의 글: "……然先生則猶以朝廷之上 虛名太崇而實心未立爲憂."

26) 위의 글: "又曰 古人先行而後言 言語眞箇末事……"

27) 위의 글: "唯以實下下學工夫爲務 嘗曰體認 曰勿放過 曰勉强 此其雅言
也."

28) 《南溪集》, 卷26, 〈答宋尤齋〉, 十月 二十七日: "今魯丈之學 雖難一論 要
其大體 自是述牛溪之訓……"

29) 《明齋遺稿》, 別集, 卷3, 〈答朴和叔〉: "先人之學 內也實也 尤翁之學 外也
名也."

30) 《明齋年譜》, 卷1: "……又必以立志務實爲本 此乃先生家傳旨訣爾."

31) 《明齋遺稿》, 卷19, 〈與閔彦暉書〉: "惟當以實心做實功……"

32) 위의 책, 下, 別集, 卷3, 〈擬與懷川書〉: "夫有實心而後實功 有實功而後有
實德 有實德而後發於外者 無往而不實."

재책(弭災策)도 무실(務實)정책이 아니라 일종의 허문(虛文)에 불과했다고 비판하였다.[33] 이와 같이 실심, 실공, 실효, 실천을 강조하는 무실학풍은 우계 이래 전승되어 온 우계학파의 보편적 이념이었고, 이는 윤선거를 통해 더욱 강조되었으며, 송시열과 윤증, 박세채의 결별 이후 송시열을 비롯한 율곡학파와 구별되는 우계학파의 학문적 정체성으로 분명히 드러났던 것이다. 사실 율곡은 무실학풍을 체계화시킨 장본인이었지만, 17세기 이후 율곡 직계의 이념적 경직성과 지나친 대의명분론 그리고 성리학의 사변성으로 인해 오히려 무실학풍이 우계학파에 의해 주도되었고, 이들의 특징적인 학풍으로 자리잡게 되었던 것이다.

넷째는 우리 나라 육왕학풍을 여는데 그 주도적인 역할을 했다는 점이다. 물론 우계학파 전체가 육왕학에 대해 호의적이었던 것도 아니고, 또 육왕학 연구에 나섰던 것도 아니지만, 한국 양명학을 대표한다고 할 수 있는 대부분의 학자들이 우계학파에 속해 있음은 주목할 만한 일이다.[34] 물론 조선조 유학사에 있어 육왕학적 심학과 도학적 심학을 분명히 구분한다는 것은 쉬운 일은 아니다. 더구나 많은 유학자들이 육왕학을 표방하지 못한 채 은밀하게 관심을 갖고 연구해 왔다는 점에서 이러한 구별은 더욱 어렵다. 따라서 드러나 있는 말과 글의 내용도 중요하지만, 그 이면에 내재해 있는 정서를 읽지 않으면 안 된다. 그럼에도 불구하고 다음 몇 사람의 경우에는 오늘날 우리 학계가 육왕학군으로

---

33) 《西溪全書》, 卷5, 〈應求言疏〉.

34) 초기 양명학자로 일컬어지는 신흠, 최명길, 조익, 이시백, 장유가 우계학파와 직접·간접으로 연결되어 있으며, 특히 최기남·최명길·최석정·최창대의 전주 최씨와 조익·조복양·조지겸의 풍양 조씨도 우계학파의 범주에 속해 있다. 또한 한국양명학을 대표하는 정제두가 박세채와 윤증의 문인이며, 그를 통해 '강화학파'를 낳기도 하였다. 아울러 윤선거, 윤증, 권득기, 권시, 박세당 등에게서도 양명학에 대한 호의적인 분위기가 감지된다.

분류하는데 별 이의가 없다. 즉 최명길, 신흠, 장유, 정제두, 조익이 이에 해당한다. 그 밖에도 권시, 윤증, 박세당의 경우에도 육왕학적 경향이 없지 않다고 볼 수 있다.[35] 이제 이를 간략히 검토해 보고자 한다.

신흠은 앞에서도 언급한 것처럼 왕양명을 진유(眞儒)로 높이 평가하고, 그의 호방한 자태와 빼어난 모습을 항상 꿈속에서 생각한다고 하였다.[36] 그리고 그는 사물의 이치는 널리 궁구하기 쉽지 않은데 내 마음은 스스로 할 수 있으니, 마음이 곧 이치를 궁구하는 것이라 하였다.[37] 또한 천하의 도는 하나일 뿐이라 하고, 리(理)도 하나일 뿐이요 기(氣)도 하나일 뿐이라 하여,[38] 육왕학에서의 일원적 사고가 엿보인다. 그는 또 〈진언차(陳言箚)〉에서 《맹자》의 이른바 '대자(大者)'를 먼저 세우면 '소자(小者)'가 이길 수 없을 것이라 하고, 이것이 그가 말하는 대본(大本)이라 하였다.[39] 이는 수양론에서 도덕주체로서의 심(心)의 확립이 급선무임을 강조한 맹자의 본의를 다시 계승한 육왕학의 정신을 그대로 보여 주고 있다. 이렇게 볼 때, 신흠에게서 육왕학에 대한 관심과 이에 대한 호의적 태도를 볼 수 있다.

또한 이항복(李恒福)은 최명길에게서 《전습록(傳習錄)》을 얻어 읽어 보고 크게 깨달은 바 있고, 이정구(李廷龜)는 1593년 30세의 나이로 명나라의 대학자로서 왕양명의 문인이었던 송응창(宋

---

35) 권정안, 〈탄옹 권시의 유학사상〉, 《도산학보》, 제2집, 도산학술연구원, 1993, 193면.

　　김길락, 〈명재 윤증의 육왕학〉, 《도산학보》, 제5집, 도산학술연구원, 1996.

36) 《象村集》, 卷45, 〈彙言 4〉.

37) 《象村稿》, 卷57, 〈求正錄 上〉: "物理未易遍窮 吾心可以自了了 心卽是窮理."

38) 《象村集》, 卷43, 〈彙言 2〉: "天下之道一而已 理一而已 氣一而已."

39) 위의 책, 卷31, 〈陳言箚〉: "夫治道有大本大經 爲政有大要……先立乎大則 小者不能勝矣 此臣之所謂大本也."

應昌)과 대담하면서 양명학의 본질에 대해 이해하였다.

또한 장유는 〈계곡만필〉에서 선유들은 궁리로써 격물치지의 일로 삼았는데, 이는 오로지 지(知)에 속한다 하고, 오직 왕양명만이 지행(知行)을 겸하여 말했다고 높이 평가하였다.[40] 그는 이곳에서 왕양명의 기몽시(記夢詩)를 비롯한 여러 시를 인용, 나름대로 해석하고 있으며, 왕씨의 학은 본래 상산(象山)에게서 나왔는데, 그 이론을 세움이 때로 조금씩 다름이 있다고 하고, 인품 실천에 있어서는 육상산이 왕양명보다 높은 것 같다고 하였다.[41] 그는 또 양명(陽明), 백사(白沙)를 논하는 자들은 아울러 선학(禪學)이라 하는데, 백사의 학은 진실로 정(靜)에 치우쳐 적(寂)으로 흐름이 있다 하고, 양명의 양지(良知)의 가르침은 그 용공(用功)의 실지가 오로지 성찰확충(省察擴充)에 있어, 매양 정(靜)을 기뻐하고 동(動)을 싫어하는 것은 학자가 경계해야 한다 하였으니, 백사의 학과는 전혀 다르다고 하였다. 단지 궁리격물(窮理格物)을 논한 바가 정·주와는 아주 다르니, 이것이 학문의 길을 다르게 세우게 된 까닭이라 하였다.[42] 여기에서 볼 때, 장유 또한 양명학에 많은 관심을 가지고 있음은 물론 비교적 호의적인 입장에서 있다고 볼 수 있다.

또한 최명길은 그 스스로가 각고의 노력 끝에 양명학의 양지(良知)를 깨우쳤다고 고백하고 있으며,[43] 평생에 환란을 만난 것

---

40) 《谿谷集》,〈谿谷漫筆〉, 卷1: "先儒以窮理爲格物致知之事 專屬於知 唯王陽明以爲兼知行而言."

41) 위의 책,〈谿谷漫筆〉, 卷1: "王氏之學 本出於象山 然其立論 時有少異 若人品實踐則陸似高於王."

42) 위의 책,〈谿谷漫筆〉, 卷1: "陽明白沙論者 竝稱以禪學 白沙之學 誠有偏於靜而流於寂者 若陽明良知之訓 其用功實地 專在於省察擴充 每以喜靜厭動 爲學者之戒 與白沙之學絶不同 但所論窮理格物 與程朱頓異 此其所以別入門徑也."

43) 《遲川集》, 卷8,〈論典禮箚〉: "又能耐久咀嚼 苦心力索 故良知之天 一朝開

이 한두 번이 아니었지만 마음공부에 힘입어 큰 낭패에 이른 적은 없었다고 말하고 있다.[44] 그리고 그는 지금 세상사람들이 숭상하는 것은 명분이요 자신이 힘쓰는 바는 실질이라 하고, 세상사람들이 논하는 바는 형적이요 자신이 믿는 바는 마음이라 하여,[45] 실(實)과 심(心)을 강조하는 육왕학적 입장을 보여 주고 있다. 그는 또 그의 아들에게 준 글 속에서 양명서의 "심은 본래 활물(活物)이어서 오래 되면 마음속에서 병이 일어나게 될까 근심한다"는 말을 인용하여 마음공부를 강조하였다. 그러므로 이능화는 "지천(遲川)이 병자호란을 당하여 주화(主和)를 주장하게 된 임난처변(臨難處變)의 사상이 양명학에 크게 힘입었다"[46]고 말하였던 것이다.

조익은 장유, 이시백, 최명길과 세칭 사우(四友)로 절친하게 지냈는데, 그도 초기 양명학파에 속하는 인물로 규정되고 있다.[47] 조익은 성의(誠意)공부를 매우 중시하였는데, 이는 정주학이 격물치지를 중시하는 것과는 구별되는 것이다.[48] 그는 성의는 선악의 단서요 수기의 으뜸이라 하고, 명덕(明德)과 신민(新民)도 실은 모두 이것을 기본으로 삼는다고 하였다.[49] 또한 수양론에

悟而不可掩也."

44) 앞의 책, 卷17, 〈寄後亮書〉: "吾非臻此境者 但心之所存 常在於此 亦覺往往有得力處 平生遭憂患難 堪非一二 賴此得不至大狼狽."

45) 위의 책, 卷8, 〈論典禮箚〉, 丙寅: "嗚呼 今世之所尙者名也 而臣之所務者實也 世之所論者迹也 而臣之所信者心也."

46) 이능화, 〈朝鮮儒界之陽明學派〉, 《청구학총》, 25호, 1937, 121면.

47) 유승국, 〈한국 근대사상사에 있어서 양명학의 역할〉, 《제1회 한국학국제학술회의발표문》, 한국정신문화연구원, 1979, 12, 8~12면 참조.

48) 안재순, 〈조익의 심학사상〉, 《한국사상가의 새로운 발견 2(조익연구)》, 한국정신문화연구원, 1994, 201면.

49) 《浦渚先生集》, 卷18, 〈心法12章〉: "誠意善惡之開 自修之首 明德新民實 皆以此爲本."

있어서도 조익은 경(敬)과 심(心)을 중심으로 그의 이론을 전개하고 있다. 그는 '예부터 성현공부는 그 요지가 단지 이 경(敬)뿐'[50]이라 하고, 경은 성학 심법의 첫째요 천성(千聖)이 논한 바 심법의 요지가 이 한 글자에서 벗어나지 않는다[51]고 하였다. 이와 같이 조익이 거경(居敬) 중심의 수양론을 전개하고 있는 것은 정주학의 수양론이 거경과 궁리를 함께 말하는 것과는 다른 것으로 육왕학적 특성을 잘 말해 주는 것이다. 그 밖에도 대본(大本)의 확립을 강조한다든지, '위선거악(爲善去惡)'을 말하고 있다든지, 입심(立心)·입지(立志)를 강조하여 도덕주체로서의 심의 역할과 기능을 중시하고 있는 것은 육왕학적 경향의 일면을 보여 주는 예이다.

다음은 한국양명학을 대표한다고 볼 수 있는 정제두의 육왕학적 견해에 대해 검토해 보기로 하자. 정제두는 20대에 양명학에 심취하여 깊이 빠졌다가 50대에 와서 양명학과 성리학이 다르기는 하지만 그 근본 취지는 다를 바 없다는 견해를 밝혔고, 말년에 이르러서는 양명학에 대해 비판적 입장에 서 있었다.[52] 따라서 그의 학문은 주자학에 기반을 둔 양명학이라고 볼 수 있다. 그는 주자의 리(理)를 물리(物理)라 하고, 리는 빈 조리이며 마른 나무, 탄 재와 같은 죽은 리라고 비판하면서, 자신의 리는 영통성(靈通性)을 본질로 하는 생리(生理)요 생기(生氣)요 생도(生道)라 하였다.[53] 그의 생리는 바로 성(性)이요 덕(德)이요 인(仁)으로서 결국 양지(良知)가 된다.[54] 따라서 정제두의 생리는 차가운

---

50) 《浦渚全集》, 卷 第24, 〈道村雜錄 上〉: "自古聖賢工夫 其要只是敬而已."

51) 위의 책, 卷 第18, 〈心法12章〉: "敬者聖學心法第一義 千聖所論心法之要 不出於此一字."

52) 이병도, 앞의 책, 369~370면.

53) 《霞谷集》, 〈存言 上〉, 睿照明睿說.

54) 위의 책, 〈存言 下〉.

94

이법이나 조리가 아니라 활발하고 유동적이며 낳고 낳아 그침이 없는 영통한 생명력 그것이었다.[55] 그는 또 왕양명의 '심즉리(心即理)'에 근거하여 양지설(良知說)을 전개하였다. 양지(良知)는 천리(天理)요 천리는 심(心)이므로, 그의 '리'는 객관적인 외물의 '리'가 아니라 내 마음에서 찾아지는 '리'이다. 개개의 사물에 따라 하나 하나를 결정하고 그때그때 사물을 처리하는 것은, 실로 오직 내 한 마음에 있는 것이라 하였다. 그러므로 어찌 내 마음 밖에서 달리 구할 만한 이치가 있겠느냐 하였다.[56] 이와 같이 정제두는 한국유학사에서 가장 뚜렷하게 육왕학적 견해를 가졌던 인물로 평가된다. 이렇게 볼 때, 한국양명학의 대표적인 인물들 대부분이 우계학파에 속해 있음을 알 수 있는데, 이는 우계학파의 중요한 특징이 아닐 수 없다.

다섯째로 탈성리학적 경향에 있다. 우계학파 가운데 이기심성론(理氣心性論)에 전념한 학자는 흔치 않다. 우선 성혼의 직전 제자들의 경우를 보기로 하자. 윤황, 황신, 최기남, 조헌, 안방준, 김덕령, 이귀, 신흠, 이정구, 김상용, 이항복 등 모두가 성리학적 사변에서 벗어난 흔적이 농후하다. 이 가운데 조헌, 김덕령, 안방준은 의리적 실천에 주력하였고, 신흠은 문학과 함께 도, 불가 등 제가를 섭렵하여 통유(通儒)로서의 면모를 보여 주고 있다. 이들의 뒤를 이은 최명길, 장유, 윤선거, 윤증, 박태보, 정제두, 최후량, 최석정 등도 이기심성에 대한 이론적 탐구보다는 심학 내지 도학적 경향이 매우 짙고, 특히 최명길, 장유, 정제두, 최후

---

55) 유명종, 〈조선조 양명학과 그 전개〉,《한국철학사》, 하, 동명사, 1987, 54면.

56)《霞谷集》, 書,〈與閔彦暉論辯言正術書〉: "夫所謂眞至之義 天理之正 果在乎馬牛鷄犬而可求者耶 故天地萬物 凡可與於人事者 其理元未嘗有一切之定在物上 人可得以學之也 其逐件條制 隨時命物 實惟在於吾之一心 豈有外於心而他求之理哉."

량에게서는 육왕학적 관심이 농후하다. 직접 우계와 사승관계는 닿지 않더라도 넓게 우계학파 내지 소론학파의 범주에 넣을 수 있는 박세당, 조익, 권시 등에게서도 심학 내지 도학적 경향이 뚜렷하다. 특히 박세당은 앞에서 언급한 것처럼 주자의 경전해석에 구애되지 아니하고 자주적 입장에서 경전해석을 시도하여 탈성리학적 색채가 분명하다. 조익의 경우도 그가 26, 7세 때 쓴 〈독율곡여우계논심성정이기서(讀栗谷與牛溪論心性情理氣書)〉와 61세 때 쓴 〈역상개략(易象槪略)〉을 제외하고는 그의 문집 속에 이기심성론에 대한 진지한 탐구는 거의 볼 수 없다. 오히려 심(心)과 경(敬)을 중심으로 한 수양론이 주류를 이루고 있고, 순수 성리학에서 벗어난 경학적 탐구가 주류를 이루고 있다. 아울러 윤증만 하더라도 그의 방대한 문집 가운데 성리학에 관한 전문적인 글은 보이지 않는다. 여기 저기에 산재해 있는 성리학적 관심을 엿볼 수 있을 뿐이다. 그는 율곡 직계의 성리학적 관심과는 달리 경(敬)을 중심으로 한 실천적 학풍이 강조되고 있으며, 실심(實心), 실공(實功)을 중시하는 무실(務實)학풍이 뚜렷이 나타나 있다.[57] 다만 우계학파 가운데 박세채의 경우에는 비교적 성리학적 탐구에 많은 노력을 기울인 것으로 보인다.

우계학파의 이러한 이기심성론에 대한 성리학적 탐구의 소극적 태도는 직계 율곡학파와는 구별되는 학풍임에 틀림없다. 송시열, 권상하, 이간, 한원진으로 이어지는 율곡 직계의 학풍은 이기심성론의 탐구가 가장 중요한 비중을 차지하고 있다. 따라서 우계학파의 성리학에 대한 이론적 탐구의 소극적인 경향은 반대로 실천적 도학풍으로 경사되게 되었다. 이는 우계학파의 연원에서 보이는 은거자수(隱居自守)의 학풍과 밀접한 연관이 있다. 즉,

---

57) 황의동, 〈명재사상의 성리학적 특성〉, 《무실과 실심의 유학자 명재 윤증》, 청계, 2001, 94면.

김종직, 김굉필, 조광조, 성수침, 백인걸, 성수종으로 이어진 우계학의 연원은 도학적 뿌리를 가지고 있는 것이며, 외왕(外王)보다는 은거자수의 내성(內聖)을 중시하였던 것이다. 그러므로 이들은 유학 본래의 자기수양에 투철하였고, 학문적 관심도 존재론적 관심보다는 수양과 실천에 보다 많은 관심을 가졌던 것이다.

제2장 우계 성혼

제1절 우계의 삶과 인품

성혼은 16세기 후반 한국성리학의 대표적인 철학자로서 율곡의 성리학 정립에 중요한 계기를 마련해 주었다. 그럼에도 그의 철학적 위상은 율곡에 가리워 온 감이 없지 않았다. 근래 우계에 관한 연구작업을 통해 이러한 우려가 다소나마 해소되고 있음은 다행한 일이다.

성혼의 학문적 성격은 도학적 성격이 매우 짙다. 그것은 그의 일상생활에 체질화되었다는 데 보다 중요한 의미가 있다. 그의 도학정신은 그의 생애를 통해 면면히 일관되어 있다.

그는 어려서부터 효성이 지극하였다. 그는 부친의 병환이 위독하자 다리의 살을 베어 불에 태워 약에 타서 드린 바 있고, 그 이듬해에도 그렇게 했으나 효험도 없이 부친은 세상을 떠나고 말았다.[1] 그의 문인 신응구(申應榘)는 항상 말하기를 "우리 선생의 효행을 세상 사람들이 아는 이가 드무니, 선생이 일찍이 학행(學行)으로 이름났기 때문에 한 선행으로 칭찬받지 못하는 것일 뿐, 실제는 참으로 효자이시다"라고 하였다.[2] 이와 같이 그는 인륜의 근본인 효행에 투철하였다. 그는 친구나 문인들로부터 인격적으로 높이 평가받고 있다. 그의 문인 조헌은 우계의 사람됨과 존숭의 뜻을 이렇게 말하고 있다.

> 동방의 남자로서 함정과 같은 욕심에서 스스로 초탈한 자는 이지함(李之菡, 土亭, 1517~1578)과 성혼 외에 다시 몇 사람이 있겠습니

---

1) 《牛溪集》, 〈年譜〉, 卷1.

2) 《牛溪先生年譜補遺》, 卷1, 〈德行〉: "門人申應榘每言 吾先生孝行 世人鮮有知之者 盖先生早以學行名 故不以一善見稱 實則眞孝子也."

까? 신이 이 세상에서 사사(師事)한 분이 세 사람인데, 이지함, 성혼, 이이입니다. 이상의 세 사람은 학문의 성취는 비록 똑같지 않으나, 마음을 깨끗이 하고 욕심을 적게 하며 지극한 행실이 있어 세상에 모범이 됨은 똑같으니, 신은 그 만분의 일을 따라가고자 하나 될 수 없습니다.[3]

이처럼 그는 욕심이 적고 언행이 세상의 모범이 되었던 것으로 보인다. 그는 또 명예와 절개를 소중히 여겨 무너진 풍속을 드높였고, 남을 대할 때에는 겸손함으로 자처했으며, 남과 더불어 조금이라도 경쟁에 관계되는 일이면 즉시 버리고 돌아보지 않았다.[4] 그의 행실은 매우 준엄하였으나 포용하는 도량이 너그러워 사람들이 잘못을 범하여도 일일이 따지지 않았으며, 평소 사람들을 교만하게 대하거나 미워하는 일이 없었다. 그리고 혹 불선한 행실이 있는 자를 보면 조용히 경계하고 타이를 뿐, 일찍이 그의 잘못을 남에게 드러내어 말하지 않았으므로, 오래 되면 그 사람이 스스로 복종하고 나쁜 행실을 고친 자도 많았다.[5] 조헌은 법도를 삼가 지키고 학문의 단계가 매우 엄격해서 일상생활의 언행이 모두 본받을 만하여 문하에 이른 자가 비록 재주가 둔한 사람이라도 반드시 소득이 있었던 이는 성혼뿐이라고 흠모하였다.[6] 또한 조익도 그의 인격을 우러러 다음과 같이 평하였다.

---

3) 같은 글: "東方男子自能擺脫於坑塹之慾者 李之菌成渾之外更有幾人哉 臣於斯世所師事者三人 李之菌成渾李珥也 右三人者學問所就 雖各不同 其淸心寡欲至行範世則同 臣嘗欲髣髴其萬一而不得也."《重峰集》,〈丙戌疏〉)

4) 위의 글: "平生……尤重名節 激揚頹俗 而接物之際 卑以自牧 與人少涉爭競 卽棄去不顧."

5) 위의 글: "先生制行甚峻 而容量甚寬 犯而不校 平生無慢惡於人…… 見其有不善 則從容戒勗之而已 未嘗暴揚其失於人 故其人久而自服 或因而改行者亦多."

6) 위의 글: "謹守規矩 階級甚嚴 日用言行 皆可師法 及門者雖鈍根之人 必有所得者 牛溪先生也."(〈重峰語錄〉)

성혼은 일찍 과거 공부를 포기하고 오로지 고인의 학문에 뜻을 두
어 산야(山野)에서 문을 닫고 침잠(沈潛) 연구해서 젊었을 때부터 늙
기까지 마음과 몸의 동정(動靜)을 한결같이 법도를 따랐습니다. ……
함양(涵養)하고 체인(體認)하는 공부가 깊고 지극하여 종일토록 엄숙
히 마치 소상(塑像)처럼 앉아 있었습니다. ……이이는 말하고 웃는
것이 화락(和樂)하여 배우는 자들이 오히려 친근할 수 있었으나, 성
혼은 배우는 자가 비록 함께 10년을 거쳐해도 더욱 그 위엄만을 볼
뿐이었습니다.[7]

이러한 그의 인격을 그의 〈행장〉에서는 다음과 같이 표현하고
있다.

그 외면에 나타난 것을 보면 씩씩한 모습은 화기가 넘치는 듯하
고, 지기(志氣)는 정숙하나 너무 구속된 듯한 태도가 없었다. 말은 분
명하면서 시원스러웠고, 행동은 단정하면서 조용하였다. 평시에도
반드시 새벽에 일어나 사당에 들어가 배알(拜謁)하고, 저녁에도 똑같
이 하면서, 춥고 더울 때와 바람 불고 비 올 때도 일찍이 그만두지 않
았다. 물러나서는 해가 지도록 서실에 앉아 있었는데, 권태로운 모습
은 조금도 보이지 않았다. 남을 대하거나 일에 임해서는 한결같이 겸
손하고 화기로웠기 때문에, 남들이 저절로 두렵게 여기고 공경하면
서 말을 함부로 하지 못했다.[8]

이러한 그의 인격은 도우(道友)였던 율곡을 통해 더욱 분명해

7) 앞의 책, 〈趙浦渚乙亥疏〉: "成渾早棄擧業 專意古人之學 杜門山野 沈潛
玩索 自少至老 其心身動靜 一循繩墨 ……蓋其涵養體認 功深力到 終日
儼然 坐如泥塑…… 李珥言笑樂易 學者猶見其可親 而成渾則學者雖同處
十年 愈見其可畏也."

8) 《牛溪集》, 年譜, 附錄, 〈行狀〉: "自其著於外者觀之 儀貌莊重 而有安和之
色 志氣靜肅 而無拘束之勤 言辭明劇 動止端詳 平居 晨起必拜謁祠堂 夕
亦如之 寒暑風雨 未嘗廢也 退處書室 終日儼然 惰慢之容 不見於體 接人
遇物 一於謙和 而人自畏敬 不敢以褻慢進也."

진다. 그는 일찍이 우계를 칭찬하기를 "만약 견해의 경지를 따진다면 내가 조금 낫다 할 수 있을 것이나, 몸가짐의 독실(篤實)함에 이르러서는 내가 미칠 수 없다"고 한 바 있다.[9] 이와 같이 그는 실천을 근본으로 했던 것이며,[10] 우계학의 특징이 바로 '실천이 돈독하고 확실함'에[11] 있었다. 그의 고결한 인품은 그의 〈자서지(自書誌)〉에 나타난 유언에도 잘 나타나 있다. 자신이 죽거든 시신을 베옷으로 입히고 종이 이불로 염한 후에 우거(牛車)에 실어 장사지내고, 자신의 뜻을 어기지 않는 것이 옳을 것이라 하였다.[12] 그리고 그는 말하기를 "너희들은 마땅히 유언으로 국가에서 내린 부물(賻物)과 치제(致祭)에 대해 사양해야 하고, 무덤 앞에 '창녕성혼묘(昌寧成渾墓)'라는 이 다섯 글자를 새겨서 자손으로 하여금 그 장소나 알도록 하는 것이 족할 것이다"라고 하였다.[13]

이와 같이 그의 도학적 학풍은 일찍이 어린 시절부터 몸에 체득된 것으로 그가 세상을 마칠 때까지 일관됨을 알 수 있다. 이렇게 볼 때, 그의 생애야말로 도학 실천의 생애로 점철되었다 해도 지나치지 않는다. 이제 그의 학풍에 관해 구체적으로 검토해 보기로 하자.

우계학의 형성에 가장 큰 영향을 미친 것은 성씨 가문의 가학풍이라 할 수 있다. 기묘사화(1519), 을사사화(1545)가 16세기 초엽에 일어났고, 이 시대를 당해서 묘당에 나아가기를 꺼리고 산

---

9) 앞의 글: "栗谷嘗稱曰 若論見解所到 吾差有一日之長 操履篤實 吾所不及云."

10) 유명종, 〈절충파의 비조 우계의 이기철학과 그 전개〉, 《성우계사상연구논총》, 우계문화재단, 1991, 336면.

11) 위의 글, 337면.

12) 《牛溪集》, 卷6, 〈自書誌〉.

13) 위의 글.

림에 묻혀 도학을 닦은 대표적 인물이 서경덕, 성수침, 성혼, 조식, 조욱, 이항, 성제원 등이다. 그리고 이 정주학 전환기에 그 방향을 '은거자수(隱居自守)', '성현자기(聖賢自期)'의 도학 군자풍으로 전환하는 데 중추적 역할을 한 이가 바로 성수침이다.[14]

그런데 성씨 가문의 이러한 '은거자수'의 도학풍은 성삼문의 참화와 기묘사화를 겪으면서 결정적 전환의 길로 들어서는데, 성수침은 바로 조광조의 문인이요 그의 종제(從弟) 성우(成遇)가 연루되어 비명에 감으로써 결연히 벼슬을 단념하고 도학의 길을 택하는 계기가 되었다.[15]

그의 부친 성수침은 은거수지(隱居守志)하여 도학을 밝히고[16] 아들 성혼에게 타이르기를, "도(道)는 큰길과 같고 성현의 가르침은 해와 별처럼 밝아서 알기 어렵지 않으나, 요는 힘써 행하여 그 앎을 채우는 데 있으니 말로만 하는 학문은 도무지 소용이 없다"라고 하였다.[17] 이러한 부친의 도학적 훈계는 그의 학문 형성에 많은 영향을 미쳤다. 그러므로 그의 학문은 가정에서 얻었다든가,[18] 가정에서 배웠기 때문에 도를 일찍 들었다든가,[19] 일찍이 가정의 교훈을 이어 분발해서 학문에 뜻을 두었다[20]고 일컫게

---

14) 김충열, 〈우율사칠논변평의〉, 《성우계사상연구논총》, 우계문화재단, 1988, 16면.

15) 위의 글, 17면.

16) 《牛溪集》, 年譜, 附錄, 〈行狀〉: "考諱守琛 世稱聽松先生 少受業趙靜菴之門 隱居守志 講明道學."

17) 《燃藜室記述》, 卷11, 〈明宗朝遺逸 成守琛〉: "公嘗謂學者曰 道若大路 而聖賢謨訓昭如日星 知之不難 要在力行 以實其知爾 言語之學 都不濟事."

18) 《牛溪先生年譜 補遺》, 卷1, 〈德行〉: "先生之學 大抵得於家庭……."

19) 《牛溪集》, 年譜, 附錄, 〈神道碑銘〉, 金尙憲 撰: "先生學于家庭 聞道甚早……."

20) 《牛溪先生年譜 補遺》, 卷3, 〈祭文〉, 尹煌: "先生…… 早承庭訓 慨然志學."

되었다. 그의 윤리적 실천과 도학풍은 가학적 전통에서 비롯된 것이며, 특히 부친의 교훈에 힘입은 바 크다.

또한 그의 도학적 기풍에 영향을 미친 이로는 주희, 조광조, 이황을 들 수 있다. 그는 항상 조광조와 이황을 존경, 사모하여 위로는 주희에 소급하여 이를 준칙으로 삼았다.[21] 본래 그의 부친은 조광조에게서 배웠고 성혼은 가정에서 배웠는데, 특히 이황을 존경, 흠모하고 율곡을 벗으로 삼았다.[22] 그 밖에도 백인걸(白仁傑, 休菴, 1497~1579)이나 도우 율곡의 영향도 결코 간과할 수 없다.

이와 같이 가학과 사우를 통해 형성된 그의 도학적 학풍은 과연 어떠한 것일까? 그것은 다름 아닌 은거수지(隱居守志)를 통해[23] 성현이 되기를 바라는 학풍이다. 그것은 자신을 돌이켜 반성하기를 힘쓰고 성(誠)으로 주를 삼았다.[24] 인륜으로 근본을 삼고 충신독경(忠信篤敬)으로 자신을 돌이켜 반성함을 수신의 방법으로 삼았다.[25] 또한 한결같이 성(誠), 경(敬)에 근본하고,[26] 힘써 고도(古道)를 행하며 세상 밖에 나오지 않고 두문(杜門)하여 뜻을 구하는 학문이었다.

그의 이러한 학풍은 일면 외왕(外王)을 위한 충실한 내성(內聖)의 준비라는 의미를 갖지만, 진정한 도학정신에서 보면 외왕으로

---

21) 《牛溪先生年譜》, 附錄, 〈牛溪先生神道碑銘(金尙憲)〉: "常尊慕靜菴退溪 以上遡於考亭 而爲之準則."

22) 위의 책, 〈墓表陰記〉, 金集 撰: "聽松學于靜菴 先生得之家庭 又尊慕退陶 而友栗谷."

23) 위의 책, 〈行狀〉.

24) 《聽松先生集》, 卷2, 〈行狀〉, 栗谷 李珥 撰: "其學以反躬切己爲務 以誠爲主."

25) 《牛溪先生年譜補遺》, 卷1, 〈德行〉: "先生之學…… 以人倫主本 而以忠信篤敬切己 爲進修之大方……."

26) 위의 글: "一本於誠敬."(《谿谷集》, 〈碑文〉)

까지 나아가지 않으면 안 된다. 뒤에서 밝혀지겠지만 그가 비록 현실적인 경세에는 소극적이었다 하더라도 그의 현실적 우환(憂 患)의식과 경세적 관심은 괄목하다는 점에서 진정한 도학의 체계 를 갖는다 할 것이다.

제2절 우계의 학문관

본래 도학이란 '유학' 또는 '성리학'을 일컫는 말이다. 그것은 '성현지도(聖賢之道)', '요순지도(堯舜之道)', '공맹지도(孔孟之道)'라는 도통(道統)에 근거한 학이기 때문이다. 우리 나라에서는 15세기 조선조의 학풍을 흔히 '도학'이라 일컫는데, 이 또한 사화시대라는 시대적 배경과 무관하지 않다. 조선 초 수양대군의 왕위 찬탈에 대해 목숨을 걸고 저항했던 사육신, 생육신의 의리와 함께 연산시대 이래 계속 이어진 무오, 갑자, 기묘사화에서의 사림들의 억울한 희생으로 생사의 기로에서 도덕적 가치를 지키려는 기풍이 숭상되어 왔다. 이처럼 의리, 대의(大義)의 실현에 의해 유학 전래의 도통을 계승, 발전시키려는 '성리학적 실천 유학'이 곧 도학이다.[1] 따라서 도학은 강한 실천성과 도덕성을 특징으로 하고, 유학 본래의 수기안인(修己安人)을 그 내용으로 하지만, 수기와 안인에서도 역시 강한 실천성과 도덕성을 강조한다.

김종직, 김굉필, 정여창, 조광조 등에 의해 진작된 도학적 기풍은 《소학》을 중시하고, 윤리적 가치(義)를 생명처럼 여기며, 내면적 자기수양의 실천을 중시하는 데 특징이 있었다.

그러면 우계는 과연 학문의 성격과 내용을 어떻게 생각하고 있었는가? 그에 의하면 학문이란 독서만을 말하는 것이 아니라 궁극적으로 성현이 되는 데 그 목적이 있었다.[2] 학문이란 어버이를

---

1) 윤사순, 〈조선 초기 성리학의 전개〉, 《한국철학사》, 중, 동명사, 1987, 144면.

2) 《牛溪集》, 卷6, 〈書示邊生〉: "古人所謂學者 非但讀書之謂…… 使之爲聖 爲賢也."

섬기고 형을 좇음에 그 당연함을 얻는 것이다. 다만 마음을 잘
잡고 지니는 노력으로 동정을 관통하여 행하고 남는 힘이 있을
때 강습(講習)의 방법을 추가할 뿐이다.[3]

　이렇게 볼 때, 그의 학문 개념은 독서를 통한 단순한 지식의
탐구나 축적만이 아니라, 오히려 인간관계에서 그 당연함을 얻고
마음을 잘 잡고 지니는 노력이 동정을 일관함에 있었다. 강습의
방법은 행하고 남음이 있을 때 보태는 것이 좋다 하였다. 이는
그의 학문관이 전통적인 유학 본래의 정신에 바탕하고 있음을 확
인할 수 있다. 그는 주자의 말을 인용하여, 학문하는 방법은 궁
리보다 먼저 할 것이 없고, 궁리의 요령은 반드시 독서에 있으
며, 독서의 방법은 순서에 따라 정독(精讀)하는 것보다 귀한 것
이 없는데, 정독의 근본은 '거경(居敬)'과 '지지(持志)'에 있다 하
였다.[4] 또 독서는 모름지기 먼저 이해하기를 정밀히 하고 부지런
히 해야 하는데, 그 정밀히 하고 부지런히 하는 것은 마음을 오
로지 한결같이 하여, 지기(志氣)로 하여금 맑고 밝아서 의리가
밝게 드러나도록 하는 데 있다.[5]

　이와 같이 그는 학문에 있어 궁리가 중요하고 독서가 필수적임
은 인정하지만, 오히려 그 궁리와 독서의 내실을 위해서는 마음
을 한결같이 하고 뜻을 잘 지키는 '거경'과 '지지'의 노력이 중요
하다고 보았다.

　또한 그는 선비가 학문을 함은 진실한 마음으로 열심히 공부함

---

3) 앞의 책, 卷5, 〈答崔丕承〉: "雖然 學非但讀書之謂 事親從兄 得其當然 乃
　學也 但使操持之功 貫通動靜 而行有餘力 可加講習之方耳."

4) 위의 책, 卷3, 〈上王世子箚〉: "其言曰 爲學之道 莫先於窮理 窮理之要 必
　在於讀書 讀書之法 莫貴於循序而致精 而致精之本 則又在於居敬而持
　志."

5) 위의 책, 續集, 卷6, 〈書贈河生〉: "讀書 先須理會精勤 精勤 要須專心致
　一 常使志氣淸明而義理昭著."

에 있다 하여,[6] 학문의 본의가 진실심(眞實心)의 확보에 있음을
명백히 하였다. 그는 '위기(爲己)'로서 마음을 세우는 요령을 삼
고, '구시(求是)'로서 일을 처리하는 제도로 삼아야 한다고 하는
데,[7] 여기에서 '나를 위한 학문'이라는 유학 본래의 '위기지학(爲
己之學)'의 정신이 표현된 것이고, '옳음을 추구한다'는 '구시'의
정신이 제시된 것이다. 여기에서의 '위기지학'의 정신이나 '구
시'의 태도야말로 그의 학문정신으로, 이는 곧 다름 아닌 도학의
이념적 근거가 된다.

그런데 그는 인(仁)을 가리켜 천지가 만물을 낳는 마음이라 하
고, 사람은 모두 이것을 얻어 마음을 삼았으므로, 동중서(董仲舒,
桂巖子, B.C. 179~B.C. 104)의 이른바 "도의 큰 근원이 천(天)에
서 나왔다"는 것이 바로 이를 의미한다 하였다.[8] 그는 또 대도
(大道)의 요체는 그 뜻이 멀다 하고, 도체(道體)는 형상이 없어
참으로 아는 자가 드물다 한다. 그러나 천(天)에 근본하여 인간
에게 세워져 몸에 체행(體行)하고, 일에 시행하여 실리(實理)가
충만하여 위아래에 밝게 드러나니, 묵묵히 통달하면 좌우의 가까
운 곳에서 진리를 만날 수 있는데, 애당초 아득하여 알기 어려움
을 말하는 것은 아니라 하였다.[9] 이와 같이 그는 천지가 만물을
낳는 마음으로서의 인(仁)이 곧 인간의 본심이기 때문에, 결국
도의 큰 근원이 바로 천에 있다고 이해하였으며, 천에 뿌리를 둔

---

6) 앞의 책, 卷5, 〈答安士彦書〉: "竊見士之爲學 必有眞實心地 刻苦工
夫⋯⋯."

7) 위의 책, 續集, 卷3, 〈與李叔獻〉: "⋯⋯以爲己爲立心之要 以求是爲處事
之制."

8) 위의 책, 卷2, 〈辛巳封事〉: "盖仁者天地生物之心 而人得之以爲心 卽所謂
道之大原出於天者⋯⋯."

9) 위의 글: "臣惟大道之要 其旨遠矣 道體無形 眞見絶鮮 然根於天而立於人
體之身而達諸事 實理充塞 上下昭著 默而通之 左右逢原 初非窈冥之謂
也."

큰 도가 사람에게 세워졌다고 이해한 것이다. 이렇게 볼 때, 우
계에게 있어 학문이란 다름 아닌 천도가 인간에게 내재한 인도의
이해와 실천이 된다. 학문적으로 추구해야 할 도의 근거가 바로
천에 있음을 알 수 있고, 그의 학이 곧 도학으로 연결됨을 이해
할 수 있다.

또한 그는 자신이 읽은바 육경(六經) 사서(四書)는 도가 실려
있는 책이라 하여,[10] 결국 학문으로 추구해야 할 도는 육경사서
의 도요 유학의 도가 된다. 이렇게 볼 때, 그의 학은 근본적으로
전통유학에 근본하는 것이며 그것은 다름 아닌 도학이다.

그러면 도학의 내용은 무엇인가? 그에 의하면 천하에 학문하
는 것은 제왕보다 더 급한 사람이 없는데, 수기안민(修己安民)보
다 큰 것이 없다.[11] 선비란 가정에서 몸을 닦아 천하국가에 미쳐
장차 이 마음을 미루어 온갖 사물에 미치고자 하는 것이지 오직
그 몸만 착하게 하려는 것은 아니다.[12] 성현의 글을 읽고 군자의
학문을 하는 것은 누구나 이 마음을 온전히 가지려는 것이라 하
고, 강호(江湖) 멀리 처해서도 농사의 근심을 품는데, 또 어찌 임
금을 잊을 수 있겠느냐 하였다.[13] 이와 같이 도학의 내용은 그에
있어서도 수기와 안민, 내성과 외왕이었음을 알 수 있다. 도학자
로서의 처세는 나아가고 물러남에 따라 달라질 수밖에 없다. 즉,
나아가서는 그 직책에 최선을 다하고, 물러가서는 자기자신을 지
킴에 있었던 것이다.[14]

---

10) 앞의 책, 續集, 卷3, 〈與李叔獻〉: "吾所讀六經四書 載道之書矣."
11) 위의 책, 卷3, 〈上王世子箚〉: "天下之爲學者 莫急於帝王 莫大於修己而安
    民也."
12) 위의 책, 卷2, 〈辭召命疏〉: "士修之於家 而達之天下國家 將欲推是心以及
    於物也 非欲獨善其身而已也."
13) 위의 글: "讀聖賢之書 而爲君子之學者 孰不欲全此心 處江湖之遠 而懷畎
    畝之憂者 又豈能忘吾君哉."
14) 위의 책, 卷2, 〈承命還京詣闕辭歸疏〉: "……然人臣之義 惟進與退而已 出

특히 그는 수기의 측면을 매우 중시하여 '맑게 닦아 자신을 세움(淸修自立)'[15]을 강조하고, 예의와 명절(名節)로서 스스로 부지런히 힘쓰면, 굽어보나 우러러보나 부끄러움이 없음을 내 마음에 얻게 될 것이라 하였다.[16]

그는 한결같이 하학(下學)에 뜻하여 반드시 효제충신(孝悌忠信)을 근본으로 삼고, 겸손으로 바탕을 삼으며, 침잠독실(沈潛篤實)로서 공을 삼아 힘들여 책을 탐구하고 마음을 잘 잡고 지니기를 굳게 하면 맑고 밝은 아름다운 뜻이 마침내 이르게 될 것이라고 하였다.[17] 그는 궁극적으로 이러한 자기수양의 노력을 통해 '시골의 보통사람'들과는 다른 인간이 되어야 함을 도처에서 강조하였다.[18]

그런데 그가 수기를 위해 하학공부를 중시하는 데서 《소학》의 중요성을 강조하게 된다. 그는 덕에 들어가는 문은 《소학》을 근본으로 삼아야 한다고 말하는가 하면,[19] 《소학》의 글 가운데 순종하고 공경하는 방법과 몸을 공경하는 노력을 진실로 깊이 음미하여 실천에 옮겨야 할 것이라 하였다.[20]

그런데 그의 이러한 학풍은 이미 그의 부친이 늘 사람들에게

則盡職 處則守己 舍此則不可謂之士矣."

15) 앞의 책, 卷2,〈辭召命疏〉.

16) 위의 책, 卷5,〈與或人書〉: "……以禮義名節自砥礪 則無愧於俯仰 有得於吾心矣."

17) 위의 책, 卷5,〈答安士彦〉: "誠願一意下學 必以孝悌忠信爲本 以謙遜拙訥爲質 以沈潛篤實爲功 劬書玩索 堅苦操持 則以淸明之美志 終必有所至矣."

18) 위의 책, 續集, 卷4,〈與崔丕承, 與安士彦〉.
    위의 책, 卷5,〈與鄭士朝書〉.

19) 위의 책, 卷3,〈上王世子箚〉: "至如入德之門 則小學養其本……."

20) 위의 책, 續集, 卷5,〈與全國老〉: "小學書中 順悌之方 敬身之功 苟能深玩而服行焉."

《소학》을 권하며 수신의 큰 요령이 모두 여기에 있다고 말한 데서 기인한다.[21] 이렇게 볼 때, 그의 학은 도학이라 하겠고, 그 내용은 수기와 안인, 내성과 외왕으로 그는 이 양자의 측면에 모두 깊은 관심을 가졌던 것이다.

---

21) 《明宗實錄》, 卷29, 18年 癸亥 十二月 庚午: "(守琛)每以小學勸人曰 修身大要 盡在於此."

제3절 우계와 율곡의 학문적 교유

우계와 율곡은 경기도 파주를 동향으로 하고, 나이도 비슷할
뿐 아니라 같은 시대 성리학자의 길을 함께 한 도우(道友)였다.
우계는 1554년 20세 때 그보다 한 살 아래인 율곡과 도의지교(道
義之交)를 맺고 평생 우의를 변치 않았다. 우계와 율곡 두 사람은
일세를 함께 살면서 뜻이 같았고 삶의 길이 같았으니, 일동 일정
이 모두 옛 성현을 준칙으로 삼았다.[1] 율곡은 우계에 대해 평하
기를 "견해를 따진다면 내가 조금 낫다 할 수 있으나, 확고한 조
리(操履)에 대해서는 내가 미칠 수 없다"[2]고 하였다. 또 율곡은
그의 〈어록〉에서 우계에 대해 다음과 같이 평하고 있다.

> 의리상으로 깨우치는 점에 있어서는 내가 우계보다 나아서 우계가
> 나의 설을 많이 좇았으나, 나는 성격이 주밀하지 못하여 알고도 실천
> 하지 못하는데, 우계는 알고 나면 곧바로 일일이 실천하여 자기 것으
> 로 만든다. 이 점이 내가 그에게 미치지 못하는 바이다.[3]

이처럼 율곡은 우계의 도학적 실천에 대해 높이 평가했던 것인
데, 우계 또한 율곡에 대해 다음과 같이 평을 하고 있다.

> 숙헌(叔獻)의 명민(明敏)함은 하늘에서 얻은 것이다. 문자를 볼 때
> 다른 사람과 얘기하면서도 두루 열람하여 그 대의를 파악하는 것이
> 비바람같이 빨랐다. 이미 대의를 파악했으므로 다시 완미숙독(玩味熟

---

1) 《魯西遺稿》, 卷14, 雜著, 〈牛溪先生年譜後說〉: "曰牛栗兩賢 生竝一世 志
   同道合 一動一靜 悉以古人爲準則."
2) 《牛溪先生年譜》, 〈20歲條〉.
3) 《栗谷全書》, 卷32, 〈語錄〉, 下.

讀)한다 해도 의미가 더 보태지는 것이 없었다.……전일의 의미는 아마 그가 총명재기(聰明才氣)로서 본 것일 것이요, 깊이 힘써 노력하고 탐구하여 얻은 결론이 아닐 것이다. 그러므로 숙헌으로 하여금 겸손하게 탐구했더라면 금일보다 더 깊어지지는 않았을 것이지만, 심성을 수양하고 의리를 강명(講明)하는 공은 더 나아갔을 것이다.[4]

이와 같이 우계와 율곡은 서로의 우정과 신뢰를 간직하면서도 피차의 장단점을 알고 충고하고 있음을 볼 수 있다. 그후 두 사람은 학문에 정진하여 16세기 조선조 성리학의 전성기에 중핵적 위치에 있었고, 학행에 대한 공로를 인정받아 1681년(숙종 7년)에 모두 문묘에 종사되는 영예를 안게 되었다. 뿐만 아니라 정치적으로도 서인의 길을 함께 걸었다고 볼 수 있다.

그런데 우계와 율곡은 함께 공부하면서 학문적 토론을 벌여 피차의 학문발전은 물론 조선조 성리학의 발전에 크게 공헌한 바 있다. 우계와 율곡의 논변 이전에 퇴계와 고봉간의 사단칠정에 대한 논변이 있어 학계의 주목을 받은 바 있고, 이는 한국유학사에 있어 매우 중요한 의미를 갖는다. 우계는 먼저 1556년(중종 34년) 5월 율곡과 더불어 '중(中)'과 '지선(至善)'에 관해 논의한 적이 있었다.[5] 원래의 글은 잃어버려 전해지지 아니하고, 다만 송익필에게 답한 편지에서 "숙헌은 이 '지선(至善)'이라는 말은 오로지 정리(正理)만을 가리킨 것이라 하고, 이 '중(中)'이라는 말은 덕행을 아울러 가리킨 것이라 하면서 다르다 하고, 나는 이 '지선'이라는 말은 사물을 아울러 가리킨 것이라 하고, 이 '중'이라는 말은 오로지 심의 체용만을 가리킨 것이라고 하면서 다르다 하였다"고 하였다.[6] 양자의 구체적인 토론 내용은 알 수 없으나

---

4) 《牛溪續集》, 卷5, 〈與人書〉.
5) 《牛溪先生年譜》, 〈34歲條〉.
6) 위의 글.

이를 통해서 볼 때 양자의 '지선'과 '중'에 대한 견해에 차이가 있
었음을 짐작할 수 있다.

그후 1572년 우계의 나이 38세 때, 율곡과 사단칠정(四端七
情), 인심도심(人心道心), 이기(理氣) 등 성리학의 주요주제들에
대한 치밀한 논변이 있었다. 1년 동안 9차에 걸친 왕복 논변은
우계와 율곡 두 사람의 학문적 성숙에 많은 도움이 되었는데, 우
계의 제3서, 제7서, 제8서, 제9서가 유실되어 겨우 5편의 글만으
로 이해해야 하는 아쉬움이 남는다. 우계는 처음에는 고봉의 성
리설에 기울었다가 주자의 인심도심설이 퇴계의 뜻과 부합된
다고 생각하여, 퇴계의 이기호발론(理氣互發論)을 극력 비판하
는 율곡에게 인심도심의 문제를 중심으로 질문하게 되었던 것
이다.[7]

전체적으로 우계의 질문에 율곡이 답하는 형식으로 이루어져
있고, 또 율곡의 적극적인 자기주장에 비해 우계의 겸양과 소극
적인 태도로 인해 대등한 논변으로 보기 어렵다는 지적도 있으
나, 왕복 논변의 내용으로 보면 우계 나름의 주장과 견해가 분명
하다는 점에서 의미가 있다.

---

7)《牛溪集》, 卷4, 〈第2書〉: "渾於退溪之說 常懷未瑩 每讀高峰之辯 以爲明
白無疑也 頃日 讀朱子人心道心之說 有或生或原之論 似與退溪之意合 故
慨然以爲 在虞舜無許多議論時 已有此理氣互發之說 則退翁之見 不易論
也 反欲棄舊而從之 故敢發問於高明矣."

제4절 우계의 정신건강법

1. 실심(實心)의 확립

유학에서의 학문의 목적이 '사람됨'에 있다면 수기문제는 그 핵심이 된다. 수기문제는 개인에 있어서나 치자에 있어서나 항상 중요한 비중을 차지해 왔다. 이미 앞에서 그의 생애 속에서 볼 수 있었듯이 그의 실천적인 수기는 남다른 바 있고, 수기의 이론보다 더 중요한 의미를 갖는다. 이러한 관점에서 그의 수기론을 검토해 보기로 하자.

그는 치자에 있어 심의 중요성을 강조하였다. 치란(治亂)이란 일정한 모습이 없고 모두 기미(幾微)의 상황에 따라 구분되며, 또 기미의 구분은 임금의 마음에 달려 있다.[1] 그런데 그 심은 천이 만물을 낳는 심으로 사람이 그것을 얻은 것이다.[2] 따라서 인심의 근거가 천에 있고 천심이 인심으로 내재화되고 내면화된 것이다.

그런데 이 심은 그에 있어서 '진실심(眞實心)',[3] '극기의 실심(實心)',[4] '진심(眞心)',[5] '허심(虛心)'[6] 등으로 표현되는데, 이는

---

1) 《牛溪集》, 續集, 卷2, 〈登對思政殿啓辭〉: "對曰 治亂無常形 皆分於幾微之際 幾微之分 又繫於人主之心術."

2) 위의 책, 卷3, 〈上王世子箚〉: "天以生物爲心 而人得之以爲心."

3) 위의 책, 卷5, 〈答安士彦書〉: "竊見士之爲學 必有眞實心地……."

4) 위의 책, 卷3, 〈庚寅封事〉: "伏願殿下毋徒歸咎於頑民之惡逆 而有未盡省身克己之實心也."

5) 위의 책, 卷2, 〈辛巳封事〉: "眞心旣立 竭力向前 則聖賢一語 爲終身受用而有餘."

6) 위의 책, 卷2, 〈己卯封事〉: "古之明王 莫不虛心順理."

다름 아닌 실심(實心)이요 허심(虛心)이다. 표현의 형식만으로 보면 '실심'과 '허심'은 서로 반대되는 것처럼 해석되지만 이것은 같은 것이다.[7] 왜냐하면 실심이란 하늘로부터 부여받은 진실된 마음인데, 사심(私心)에 의해 그 진실성이 은폐되기 때문이다. 허심이란 사심이 제거되고 극복된 진심(眞心), 실심(實心), 본심(本心)이다. 그는 이러한 실심 내지 허심의 확립을 도처에서 강조하고 있다. 여기에 허심 내지 실심의 확립을 위해 '극기(克己)', '사기(舍己)'의 문제가 제기된다. 그에 의하면 심이란 신명(神明)의 집으로 허령(虛靈)하고 밝아서 온갖 이치가 모두 구비되어 있으나, 한번이라도 사사로운 뜻이 그 사이에 생기면 어두워져서 밝지 못하고, 꽉 차서 비워지지 않아 좋은 말들이 들어갈 길이 없게 된다.[8] 사욕이나 사심이 개재되면 허심이 될 수도 없고 실심이 될 수도 없다. 그러므로 오직 시비만을 볼 뿐 이해를 따지지 않아 의리(義理)로서 기준을 삼고 자신의 사사로운 의견을 개입시켜서는 안 된다.[9] 여기에서 '의리'야말로 이해나 사심에 따라 실심이 흐려지거나 은폐됨을 막아 주는 안전판이다.

무릇 사람의 마음은 본래 사물에 응할 수 있으나, 사물이 올 적에 마음을 비우고 순응하지 못하여 향하는 바가 혹 조금이라도 편벽된 것이 있으면, 거울처럼 비어 있고 저울대처럼 평평한 본체가 이미 가린바 되어, 마음속에 사물이 먼저 들어와 있음을 면치 못한다. 먼저 들어온 것이 조금이라도 나타나서 본래의 밝음이 다소라도 어두워지면 권도(權度)가 잘못되어 사물의 이치가

---

7) 이을호, 〈우계의 실학정신〉, 《성우계사상연구논총》, 우계문화재단, 1988, 421면.

8) 《牛溪集》, 卷2, 〈己卯封事〉: "臣聞心者 神明之舍也 虛靈洞徹 萬理咸備 一有私意生乎其間 則昏而不明 實而不虛 善言無從而入也."

9) 위의 책, 卷2, 〈辛巳封事〉: "又能虛心順理 唯見是非 不見利害 以義理爲 權衡 而己不與焉."

116

숨어버린다. 일을 담당한 자가 이 선입견에 국한되어 더 살피지
못하면 마음의 작용이 궁색하고 막힌 바가 있어서 올바름을 잃게
된다.[10]

그런데 허심이나 실심은 선을 좋아하고 선언(善言), 선인(善人)
을 좋아하고 따르는 기본이다. 그에 의하면 마음을 비우고 선을
좇음은 임금의 큰 덕이요 나라의 중요한 도리이다. 선이란 사람
이 중(中)을 받고 태어난 본연의 이치로 천하의 공리(公理)이
다.[11] 그러므로 사대부는 마땅히 공평 정대한 것으로 마음을 삼
아 자기를 이기고 사사로움을 버림에 힘써야 한다. 비록 소인을
공격해 세력을 이기지 못해 물러가더라도, 오직 마땅히 그 바름
을 잃지 않으면 마음에 부끄러움이 없게 된다.[12] 여기에서 자기
를 이기고 사사로움을 버릴 수 있는 바탕이 곧 공평 정대한 마음
이다. 반대로 자기를 이기고 사사로움을 버려 공평 정대한 마음
이 발휘되는 것이기도 하다.

이와 같이 그의 수기론에서 허심 내지 실심의 확립은 매우 중
요한 문제였다. 그것은 곧 주체의 성실성을 의미하는 것이기 때
문이다. 그는 《중용》을 인용하여, 천하국가를 다스림에는 구경
(九經)이 있는데, 이것을 행하는 방법은 하나이니 그 하나란 성
(誠)이라 하였다. '성'이 지극하고 감동하지 않는 것은 없으며,
'성'이 없으면서 능히 감동하는 것도 없다.[13] 옛부터 임금이 사람

---

10) 앞의 책, 卷2, 〈己卯封事〉: "夫人之一心 本以應物 而事物之來 不能虛心
順應 所向或有少偏 則鑑空衡平之體 已爲所蔽 而未免有先入之物矣 先入
稍形而本明稍晦 則權度差而物理隱矣 當事者局於此而不加察焉 心之用有
所窒窒而失其正矣."

11) 위의 책, 卷2, 〈己卯封事〉: "臣聞虛心從善 人君之大德 而有國之要道也
夫善者 受中以生之本然 而天下之公理也."

12) 위의 책, 卷2, 〈論三司劾栗谷疏〉: "士大夫當以公平正大爲心 克己祛私爲
務 雖攻擊小人 勢將不勝而去 唯當不失其正 無愧於方寸可矣."

13) 위의 책, 卷2, 〈辛巳封事〉: "凡爲天下國家有九經 所以行之者一也 一者誠

을 얻어 다스릴 수 없다는 것은 이 '성'이 없음을 근심할 뿐이다.
이미 이 '성'이 있다면 어떤 선비를 부를 수 없고 어떤 현인을 쓸
수 없겠는가?[14] 이와 같이 치자에 있어 성(誠)이야말로 정치의
성패를 좌우하는 것이었다.

이렇게 볼 때 그가 허심, 진심, 실심의 확립을 강조한 바 있는
데, 이는 다름 아닌 '성'으로 귀결되는 것이다. '성'은 천의 본질
이고 그것이 인간에게 주어졌을 때 실심이 되기 때문이다. 그의
수기론의 핵심이 인간주체의 성실성 확보에 있었던 것이다.

2. 거경(居敬)의 실천

인간이 하늘로부터 주어진 본성대로 살 수만 있다면 수양의 필
요성이 없을 것이다. 그러나 인간은 육신을 가진 존재요 기질을
지닌 존재여서, 외물과의 대응에서 천차만별의 마음의 변화가 생
기고, 본래 선한 심성에 영향을 미치게 된다.

우계에 의하면 성현이 마음을 전해온 방법에는 정해진 근본이
있기도 하고, 또 정해진 근본이 없는 것 같다고도 한다. 이를테
면 《서경》의 '정일집중(精一執中)'이나 《논어》의 '극기복례(克己
復禮)' 같은 것이 정해진 근본이다. 단지 상지(上智)의 자격이 아
니면 기질상에서 누군들 남거나 부족한 근심이 없겠느냐고 반문
한다. 그러므로 옛날에 학문을 잘하는 자는 반드시 모름지기 먼
저 내 몸의 병통이 있는 바를 살펴 그 남은 점은 줄이고, 그 부족
한 점은 보충하였다. 병통을 잘 살펴서 약을 써야 하는데, 사람
마다 방법이 다른 까닭에 정해진 근본이 없는 것 같다 하였다.[15]

也 至誠未有不動者也 不誠未有能動者也."

14) 앞의 책, 卷2, 〈乞歸田里 第四疏〉: "自古人君不能得人而有爲者 患在無是
誠耳 今殿下旣有是誠 則何士之不可致 何賢之不可用乎."

15) 위의 책, 續集, 卷2, 〈登對思政殿啓辭〉: "聖賢傳心之法 雖有定本 而又若

이는 수기의 방법에 있어서 성현에 의해 전해 내려온 방법론의
문제를 거론한 것인데, 어떻게 보면 '정일집중'이나 '극기복례'처
럼 이미 정해진 움직일 수 없는 방법론이 있는 것 같고, 또 어떻
게 보면 사람마다 기질이 다르기 때문에 그 수기의 방법도 다
를 수밖에 없다는 인식하에 정해진 근본이 없는 것 같다고 한 것
이다.

그러면 구체적으로 마음과 기질을 다스려 수기에 이르는 방법
은 무엇일까? 그는 도처에서 '몸과 마음을 거두어 잡고', '정신을
보존하고 아끼며', '오로지 마음을 하나로 모아 안정할 것'을 강
조하고 있다.[16] 여기에서 '몸과 마음을 거두어 잡는다'든지, '정
신을 보존하고 아낀다'든지, '마음을 하나로 모아 안정한다'는 것
이 모두 경(敬)의 다른 표현에 지나지 않는다. 경은 '주일(主
一)',[17] '주일무적(主一無適)',[18] '주일불이(主一不二)'[19] 등으로 설
명되는데, 결국 마음이 외물에 따라 흩어짐 없이 오로지 하나로
모아짐을 의미한다.

여기에 대한 그의 설명을 구체적으로 검토해 보기로 하자. 그
에 의하면 임금의 가장 중요한 심법은 마땅히 몸과 마음을 거두
어 잡고, 정신을 보존하고 아끼며, 마음을 하나로 모아 안정하
여, 물욕이 이기는 바가 되지 않도록 하고, 지기(志氣)로 하여금
항상 맑게 하면 본원(本源)이 맑고 고요해지며 의리가 밝게 드러

無定本者焉 精一執中 克己復禮 定本之謂也 但人非上智 則於氣質上 執
無有餘不足之患 是以古之善學者 必須先察吾身病痛之所在 損其有餘 補
其不足 察病加藥 人人異法 故又若無定本矣."

16) 앞의 책, 卷2, 〈辛巳封事〉.
　　위의 책, 續集, 卷2, 〈擬登對啓辭草二條, 登對思政殿啓辭〉.
17) 《二程全書》, 卷27, 〈遺書 24〉: "主一者謂之敬 一者謂之誠 主則有意在."
18) 위의 책, 〈遺書 15〉: "所謂敬者 主一之謂 敬所謂一者無適之謂."
19) 金宏弼, 〈寒水戒〉.

날 것이라 하였다.[20] 그는 '정신을 보존하고 아끼며 마음을 하나로 모아 안정하면 뜻과 기운이 항상 맑아진다'는 설이야말로, 다만 마음을 기르는 큰 방법일 뿐 아니라 겸하여 기를 기르고 병을 고치는 중요한 일이요, 국가의 운명을 길이 연장케 하는 것도 모두 여기로부터 나온다 하고, 이는 실로 그 자신이 평생 생각해온 것이기 때문에 감히 말하게 된 것이라 하였다.[21]

또한 그는 이를 다음과 같이 설명하기도 하였다. 소위 '주일(主一)'은 오로지 이 병통을 다스리는 것인데, 소위 고요하게 하나를 주로 하면 다른 생각이 다시 일어나지 않게 되고, 움직임에 하나를 주로 하면 외물이 마음속에 침입할 수 없으니 이것이 바로 병통을 고치는 방법이다. 그러나 소위 '거경(居敬)', '주일(主一)'은 힘을 쓰는 방법인데, 《대학혹문》에 자세히 나타나 있다. 마땅히 여기에 의해 힘을 써서 동정을 관통해 중단됨이 없어야 한다. 또한 힘을 쓰는 데 너무 빨리 하거나 너무 천천히 하지도 말고, 잊거나 조장(助長)하지도 말며, 싫증이 나거나 구속을 받게 해서도 안 된다.[22] 이와 같이 '거경'은 움직일 때나 고요할 때나 일관해야 하며, 너무 빠르거나 느리지도 않고, 또 싫증이 나거나 구속을 받지 않도록 자연스러워야 한다.

그는 또 옛부터 성현의 마음 다스리는 방법이 달리 화평하고 편안한 방법이 있는 것이 아니라 하고, '계신공구(戒愼恐懼) 전전

---

20) 《牛溪先生續集》, 卷2, 〈擬登對啓辭草二條〉: "人君第一法 當收拾身心 保惜精神 專一凝定 不爲物欲所勝 令志氣常淸 則本源澄靜 義理昭著矣."

21) 위의 책, 〈登對思政殿啓辭〉: "其保惜精神 專一凝定 志氣常淸之說 非但爲養心之大法 兼亦是養氣養病切要之功 命哲歷年 皆有此出 此實小臣平生所服膺者 故敢達矣."

22) 위의 책, 卷5, 〈答韓瑩中書〉: "古人所謂主一者 專爲治此病而設 所謂靜而主於一 則客念不復作矣 動而主於一 則外誘不能奪者 正說治病之法也 雖然 所謂居敬主一 用力之方 大學或問詳之 當依此用力 使之通貫動靜 無有間斷 又知用力不疾不徐 勿忘勿助 毋令厭重 毋令拘迫."

긍긍(戰戰兢兢)'뿐이라 하였다. 대개 마음은 형상이 없으니, 마음을 간직하고 지키는 요령은 반드시 항상 놀라고 두려워함이 있도록 하는 것이니, 마치 혹 과실이 있을까 두려워하는 것과 같이 해야 그 마음을 보존하고 지킬 수 있다. 그러므로 마음을 간직하고 지키는 체단(體段)은 이것을 알 뿐 달리 뾰족한 방법이 있는 것이 아니다.[23]

이렇게 볼 때, 그의 수기방법은 여러 가지 다양한 용어로 설명되고 있지만, 그것은 '거경'으로 귀결된다. 앞에서 허심, 실심의 확립은 곧 성(誠)의 문제라 했는데, 그 성의 실천방법으로서 그는 경(敬)을 제시한 것이다. 즉, 성을 체로 하고 경을 용으로 한 수기론의 체계라고 정리해 볼 수 있다. 특히 그의 수기론에서 돋보이는 점은 그가 말로서만 수기를 강조한 것이 아니라 몸소 수기의 실천에 모범을 보였다는 점이다.

---

23) 앞의 책, 續集, 卷2, 〈登對宣政殿啓辭〉: "自古聖賢 言治心之法 非別有和平泰帖之法 而乃曰戒愼恐懼 戰戰兢兢云爾 盖以心無形象 持守之要 必常存警畏 猶恐或有過失 乃能保守闕心 故其持守體段 乃知此爾 非別有要妙之法也."

제3장 우계학파의 학문과 사상

제1절 중봉 조헌

1. 생애와 인품

조헌(趙憲, 1544~1592)은 16세기 조선조의 대표적인 성리학자이자 임진왜란을 맞아 왜군과 싸우다 장렬히 순국한 의병장이다. 그의 자는 여식(汝式), 호는 중봉(重峰) · 후율(後栗) · 도원(陶原)인데, 만년의 호인 '중봉'으로 많이 불린다. 특히 그가 호를 '후율(後栗)'이라 한 것은 율곡의 뒤를 잇겠다는 정신적 표현이다. 그는 1544년(중종 39년) 6월 28일 김포 감정리에서 부친 조응지(趙應祉)와 차씨 부인 사이에서 태어났다. 그의 가계를 보면 조부 조세우(趙世佑)는 조광조의 문인으로 충무위부사직(忠武衛副司直)을 역임하였고,[1] 부친 조응지는 성수침의 문하에서 수업하였다.[2] 이렇게 보면 그의 가학적 전통은 정몽주—길재—김숙자—김종직—김굉필—조광조로 이어 내려온 여말 절의파의 맥을 계승하고 있다. 이러한 맥락에서 조헌의 학맥이 율곡학파에 속하기도 하지만, 우계학맥에 포함시킬 수 있는 근거가 된다.

그는 5세 때 글을 읽고 있었는데, 고관의 행차가 위세를 떨치며 지나가자 같이 공부하던 아이들이 앞을 다투어 뛰어나가 구경을 하였는데, 그 홀로 오직 독서에 빠져 여념이 없었다. 이에 대관이 길을 멈추고 물으니, 말하기를 "저의 부친께서 항상 이르기를, 공부할 때는 한마음으로 힘을 다해 독서에만 힘쓰라고 하였습니다"라고 대답하였다. 이에 대관은 감탄하여 부친에게 말하기를, "우리 동방에 또 진유(眞儒)가 나왔으니 진심으로 축하하

---

1) 《重峰集》, 附錄, 卷1, 〈世德〉.
2) 위의 글.

오"하고, 경례(敬禮)를 극진히 하고 돌아갔다.[3] 이처럼 어려서
부터 그 기상이 비범하였던 것이다. 10세 때 어머니 차씨 부인이
세상을 떠나자 계모 김씨를 맞게 되었다. 그러나 계모는 성격이
무척 엄하고 갈수록 책망이 심하였으나, 그는 지극한 효성으로
일관하여 계모를 감복시켰다 한다.

그는 1555년 12세 때 학행으로 이름이 있던 김황(金滉)에게서
시서(詩書)를 배웠다. 김황의 호는 어촌(漁村)이며 임진왜란 때
의병을 일으킨 인물이다.[4] 조헌은 평소 독서를 좋아하여 침식을
잊고 독서에 전념하였다. 18세 때 영월 신씨를 부인으로 맞고,
20세 때 서울로 이사하였다. 돌아올 때 한강을 건너는데, 배가
강 한복판에서 큰 풍랑을 맞아 사람들이 모두 놀라 어쩔 줄 몰라
했으나 그 홀로 침착하고 태연하였다 한다. 마침 그의 옆에 있던
김후재(金厚載)가 그 까닭을 물으니, "인간의 살고 죽음은 천명이
정해져 있는데, 부질없이 날뛴다고 죽음을 피할 수 있겠는가?"
라고 대답하였다 한다. 이에 김후재는 그의 인품에 크게 감복하
여 재배를 하고 경의를 표했다고 한다.[5] 1565년 22세 때 그는 성
균관에 입학하였으며, 제생들과 함께 승려 보우(普雨)를 탄핵하
는 글을 올렸다.[6]

이듬해 23세 때 은성도호부(穩城都護府) 훈도에 임명되었고,
1567년 가을 감시(監試)에 합격하고, 11월 과거시험에 병과 제9
인으로 합격하였다. 25세 때 처음 정주목 교수에 임명되어 교육
에 힘쓴 지 3년 만에 그 고을의 사풍(士風)이 크게 변하였다.

그는 27세 때 파주목 교수가 된 후, 직접 우계를 찾아 그의 문
하에 들어갔다. 우계는 조헌의 학설을 듣고 스승 됨을 사양하고

---

3) 앞의 글, 先生 5歲條.
4) 위의 글, 先生 12歲條: "始受詩書于漁村金公."
5) 위의 글, 先生 20歲條.
6) 위의 글, 先生 22歲條.

124

외우(畏友)로 대하고자 하였으나 그는 끝까지 스승으로 대하
였다.[7]

　그 이듬해 홍주목 교수로 발탁되었는데, 이 때 토정(土亭) 이
지함(李之菡)을 찾아가 가르침을 청하면서 사제의 연을 맺었다.
이지함은 그와의 문답에서 그의 식견과 덕기(德器)를 보고 스스
로 가르칠 수 있는 사람이 아니라고 사양하고, 당시 학문이 고명
하고 행실이 모범적인 성혼, 이이, 송익필과 함께 조카 이산보
(李山甫)와 문인 서기(徐起) 등 다섯 사람을 사우(師友)로 추천하
였다.[8] 조헌은 이후 가끔 이지함을 찾아 민폐의 구제책과 경세의
대책에 대해 토론하였으며, 항상 자기를 생각해 주고 국사를 위
해 뜻을 같이 했던 스승을 잊지 못하였다. 그 당시 세상사람들이
조헌에 대해 잘 알지 못하여 우활(迂闊)하고 재주가 적고 쓸 만
한 것이 없다고 평할 때에도, 토정은 초야의 인재로서 쓸 만한
재주를 갖고 있는 사람은 중봉뿐이라고 하면서, 그의 우국충정을
높이 평가했다. 어느 날 그가 이지함과 함께 지리산에 간 적이
있었는데, 이지함의 모든 언행 일거일동이 탄복할 만하며 가르침
아닌 것이 없다고 술회하였다. 또한 이지함도 늘 말하기를 "사람
들은 중봉의 스승이 나인 줄 알지만, 중봉이 정말로 나의 스승인
것을 모르고 있다"고 하였다.[9] 이를 통해 우리는 조헌과 이지함

---

7) 앞의 글, 先生 27歲條: "移拜坡州牧教授 因請益於牛溪成先生 先生自定
　州移教坡州 仍請學於牛溪先生 牛溪叩其所學 稱以畏友 先生質問周易疑
　義 未幾解官辭歸 而所以事之者 有古人師弟之風焉 先生少牛溪九歲 牛溪
　固辭稱號 待以執友 而先生終未有以易也."
8) 위의 글, 先生 28歲條: "拜洪州牧教授 拜土亭李先生于海隅 先生聞土亭
　隱居海隅 徜徉不仕 乃修束脩之禮而請教 土亭叩其學 大驚曰 君之德器
　非吾可教之人也 吾黨中有李叔獻成浩原宋雲長三人 此皆學問高明 至行範
　世 吾從子李山甫 吾門生徐起 此皆忠信可仗 誠通金石 若與五人者長爲師
　友 則不患不到聖賢地位矣 先生自是師事牛栗 而於龜靑兩公必拜之."
9)《隱峰全書》, 卷10,〈師友鑑戒〉: "土亭每言人徒知汝式師我 不知汝式眞我

두 사람의 사제관계가 존경과 사랑 그리고 돈독한 신뢰로 맺어져 있음을 짐작할 수 있다.

이 때 조헌은 이지함의 권유에 따라 그해 가을 파주로 율곡을 찾아가 그의 문하를 자청하였다.[10] 그후 37세 때 해주 석담으로 율곡을 찾아가 강학하였다.[11] 이렇게 볼 때, 그는 이지함, 성혼, 이이를 스승으로 삼고 세 문하를 출입하였다고 볼 수 있다.

1572년(선조 5년) 6월, 절에 향을 하사하고 자수궁(慈壽宮) 성숙청(星宿廳)에 봉향하는 것을 반대하는 상소를 올렸다가 교서관(校書館) 정자(正字)로 삭직(削職)되었다. 이듬해 교서관 저작(著作)으로 승임되었으나, 다시 향실의 직무를 맡게 되자 공불지향(供佛之香)을 반대하는 상소를 거듭 올려 직언하기를 서슴지 않았다.[12] 이 때 왕이 진노하여 중죄로 다스리려 하였으나, 여러 대신들의 도움으로 벌을 면할 수 있었고 상소가 조정에 반영되었다. 이로 인해 그의 강직함과 직언이 세상에 알려지게 되었다.

1574년 5월, 그는 성절사(聖節使) 박희립(朴希立)의 질정관(質正官)으로 명나라에 갔다 11월에 돌아왔다. 돌아와 명나라의 문물에 관한 견문을 보고하는 〈시무8조소(時務八條疏)〉를 올렸다.[13] 이듬해 교서관 박사, 호조, 예조좌랑, 성균관 전적, 사헌부 감찰 등을 역임하였다. 이발(李潑)의 추천으로 삼사에도 천거되었으나 그의 고집이 동료들에게 용납되지 못해 그해 겨울 통진현감으로 전출되었다. 그는 그곳에서 선정에 힘써 백성을 사랑하고 스스로는 검소하여 묵은 폐단을 씻는데 온 힘을 다했다. 1577년 그의 나이 34세 때 겨울, 권세를 믿고 횡행하는 노비의 잘못을 법으로

師也."

10) 앞의 글: "秋 拜栗谷李先生于坡州 因遊松都."
11) 위의 글, 先生 37歲條.
12) 앞의 책, 附錄, 卷1, 〈年譜〉, 先生 29歲條, 30歲條.
13) 위의 글, 先生 31歲條.

126

다스리다 장살(杖殺)하니, 간사한 자의 무고로 형벌을 남용한다
는 탄핵을 받고 달포 동안 구속되어 부친의 상에도 참여치 못하
였다. 부친이 병석에 누워 있을 때 소고기를 먹고 싶어했지만 구
하지 못해 올릴 수 없었는데, 부친이 돌아간 후 그는 소고기만
보면 눈물을 흘리며 끝까지 소고기를 먹지 않았다. 1580년 37세
때 귀양에서 풀렸고, 이듬해 봄 공조좌랑에 다시 임용되고 곧 이
어 전라도 도사(都事)로 부임하였다. 이 때 연산조의 공안을 개
혁하고 율곡의 입장을 옹호하는 상소를 올렸다. 39세 때 임기가
끝나자 종묘서(宗廟署) 령(令)에 임명되었고, 그해 8월 계모의 봉
양을 위해 보은현감을 자청하였다. 그후 상소를 올려 노산군의
후사를 세우고 사육신의 절의를 현창할 것과 민간의 고통을 해결
하기 위한 시무책을 건의하였다.[14] 1583년 보은현감에 재임되었
는데, 그해 가을 이산보(李山甫)가 경차관(敬差官)으로 호서지방
의 민정을 살펴보고, 그의 치적이 충청좌도에서 제일임을 왕에게
보고하였다.[15] 그해 겨울 정언(正言) 송순(宋諄) 등이 사감을 품
고 그의 파직을 청하였으나, 왕이 "이와 같은 사람을 쉽게 얻을
수 없다" 하고 끝내 허락하지 않았다.[16] 1584년 율곡이 세상을
뜨자, 당시 삼사에서 동인세력들이 율곡과 가까웠던 인물들을 제
거하자, 그 역시 파직되어 옥천 안읍 밤티로 내려가 '후율정사(後
栗精舍)'를 짓고 교육에 전념하였다.[17] 이듬해 당론이 격심하여
정여립(鄭汝立)이 우계와 율곡을 모함하고 이발(李潑)이 이에 동
조하자 오랜 친구였던 이발과 절교하였다.[18]

1586년 선조의 특명으로 공주교수(公州教授)에 임명되었다. 10

14) 앞의 글, 先生 39歲條.
15) 위의 글, 先生 40歲條.
16) 위의 글.
17) 위의 글, 先生 41歲條.
18) 위의 글, 先生 42歲條.

월 당시 집권층이었던 이발(李潑), 김홍민(金弘敏), 윤탁연(尹卓然) 등 동인들이 우계와 율곡을 추죄(追罪)하려 하자, 만언소를 올려 변명, 구원하고 율곡을 배반한 정여립을 논척하였다.[19] 그 후에도 여러 차례 상소문을 올렸으나 모두 받아들여지지 않자, 문묘에 글을 지어 고별하고 옥천으로 돌아왔다.

그해 11월 풍신수길이 일본의 정권을 잡고 조선에 현소(玄蘇)를 보내 화친을 청하자, 조헌은 왜국의 사신을 끊어버릴 것을 주장하는 상소를 올렸지만 관찰사가 왕에게 올리지 않았다. 그해 12월 다시 상소를 들고 대궐에 나아가 왜국 사신의 척절(斥絶)을 주장하고 이산해의 잘못을 규탄하였다. 이에 왕이 진노하여 상소문을 태워버리니 다시 옥천으로 내려왔다.[20]

1589년 4월 도끼를 차고 상소하며 시정(時政)의 득실을 논하고 절박한 안보적 위기를 경고하였다. 이로 인해 함경도 길주로 유배되었다.[21] 그는 유배 중에도 여러 번 상소를 올려 왜의 외교적 술책에 속지 말 것과 간교한 왜적이 청한 통신사를 보내지 말 것을 주장하였다. 또한 이에 대한 대비책으로 유구 및 서양 제국의 여론을 환기시켜 왜적을 물리쳐야 한다는 견해를 밝히기도 하였다. 그해 10월 정여립의 모반사건이 일어나고 동인이 물러나게 되자, 호남유생들이 상소하여 정여립 사건에 대한 조헌의 선견지명을 칭송하므로 11월 4일 사면되었다. 돌아오는 길에 다시 왜와 절교하여 통신사를 보내지 말 것과 동인들을 비판하는 상소를 올리니, 선조는 '간귀(奸鬼)'로 폄하하고, "아직도 조정을 경멸하고 있으니 다시 마천령을 넘고 싶은 모양"이라고 말하면서, 그를 예조 정랑에 천거한 이조판서를 경질시켜 버렸다.[22]

---

19) 앞의 글, 先生 43歲條.

20) 위의 글, 先生 44歲條.

21) 위의 글, 先生 46歲條.

22) 위의 글, 先生 46歲條.

128

1591년 풍신수길이 현소를 보내 명나라를 칠 테니 길을 빌려
달라고 하자, 조정의 여론이 분분하였다. 그는 곧바로 서울로 올
라가 도끼를 지니고 대궐 앞에 엎드려 상소를 올렸다. 그는 이
상소에서 정탐 들어온 왜국 사신을 처단하고 국방을 튼튼히 하면
서 탐관오리들을 물리치고 명나라에 보고한 뒤 왜의 침략에 대비
하자고 하였으나 받아들여지지 않았다. 대궐 앞에서 3일 동안을
기다렸으나 비답이 없자, 그는 의기를 참지 못하고 스스로 주춧
돌에 이마를 받아 피를 흘리고, "내년에 산과 계곡으로 피난 갈
때 내 말을 생각하게 될 것"이라고 하였다. 그리고 그는 명나라
를 비롯하여 유구, 일본, 대마도 유민들에게 보내는 글과 왜국
사신을 목벨 죄목을 밝히고, 영남과 호남의 왜적을 막을 방비책
을 밝혔다. 그러나 이러한 그의 현실인식과 대안은 왕에게 전달
되지 않았고, 이에 실망한 그는 통곡하며 옥천으로 돌아왔다. 윤
3월에 문인 박락(朴輅), 전승업(全承業) 등과 만나 늦여름이나 가
을에 반드시 유구의 고변(告變)이 있을 것이고, 우리 나라에도
화가 미칠 것을 예언하고, 피로써 상소할 것을 부탁하며 눈물을
흘렸다. 4월에는 아들인 안도(安堵)를 시켜 평안도 관찰사 권징
(權徵)과 연안부사 신격(申恪)에게 글을 보내 성을 수리하여 대비
할 것을 권하였다. 그해 7월 영벽루(映碧樓)에 올라 저녁 붉은 기
운이 동쪽에서 일어나 비치는 것을 보고 풍신수길이 내년에 크게
침입할 것임을 예언하고, 다음 날 관찰사 이광(李洸) 등에게 방
어의 계책을 세우도록 하였으나 관찰사는 장계를 올리지도 않았
다. 그해 겨울 대둔산에 들어가 네 명의 스님과 식사하면서, "명
년에는 반드시 왜란이 있을 것이며, 나는 마땅히 의병을 일으킬
것이니, 오늘 이 밥을 같이 먹은 자는 같이 와서 거사하여야만
한다"고 하며 참여할 것을 권고하였다.[23]

---

23) 앞의 글, 先生 48歲條.

1592년 2월 부인 신씨가 죽었는데, 아들 완기(完基)가 김포로 반장(返葬)하려 하자, 그는 곧 변란이 있을 것이므로 이곳에 두는 것이 낫다고 만류하였다. 3월 김포의 선영을 찾아 변란이 일어나 영원히 물러간다는 뜻의 제문을 지어 조상에게 인사하였다. 4월 20일 부인을 장례 지내면서 함께 죽지 못함을 애석해하는 시를 읊고, 하늘에서 큰 소리가 나니, 왜장이 바다를 건너고 있음을 알리는 하늘의 경고로 해석하고 호상하던 친구에게 피난 준비를 권고하였으며, 어머니를 옥천에서 청주 선유동으로 피난시키기도 하였다. 5월 3일 청주에서 격문을 띄우고 문인 이우(李瑀), 이봉(李逢), 김경백(金敬伯) 등과 제1차 의병을 일으켰으나 실패하였다. 6월 초 옥천에서 김절(金節), 김륜(金䈞), 박충검(朴忠儉) 등의 문인과 향병 수백 명으로 제2차 의병을 일으켜 보은의 차령에서 왜군을 만나 물리치니, 이후 왜군은 이 길로 다니지 못하였다. 6월 12일 전승업(全承業) 등의 문인과 호남, 영남 등에 봉기를 촉구하는 격문을 띄우고, 관찰사 윤선각의 지원하에 다시 제3차 의병을 모집하니 1천여 명이나 모였다. 그러나 관군과의 갈등과 이미 옥천이 왜군의 세력권에 들어가게 되자 의병들이 흩어졌다. 6월 말경 다시 호우(湖右)로 가서 제4차 의병을 모집하였는데, 전 참봉 이광륜(李光輪), 정민수(鄭民秀), 김향진(金亨進), 양철(梁鐵), 김결(金潔), 한응성(韓應聖), 장덕개(張德盖), 신난수(申蘭秀) 등이 적극 협력하여 의병수가 1,600여 명에 이르렀다. 그는 부대를 나누어 정산, 온양 등의 지역을 순무하였다. 그는 호서의병장으로 엄정하게 군기를 확립하고, 사졸들을 덕망과 지성으로 이끄니 모두 마음으로 감복하였다. 7월 4일 그는 웅진에서 적을 토벌하기 위한 제사를 지내고, 이튿날 군사들과 왜적의 토벌에 임하는 지표로서 맹세문을 낭독하였다. 이 때 왜병은 청주를 점령하고 호우지방으로 진격하려 하자, 중봉의 의병부대는 청주로 진군하였다. 8월 1일 정산, 온양, 홍주, 회덕을 거쳐

청주로 진군하여 영규대사(靈圭大師)의 승군과 합세하여 청주성
을 수복하였다. 왜군을 격파한 뒤 그는 승전보와 함께 전라도 의
병장인 고경명(高敬命)을 구원하지 않아 그들을 패사(敗死)케 한
이광(李洸), 곽영(郭嶸) 등 군관장을 참형에 처해야 한다는 상소
를 지어 아들 완도와 문인 전승업을 시켜 행재소로 보낸 뒤, 다
시 격문을 띄워 왜의 포로와 왜승 현소 등을 통유(通諭)하였다.
그후 전라도로 향하는 왜적을 막기 위해 금산으로 향하였는데,
충청도 순찰사 윤국형(尹國馨)과의 의견대립과 전공을 시기하는
관군의 방해로 대부분의 의병이 흩어지고 700여 명의 의병만이
남게 되었다. 8월 16일 그는 의병을 이끌고 청주를 떠나 영규대
사의 승군과 합세하여 금산 10리까지 진군하였다. 8월 18일 왜군
은 의병의 후속부대가 없음을 알고 세 부대로 나누어 교대로 공
격하여 왔다. 왜적이 장막 안까지 쳐들어오니 막하에 있는 부장
들이 중봉에게 빠져나갈 것을 청하였다. 그러나 그는 웃으면서
말안장을 풀고, "이곳이 내가 순절할 땅이다. 장부는 죽음이 있
을 뿐, 난에 임하여 구차하게 이를 모면해서는 안 된다"고 하면
서 북을 울리며 싸움을 독려하였다. 이에 700 의병들은 수적 열
세에다 화살까지 떨어지자 맨주먹으로 최후까지 싸우다 모두 순
절하였다. 그의 큰아들 완기는 용모가 잘생기고 성품과 도량이
넓었는데, 아버지를 따라 이 전쟁에 참여하여 옷을 화려하게 입
어 적이 중봉으로 잘못 알도록 유도하다가 함께 순절하였다. 싸
움이 끝난 다음 날 그의 아우 조범이 장수와 병사들이 둥글게 모
여서 서로 베고 죽은 자리에서 선생의 시신을 거두어 옥천에 돌
아와 빈소를 차렸는데, 4일 동안이나 그의 얼굴빛이 산 사람과
같았다고 한다.[24]

그는 1604년 선무원종공신(宣武原從功臣) 일등으로 공신록에

---

24) 앞의 글, 先生 49歲條.

오르고, 이조판서 등에 추증되었으며, 1649년 '문열(文烈)'의 시
호를 받았다. 1754년 영의정으로 추서되었고, 1883년(고종 20년)
에는 문묘에 배향되었다. 그의 저술로는《중봉집(重峰集)》과《중
봉동환봉사(重峰東還封事)》등이 있다.

2. 의리와 실학의 학풍

앞에서 살펴본 바와 같이 조헌의 생애는 의리적 실천으로 일관
하면서도 실학적 학풍을 지니고 있다는 데 특징이 있다. 그는 단
순히 이론으로만 정의와 진리를 말했던 관념적 지식인이 아니었
다. 그는 일찍이 12세 때 훗날 임진왜란을 당해 의병을 일으켰던
김황에게서 배웠고, 이후 이지함, 성혼, 이이를 스승으로 삼아
그들의 문하를 출입하며 학문을 배웠다. 그는 〈후율정사상량문
(後栗精舍上樑文)〉에서 "정암(靜菴)의 충효와 퇴도(退陶)의 학이
한 줄기 밝게 석담에 있도다"[25]라고 하여, 율곡의 학문적 위치와
자신의 입장을 분명히 밝히고 있다. 이는 또 그의 호를 '후율(後
栗)'이라고 한데서도 잘 알 수 있다. 그의 의리적 학풍은 멀리 정
몽주—길재—김숙자—김종직—김굉필—조광조로 이어지는
절의파의 학맥과 깊은 관련이 있다. 왜냐하면 그의 조부 조세우
가 조광조의 문인이었으며, 그의 부친 조응지가 바로 성수침의
문인이었기 때문이다. 결국 조헌의 가학적 연원이 여말 포은, 야
은의 의리 학맥에 닿아 있고, 또 15세기 도학의 학맥에 직접 연
결되어 있는 것이다. 더욱이 조헌은 정암, 율곡, 우계, 토정을 존
숭하였는데, 이들 모두가 도학적 모범으로 일컬어지고 있거니와,
이들 모두가 투철한 역사의식을 갖고 경세제민의 탁월한 대책을
지녔던 경륜가였기 때문이다. 조광조는 그 자신이 도학적 지치

---

25)《重峰集》, 卷13, 〈後栗精舍上樑文〉: "靜菴忠孝 退陶學 一脈昭昭在石潭."

132

(至治)를 실현하려다 희생되었고, 율곡은 조광조를 가장 존숭하면서 의리와 경세를 아울러 갖춘 진유(眞儒)였다. 또 우계 역시 도학과 경세를 겸비하였고, 이지함은 비록 재야에 머물면서도 시무(時務)와 경세에 탁월한 식견을 지녔던 것이다. 그러므로 어느 일면에서는 조헌을 조선후기 실학의 선구자로 일컫고 있으며,[26] 북학파 실학의 연원이 또한 조헌에 있다고까지 말하고 있다.[27] 북학파 실학의 대표적 인물인 초정(楚亭) 박제가(朴齊家)는《북학의(北學議)》자서(自序)에서 "나는 어렸을 때 최고운(崔孤雲)과 조중봉(趙重峰)의 사람됨을 사모하여, 비록 시대는 다르지만 한번 말채찍을 잡아 그분들의 뒤를 따르고 싶은 소원이 있었다"라고 술회하였고, "중봉은 질정관으로 연경에 다녀왔는데, 그는 〈동환봉사〉에서 지성스럽게도 남을 보면 나를 돌아보고, 선을 보면 그와 같이 할 것을 생각하였으며, 중화의 제도로써 오랑캐의 풍습을 변동시키고자 애쓰지 않음이 없었다"고 기술하였다.[28] 그리고 유형원의《반계수록(磻溪隨錄)》에도 율곡 다음으로 조헌의 경세책과 개혁론이 인용되고 있어, 조선후기 실학사상의 형성에 크게 영향을 미치고 있음을 알 수 있다.[29] 이렇게 볼 때, 조헌의 학풍은 일면 의리적 특성을 갖지만, 또 다른 면에서는 실학적 학풍을 지니고 있다.

　이와 관련하여 그의 학문적 특성의 하나가 바로 실천적 학풍에 있다는 점이다.[30] 그것은 많은 사람들이 그의 인품과 학풍을 일

---

26) 김용덕,《조선후기사상사연구》, 을유문화사, 1987, 557면.

27) 강재언,《근대한국사상사연구》, 미래사, 1986, 17면.

28) 朴齊家,《貞蕤閣集》, 卷1,〈北學議自序〉.

29) 이동준,〈16세기 한국성리학파의 역사의식에 관한 연구〉, 성균관대학교대학원(박사논문), 1975, 222면.

30) 위의 글, 228면.
　　오석원,〈문열공 중봉 조헌〉,《동국 18현》, 하, 율곡사상연구원, 1999, 210면.

컬어 천리(踐履)를 위주로 하였다 하고,[31] 또 학문은 실천을 기약
하였다[32]고 한데서도 알 수 있다. 조헌은 어려서부터 몸소 소를
몰아 밭갈이를 하였으며, 땔나무를 하여 부모의 방에 손수 지피
기까지 하였다. 3년간 부평의 유배생활에서도 몸소 밭을 갈며 독
서하여 실제로 노동을 몸에 익혔다.[33]

그런데 그의 학문에 대한 열정과 실천 궁행의 자세는 유별났던
것으로 보인다. 그는 밭갈이를 하면서도 쉬는 사이에 글을 읽었
고, 일을 하러 나가면 먼저 책을 올려 놓을 받침을 가설(架設)하
였으며, 아궁이에 불을 지피고 나면 재 속에서 불을 골라 빛을
밝혀 글을 읽다 꺼진 다음에 그만두곤 하였다. 과거를 보아 벼슬
길에 나선 다음에도 손에서 책을 놓지 않았으며, 중국에 다녀올
때 달리는 수레 속에서도 독서를 그치지 않았다고 한다. 여행을
하면 말에다 관솔을 가지고 다니며 불을 밝혀 글을 읽었고, 함경
도 길주로 귀양갔을 때 전염병이 돌아 약을 쓰고 구해 주느라 진
력하는 중 사방에 시체가 둘러쌓인 가운데서도 독서를 그치지 않
았다.[34]

그는 밤이면 《중용》과 《대학》을, 그리고 굴원(屈原)의 〈이소경
(離騷經)〉과 제갈량(諸葛亮)의 〈출사표(出師表)〉를 암송하다가 때
로는 강개(慷慨)하여 아침이 되도록 밤을 밝히곤 하였다. 특히
율곡과 우계 두 스승에게서 《주역》을 받은 다음에는 문을 닫고
침잠하여 우러러 생각하고 굽혀 다시 읽으니, 미래를 예측하는
일에도 통철(通徹)하였다고 한다.[35]

---

31) 《隱峰全書》, 卷38, 〈重峰先生遺事〉: "先生少力學自立 專以踐履爲主."
32) 위의 책, 〈抗義新編〉, 趙參判一軍殉義碑(尹根壽 撰): "趙公 學期實踐 含
   忠履貞."
33) 《重峰遺事》, 〈重峰年譜〉 참조.
34) 《重峰集》, 附錄, 卷4, 〈遺事〉.
35) 〈重峰行狀〉 참조.

조헌은 여러 곳에서 '평생 독서한 힘'이란 말을 많이 사용하였다.[36] 이는 그의 학문이 단지 글을 읽고 해석함에 있는 것이 아니라, 지식을 활용하여 자신의 삶과 국가사회에 실제로 적용되고 이익이 되어야 함을 의미한 것이다. 즉, 실용적인 학문관을 보여주는 것이다.

3. 의리정신

조헌은 성리학의 이론적 탐구에는 관심이 별로 없었던 것으로 보인다. 그의 문집을 통해서 볼 때 체계적인 성리학적 저술이 보이지 않기 때문이다. 앞에서 지적했듯이 그는 의리의 실천과 경세의 실현이야말로 진정한 학문의 길이라고 생각하였다. 진정한 도학은 의리를 겸한다. 도학은 사실판단으로서의 객관적 진리와 가치판단으로서의 규범적 지식을 올바르게 인식하여 참된 인격을 연마하고 사회에 정도(正道)를 구현하려는 실천적 사상이다. 인간의 구체적 현실에서 정의와 정도를 구현하려는 의리사상은, 대내적으로는 사회의 비리와 부정을 비판하여 인간의 존엄성과 사회정의를 구현하고, 대외적으로는 외세의 부당한 침략과 무도한 패도에 항거하여 민족을 수호하고 국난을 극복하려는 강인한 저항정신이 담겨 있다.[37]

조헌은 임진왜란으로 민족과 국가가 위기에 처하자 의병을 일으켜 싸웠다. 그는 4차에 걸쳐 의병을 모집하였고, 금산전투에서 700여 명의 의병들과 함께 장렬하게 최후를 마쳤다.

그런데 그의 의리정신은 춘추정신에 그 근거를 두고 있다.[38] 조헌에 의하면 이웃 나라간에 사귐이 필요 없다는 것이 아니며,

---

36) 이동준, 앞의 글, 225면.
37) 오석원, 앞의 글, 219면.
38) 이동준, 앞의 글, 241~249면 참조.

또 고루하게 쇄국을 말함도 아니다. 다만 이웃 나라와 선린을 도
모해야 한다는 것이다. 그는 "교린지도(交隣之道)는 종시 신의로
서 하는 것이 옳다"[39]고 하였다. 그렇지만 일본은 본래 반복하기
를 잘하고 신의가 없는 나라라고 규정하였다.[40] 그리고 그는 만
약 저들이 거칠고 고루함을 면하기 위하여 사절과 물건을 보내어
빙례(聘禮)로써 구해 온다면, 우리는 성자(聖者)의 가르침을 전해
줄 따름이니,[41] 문명된 도로써 그 야만됨을 변화시켜야만 할 것
이라고 하였다.[42]

조헌은 또 나라의 승부지세(勝負之勢)는 한갓 군사력의 강약에
있는 것이 아니라 하고, 한때의 성세(盛勢)는 그것이 기본이 서
있지 못할 때 쉽게 무너질 수 있는 것임을 역사적 예를 들어 설
명하였다. 따라서 저들이 재삼 통신사를 무리하게 요청해 올 때
그 죄를 들어 사신을 목베어 단호하게 조치해야 한다고 하였
다.[43] 아울러 우리의 문명한 도를 가지고 저들의 야만성을 바로
잡아 주어야 할 것이며, 우리의 임금을 친애하고 어른을 위하여
죽을 수 있는 백성을 데리고 저들의 다스려지지 않고 임금이 없
는 무리들을 두들겨 주어야 한다 하였다.[44] 이와 같이 조헌은 인
의(仁義)의 가치를 기초로 한 춘추의리에 입각하여 왜의 무례를
꾸짖고 단호하게 대처해야 한다고 보았다.

그러므로 그는 금산전투가 시작되기 전날 승장 영규대사가 비
가 쏟아져 진지를 구축하기 힘드니 내일로 결전을 미루자고 했을

---

39) 《隱峰全書》, 卷38, 〈抗義新編〉, 擬斬賊使玄蘇罪目.
40) 위의 글, 〈請絶倭使 第二封事〉.
41) 위의 글, 〈請絶倭使 第三封事〉: "如以荒僻孤陋爲悶 則時遣渠使薄物 修
    聘求之我國者 箕範孔敎之傳而已 則用夏變夷……"
42) 위의 글, 〈請絶倭使 第一封事〉: "明吾華夏之道 格彼蠻髦之性."
43) 위의 글, 〈請絶倭使 第三封事〉.
44) 위의 글, 〈請絶倭使 第一封事〉.

136

때, "이 적들은 본래 나의 적이 아니며, 내가 구구하게 속전을 하려는 것은 오직 충의(忠義)의 격정으로 사기를 높이고자 하기 때문이다"라고 하였다. 여기에서 우리는 조헌의 전쟁의 의리가 결코 개인적 감정이나 이해에 있는 것이 아니라 충의의 높은 가치를 지향하고 있음을 알 수 있다. 더욱이 그는 마지막 죽음을 앞에 놓고 "오늘은 오직 한번 죽음이 있을 뿐이다. 죽고 살며 나아가고 물러감에 있어 '의(義)'라는 글자에 부끄러움이 없게 하라"고 하였으니, 여기에서 그의 사생관이 오직 '의'에 있음을 분명히 알 수 있다. 의에 부끄럼이 없는 삶, 의에 부끄럼이 없는 죽음, 의에 떳떳한 행동이 그의 가치관이요 철학이었다. 무엇보다 말과 글로서만 의를 외친 것이 아니라, 몸소 의에 맞게 살다 간 그의 실천적 의리정신은 한국유학사에서 하나의 모범이 되고 있다.

안방준은 조헌을 가리켜 "중봉은 일개 절의를 지킨 선비에만 그치는 것이 아니라, 그의 학문과 조행(操行)을 살펴보면 실로 우리 동방 수천 년 사이에 없었던 진유(眞儒)입니다"[45]라고 흠모하였다. 그리고 조헌의 자품(資稟)과 조예(造詣)는 비록 정암과 율곡에 미치지 못한 듯하나, 식견이 높고 밝은 것이나 정책을 시행하는 말과 계책은 정암과 율곡이 모두 중봉의 섬세하고 완전하게 갖춘 것보다 못하다고 평가하였다. 그러므로 자신이 편찬한 〈동환봉사〉나 〈항의신편(抗義新編)〉을 마땅히 자세히 살펴보라하고, 기자(箕子)가 조선에 봉해진 이후 최초의 진유(眞儒)가 바로 조헌이라 평가하였다.[46]

---

45) 앞의 책, 卷3, 〈與北渚金相公〉: "夫重峰不止爲一段節義之士 考其學問操行 實吾東方數千載間所未有之眞儒也."

46) 위의 책, 卷10, 〈牛山答問〉: "重峰之資稟造詣 雖似未及於靜栗而見識之高明 設施之言計 靜栗皆不如重峰之纖悉備具 愚所撰東還封事 抗義新編 君宜仔細去看 若重峰 實箕封以來 數千載間所未有之眞儒也."

제2절 팔송 윤황

1. 생애와 인품

윤황(尹煌, 1571~1639)은 우계학파에서 매우 중요한 위치에 있다. 그것은 그가 우계의 사위로서 우계학통의 적통을 계승하였기 때문이다. 창녕 성씨의 가학적 전통으로 이어 온 우계학풍이 윤황을 통해 파평 윤씨의 가학으로 계승되었다. 윤황은 그의 아들 윤선거에게 전해 주었고, 이는 다시 손자인 윤증을 통해 계승되어 이른바 소론파 유학을 정립하게 된다. 결국 우계학파는 정파로서의 소론과 밀접한 연관을 갖게 되어 학파가 곧 정파가 되는 국면을 맞게 되는 것이다. 이제 윤황의 생애와 학문에 대해 검토해 보기로 하자. 그런데 윤황은 많은 저술을 남기지 않아 그의 사상적 면모를 아는 데 한계가 있다.

윤황의 자는 덕요(德耀), 호는 팔송(八松)이다. 참판공 윤창세(尹昌世)의 둘째 아들이요 성혼의 사위로 서울에서 태어났다. 그는 어려서부터 뛰어다니며 노는 것을 기뻐하지 아니하고, 살피고 감독함을 기대하지 않고 스스로 책을 읽었다. 그러므로 모친이 말하기를 "나의 뜻에 거스른 바가 없고, 내 말을 어긴 바가 없어서 한 가지 일도 나에게 근심을 끼친 적이 없으니, 내 이 애야말로 참으로 효자이다"라고 칭찬하였다.[1] 점점 자라면서 학업에 나아가 닦으니 명성이 자자하였다. 그 때 우계가 깊은 학문과 아름다운 덕으로 세상의 유종(儒宗)이 되었는데, 그 문하에 나아가

---

1) 《宋子大全》, 卷209, 〈八松尹公行狀〉: "自幼不喜走弄 不待課督而能自讀書 慶夫人嘗曰 於吾意無所拂 於言無所忤 而無一事以貽吾憂 是子也眞孝矣哉."

공부하였고 그의 사위가 되어 아침 저녁으로 배우니 얻은 바가 날로 더욱 많았다.[2] 1597년 문과에 급제하여 승문원(承文院) 권지정자(權知正字)에 임명되어 관직에 나아갔다. 1601년 성균전적(成均典籍)으로 승진하였고, 이후 사헌부 감찰 , 사간원 정언, 병조좌랑, 예조좌랑, 형조좌랑을 거쳐 봉상시정(奉常寺正), 군기감정(軍器監正), 수원부판관(水原府判官) 등 여러 관직을 지냈다. 또 1604년 북청판관을 거쳐 영광군수를 역임하기도 하였다. 1616년 대북파(大北派)로부터 탄핵을 받아 관직에서 물러나 니산(尼山)에서 칩거생활을 하였다. 그후 1623년 인조반정이 끝난 후 서인계가 정권을 잡자, 청렴한 관리로 인정받아 복직되어 사헌부 장령, 대사간, 동부승지, 이조참의 등을 두루 역임하였다.

1624년 이괄의 난이 발발하자 그는 종사관이 되어 인조의 공주 피난길을 도왔다. 이 때 어영사(御營使)로서 반란군 진압의 책임을 맡았던 이귀(李貴)가 싸워 볼 생각도 하지 않고 돌아와 부장(副將)이었던 한교(韓嶠), 박효립(朴孝立) 등에게 책임을 전가하려 하였다. 이귀는 반정 공신으로서 왕의 두터운 신임을 받고 있었기 때문에 아무도 감히 말하지 못하는 상황에서, 윤황은 이귀의 책임을 추궁하고 그의 처벌을 강력히 주장하여 왕은 물론 주위의 신하들을 놀라게 하였다.[3]

1626년 그는 세자 시강원보덕(侍講院輔德)으로 세자에게 "독서에 익숙하지 못하면 의리를 밝히기가 어렵고, 길이 나아갈 기약이 없다"고 훈계하니,[4] 세자가 이에 감동하여 학문에 더욱 정진하였다. 1627년 정묘호란이 일어나고 다시 1636년 병자호란이

---

2) 앞의 글: "稍長 學業修進 聲譽藹蔚 時牛溪成先生 以邃學懿德 爲世儒宗 登公于門 歸以其子 公旣處甥館 朝夕攓染 所得日益多."

3) 위의 글 참조.

4) 위의 글: "且從容進戒曰 讀書不熟 則義理難明 而無長進之期矣 世子甚嚴 憚之 課誦倍熟……"

일어나자, 윤황은 척화의리를 강력히 주장하였다. 이듬해 척화신(斥和臣)으로 김상헌(金尙憲), 정온(鄭蘊) 등이 청나라 군영으로 잡혀가게 되었다. 이 때 윤황은 몸이 아파 누워 있었고, 아들 윤문거(尹文擧)는 이를 알리지 않았다. 뒤늦게 이 사실을 안 윤황은 자신이 대신 잡혀갈 것을 요청하는 상소를 올렸다. 윤황의 상소는 받아들여지지 않았고, 상소문의 내용이 문제되어 영동으로 유배되었다가 고향인 노성 병사리로 돌아왔다.

그는 정치적으로 당시 훈구 대신들의 수구적 행태를 극력 비판하였다. 그리고 청의 침략에 대해 도주와 화의만을 일삼고 효율적인 대비책 하나 세우지 못하는 무능한 집권층에 대해 신랄하게 비판하였다. 호란이 끝나자 그는 국가의 재건을 위해 백성의 입장에서 '족병(足兵), 족식(足食)'을 위한 경세대안을 제시하기도 하였다.

고향에 돌아온 그는 "나는 선조들의 묘소나 지키다가 거기서 죽겠다" 하고,[5] 이후 문안을 사절하고 시국에 대한 관심을 끊었다.

그는 유배에서 풀려나 노성에서 은거 중 68세를 일기로 세상을 떠났다. 그의 행장은 송시열이 썼고, 묘지명은 김상헌이 지었으며, 묘표는 유계(兪棨)가 지었다. 그후 그는 1710년 영의정에 추증되었고, 이듬해에는 문정공(文正公)의 시호를 받았다. 그리고 그의 학덕을 기리기 위해 노성의 노강(魯岡)서원, 전주의 반곡서원, 영동의 초강(草江)서원, 영광의 용계사(龍溪祠)에 제향되었다. 그의 저서로는 〈팔송봉사(八松封事)〉가 있지만 체계적인 저술이 없어 그의 철학사상을 이해하는 데는 한계가 있다. 윤황은 훈거(勛擧), 순거(舜擧: 백부 尹燧에게 입양), 상거(商擧), 문거(文

---

5) 앞의 글: "戊寅八月 始歸尼山 謂家人曰 今我當守死於先壟之側 遂就墳菴 以居焉."

擧), 선거(宣擧), 민거(民擧), 경거(耕擧), 시거(時擧)의 8형제를
두었는데, 당대 호서유학의 중심적 인물로 크게 활약하였다.

2. 유훈과 가훈의 검약정신

윤황은 세 편의 가훈을 통해 자식들에게 정신적 가르침을 주고
있다. 그는 1637년 귀양길에 서울 동작진에서 아들에게 다음과
같은 훈계를 주었다.

금번의 갑작스런 참화는 사녀(土女)들의 사치 아님이 없다. 너희들
은 이 구습(舊習)을 깨끗이 씻어 사치를 버리고 검소를 좋아야 한다.
의복은 몸만 가리면 되고, 먹는 것은 배만 채우면 되니, 비단옷만을
몸에 걸치려 하지 말고, 맛있는 음식만을 먹으려 하지 말고, 주색을
좇지 말라. 집안에서는 효성스럽고 우애가 있어야 하고, 조정에 나아
가서는 충직하여 가문의 명예를 떨어뜨리지 않기를 구구히 바란다.
남자와 여자의 비단옷은 모아서 불살라 버려라. 고치고자 않는 자는
집안에서 쫓아내라.

사족(土族)이 빈둥거리고 노는 버릇은 실로 패가의 병폐이니, 이
대란을 당해서 결코 폐습을 밟지 말고 지금부터 남녀가 각각 그 업을
닦아, 혹 농사를 짓거나 혹 장사를 하거나 혹 베를 짜면서 노복과 일
을 나누어 생업에 힘쓸 것이며, 공부하는 사람은 아침에 나가 일하고
저녁에 돌아와 책을 읽도록 하여라.

무릇 혼인의 의복은 한 벌이면 족하니, 남자는 명주를 쓰지 말고
여자는 비단을 쓰지 말라. 납채는 단지 검은 비단이나 명주나 무명으
로 된 각 한 벌로 족하다. 또 초례상에는 과일 다섯 그릇 이상은 놓지
말고, 금이나 은그릇을 쓰지 말고, 좋은 가마나 주옥, 비취의 목걸이
나 금, 주옥, 고운 비단 등도 쓰지 말 것이다. 무릇 상사에는 염습 외
에는 관을 채울 때 의복을 쓰지 말고, 기름종이 천막을 쓰지 말고 칠
하지 말고, 채색된 비단으로 위를 단장하지 말고, 운반할 때에는 담
지(擔持)를 쓰지 말고 수레에 싣도록 하여라.

나는 먼 귀양지에서 반드시 죽을 것 같으니, 너희들은 상여를 쓰지 말고 말가죽에 싸거나 얇은 널판에 넣어 두 필의 말에 싣고 돌아와 선묘(先墓)의 옆에 묻는 것이 좋겠다. 만약 풍수설에 구애되어 내 말을 듣지 않는다면 내 자식이 아니다.[6]

이와 같이 그는 당시 호란의 한 원인이 양반가 부녀자들의 호화스런 사치에 있다고 보고, 자녀들에게 잘못된 풍습을 통절이 끊고 근검절약을 힘써야 한다고 강조하였다. 모든 비단옷을 태워 버리라 하고, 만약 이처럼 개혁하고자 하는 마음이 없는 사람은 가문에서 쫓아내라고 극언하였다.

또한 그는 가정에서는 효성과 우애를 지키고, 벼슬길에 나아가서는 충성과 정직을 다하여 가문의 영예를 더럽혀서는 안 된다고 훈계하였다. 이는 유교의 전통적인 효제충신을 강조한 것으로, 자녀들에게 이를 마음에 새겨 실천할 것을 말한 것이다.

또한 공부한답시고 빈둥빈둥 노는 것이야말로 패가망신의 병폐라 지적하고, 무슨 일이든 생업에 충실하여 낮에는 일하고 저녁에는 공부해야 한다 하였다. 여기에서 그가 이른바 선비계층에게도 신분을 떠나 노복들과 함께 생업에 종사하라고 한 것은 시

---

6) 〈戒諸子書〉: "今次 不測之禍 無非士女 奢侈之致 汝等 痛洗舊習 去侈從
儉 衣服敝體 食取充腹 紬絹錦段 絶勿掛身 珍饌厚味 絶勿入口 毋縱酒
毋好色 居家孝友 立朝忠直 不墜家聲 區區之望也 男子之紬衣 婦女之錦
衣 取而焚之 不改者 斥黜之 士族 遊惰之習 實是敗家之痛弊 當此大亂之
餘 決不可仍踵弊習 自今以後 男女各修其業 或農或商或紡或績 服勞食力
與奴僕分功 欲做儒業者 亦可朝出耕夜歸讀也 凡婚姻衣服 無過一襲 男不
用紬 女不用錦 納采只用玄纁各一 或紬或錦 盤果毋過 五器 勿用金銀器
勿用屋轎 勿用朱翠 首飾 勿用金珠文錦 凡喪事 襲殮之外 實棺 勿用衣服
勿用油芚 勿用添 勿用綵錦上粧 勿用擔持 載以牛車 余令遠謫 必將死於
配所 汝等 勿用喪擧 裹以皮革 或用薄板 載以兩馬 歸葬先墓之側可也 若
於拘風水之說不用我言 則非人子也." (윤정중, 《파평윤씨 노종오방파의 유
서와 전통》, 선문인쇄사, 1999, 85～86면 참조)

142

대를 뛰어넘는 신선한 사고라고 볼 수 있고, 이는 후기 실학자들의 사고와 일치하는 것이다.

끝으로 그는 혼례와 상례에서의 검소한 생활을 자상하게 설명하고, 풍수지리설에 현혹되어 자신의 유훈을 지키지 않는다면 내 자식이 아니라고 극언하였다.

그는 또 1637년 금산에 머물 때 다시 유훈을 남겼으니 그 내용을 보기로 하자.

애비는 몸이 쇠약하여 병이 날로 심해지니, 머지않아 죽을 것 같다. 죽거든 고향의 산에 장사지내고, 절대로 새로 점을 쳐서 복받을 자리라는 곳을 찾지 말고, 석물은 세우지 말라. 혹 재력이 있거든 단지 작은 비에 '아무개의 묘'라고만 써서 세우는 것이 좋겠다. 관은 바깥 관은 쓰지 말며, 제수는 난리 직후 조상 산소에 지내던 것같이 매우 간략하게 할 것이며, 특히 유밀과는 쓰지 말라. 너희들이 이 훈계를 따르지 않는다면 나는 죽어서도 눈을 감지 못할 것이다.

나는 임금에게 죄를 얻어 귀양 와 있는 몸이므로 두터운 관은 좋지 않으니 얇은 널판으로 하고, 염습은 평소 입은 옷 한 벌로 하여 비단옷을 쓰지 말며, 관을 채우는데는 의복으로 하지 말고 솜으로 하고, 아직 복관(復官)되지 않았으니 또한 쓸 수 없는 것이다. 먼 곳에서 죽게 되니 발인에는 담지(擔持)를 쓰지 말고 우마로 실어 돌아감이 좋을 것이다. 너의 어머니가 후일 죽더라도 또한 마땅히 일체로 시행하는데 천만 삼가 할지어다.[7]

이와 같이 윤황은 자신의 죽음에 대비하여 장지는 노성의 병사

<hr>

7) 앞의 글: "父衰病日甚 去死不遠 死則葬於故山之內 切勿新卜 以爲徵福之地 勿立石物 如有財力 則只樹短碣 書某人之墓可也 有棺無槨 祭祀之需 極其簡略 饌品一依 亂後先祀之例 勿用油密果 汝等不遵此訓 則吾將死不瞑目矣 吾得罪君父 逆終之事 不宜從厚棺 用薄板 殮襲各用 常服一襲 勿用錦段 實棺以綿 勿用衣服 末有復官之命 則冠帶亦不可用也 死於遠地 則發靷 勿用擔持 以牛馬載還可也 汝母後死 亦當一體施行 千萬愼之." (윤정중, 앞의 책, 87~88면 참조)

리로 하고, 석물을 세우지 말며, 만약 세우더라도 작은 비에 '아무개의 묘'라고만 쓸 것, 기타 장례에 있어 간소한 의례를 실천하고 부인의 경우에도 이와 똑같이 하라고 훈계하였다. 만약 이러한 유훈을 지키지 않는다면 죽어서도 눈을 감을 수 없을 것이라고 하며 자녀들에게 간곡하게 유언하고 있음을 볼 수 있다.

그는 또 1639년 4월 죽기 직전에 남긴 가훈에서 이제까지의 유훈을 다시 정리하여 자제들에게 남겼으니 그 내용을 보기로 하자.

선비 집안의 법도는 사치하지 않고 근검 절약하는 것을 더없는 미덕으로 삼는다. 따라서 입는 옷이나 먹는 음식, 관례, 혼례, 상례, 제례에 쓰이는 양은 아주 적절히 요량하여 이에 적어 놓았다. 자손들은 이를 잘 지켜 아침마다 보고 외우는 일을 어기지 말며, 또 집안이 모두 모일 때 법도를 어긴 사람이 있으면 혹은 책망하고, 혹은 종아리를 때리되(중년 이상인 자는 대놓고 나무라고, 중년 이하인 자는 매를 때려라. 부녀자가 어겼을 때에는 남편을 책망하거나 아들을 때려 벌을 준다) 세 번이나 책망받고도 뉘우치지 못하는 자는 불효와 불공스러움을 들어 사당에 올라오지 못하게 하고 제사에 참여하지 못하게 하라.

① 남자는 나이 오십이 되어야 비단옷을 허락하라.

② 부녀자의 상용 의복은 베옷, 무명옷 또는 시골 명주옷으로 하고 비단옷은 입지 말되, 혹 외출할 때에만 잠시 갈아입고 고운 비단은 입지 말아라.

③ 음식은 평상시 채소로 하여 굳이 육류를 구하지 말고, 술은 몹시 취하도록 먹지 말며, 담배도 피우지 말고, 도박 같은 노름은 절대 하지 말아라.

④ 부모의 장례에는 비록 온갖 정성을 다한다 하더라도 힘을 헤아려 치름이 마땅하니, 생각대로만 해서는 안 된다. 관은 마련하되 바깥 관은 쓰지 말고, 또 좋고 비싼 것을 구하지 말며, 염습은 생시에 입던 옷을 쓰는데 그치고 비단옷은 쓰지 말며, 관 속에 옷을 넣지 말고 솜으로 채우며, 매장할 때에는 송지(松脂)를 쓰지 말고 석회를 쓰며, 석물은 작은 비와 상석만을 하고 그 밖의 것은 하지 말아라.

⑤ 재물은 풍족하고자 힘쓸 것이 아니라 오직 깨끗하게 하는 데 힘쓸 것이며, 떡쌀은 닷 되를 넘지 말며, 지짐이는 세 꽂이, 탕과 실과는 각 세 가지씩 하고, 유밀과는 쓰지 말라. 유밀과는 예법에도 없는 것이다. 우리 나라의 명신 이자(李耔)도 이를 쓰지 말라고 경계하였는데, 극히 사리에 맞는 말이다.

우리 나라 풍속에 묘제사와 기제사를 자손들이 돌려가며 지방을 써 붙이고 제 집에서 지내는바, 혹 무슨 핑계로 해서 지내지 않는 일도 있으니, 이는 아주 이치에 맞지 않는 일이다. 우리 집 자손들은 종가에서의 제사를 돕고 돌려가며 맡기는 일이 없도록 하여라. 또한 외지에 나가 벼슬하는 지손(支孫)은 번번이 제 집에 신주를 모시기가 죄송하니, 절사(節祀)나 기제사(忌祭祀)에는 제사를 돕는 물건을 종가에 보내도록 하여라.

⑥ 관례는 한결같이 옛 제도를 따르도록 하여라.

⑦ 혼례 때의 혼수는 마땅히 잘 절약해서 하도록 하여라. 너의 어머니가 시집 올 때 다만 자주색 명주장옷 하나와 붉은색 명주치마 하나와 검은색 삼베이불 하나뿐이었고, 그 밖의 저고리와 바지는 무명이었다. 선비는 검소함을 마땅히 이어받아야 할 것이니, 여러 자손들이 장가들고 시집갈 때 신랑(사위)과 신부(며느리)의 명주옷은 오직 장옷, 치마, 바지 한 가지씩만 하고 명주이불도 하나만 하고 그 외는 모두 무명으로 마련하며, 절대 비단을 쓰지 말고 목걸이에 금, 은, 주옥을 써서는 안 된다.

납폐는 무명이나 혹은 검은 명주 각 하나씩 쓰되 비단은 쓰지 말며, 신부가 처음 시부모를 뵐 때에는 다만 술과 반찬, 어물과 실과를 한 그릇씩 갖추고 그 외는 일체 물리치며, 시부모가 새 며느리에게 소위 예물을 주는 것은 이 또한 폐습이니 일체 행하지 말라.[8]

이와 같이 윤황은 두 번의 유훈과 죽음 직전의 가훈을 통해 근검절약을 후손들에게 남겼다. 여기에는 관혼상제의 통과의례는 물론 식생활, 의생활에 있어서까지 검약의 유훈으로 일관해 있음

---

8) 윤정중, 앞의 책, 89~90면 인용.

을 볼 수 있다. 그 밖에도 과음을 경계하고 금연을 훈계하고 있으며, 도박을 해서는 안 된다고 후손들에게 가르치고 있다. 오늘날 가정교육의 위기상황에서 윤황의 유훈과 가훈은 매우 중요한 교훈을 주고 있다.

3. 현실인식과 개혁론

윤황은 17세기 조선조의 현실을 경장기(更張期)로 인식하고 천재지변을 당해서도 반성할 줄 모르는 답답함을 이렇게 토로하고 있다. 지금 하늘의 노여움이 지극하다. 전에 없던 허물과 망극한 변고가 마음에 놀라고 눈에 참혹함이 차마 말할 수 없다. 온 나라 사람들이 갑자기 무슨 재앙이 있을까 앞날을 헤아릴 수 없는데, 전하는 깊은 구중에 있고, 여러 신하들도 감히 보지 못하니 위아래가 답답하다. 보통 하늘의 변고가 있어도 두려움을 알지 못하니 통곡을 이길 수 없다 하였다. 하늘의 변고가 생김은 백성의 원망이 부르는 것이라 하고, 지금 전하의 은택이 강구되지 않고 민심이 흩어져 마치 물불에 있어서와 같으며, 한 터럭도 나라를 향한 성심(誠心)이 없다고 개탄하였다. 따라서 예부터 어찌 하늘의 변고가 이와 같고 인심이 이와 같은데, 국가가 망하지 않겠느냐고 하였다.[9]

그는 또 말하기를 전하는 중흥(中興)의 처음부터 일찍이 큰 일을 하려는 뜻이 없었다고 지적하고, 오직 과거를 좇고 지키는 것으로 마음을 삼아 비록 상사와 화난을 겪었을지라도 아직도 분발

---

9) 〈戒諸子書〉: "丙子二月 又上封事曰 今日天怒極矣 無前之過 罔極之變 驚心慘目 有不忍言 舉國之人 遑遑汲汲 莫測前頭有何凶咎 而殿下深居九重 群臣無敢見者 上下沓沓 有若尋常於天變而莫之知懼者然 臣不勝痛哭焉 嗚呼 天變之來 民怒召之也 目今恩澤不究 民心離散 如在水火 無一毫向國之誠 自古安有天變如此人心如此 而國家不亡者乎."

의 의지가 보이지 않는다고 한탄하였다. 그러므로 쇠약한 버릇과 구차한 정사가 날로 심하고 달로 더하며, 무너져 어지러운 풍속과 사치의 풍속이 도리어 혼조(昏朝)와 같게 되었다 한다. 공경 사대부에 이르기까지 구습에 안주하지 않음이 없고, 세무(世務)를 담당하고 나라를 걱정하기를 제 집같이 하는 자가 한 사람도 없다 하였다. 이로 말미암아 전하의 백성 근심함이 절실하지 않은 것이 아니지만, 백성들이 그 은택을 입지 못하고, 전하의 나라를 위한 도모가 지극하지 않은 것이 아니지만, 나라가 의지할 바가 없다 하였다. 세금을 덜어 주라는 명령과 오랑캐를 경계하는 노력이 한갓 실상은 없이 형식적으로 대응할 뿐이니, 그 어찌 인심을 복응시켜 외침을 막을 수 있겠느냐 하였다.[10] 이와 같이 윤황은 당시 집권층의 안일한 현실인식과 수구적 처사에 대해 신랄하게 비판하고 개혁의 필요성을 강조하였다.

이러한 관점에서 그는 금일의 폐정(弊政)은 나라를 좀먹고 백성을 병들게 하여 마침내 반드시 멸망하는 길 아님이 없으니, 비록 안전 무사한 때일지라도 경장하지 않을 수 없는데, 하물며 아침 저녁으로 위태롭게 망할지 모르는 날에 있어서야 말할 것이 있겠느냐고 하였다.[11]

윤황은 개혁의 구체적인 내용으로 환관, 궁첩의 수를 줄여 쓸데없는 비용을 절약할 것, 엄격히 훈척의 산택(山澤) 소유를 금지시켜 방자한 점유를 막을 것, 내수사(內需司)의 축적된 사재를

---

10) 앞의 글: "噫 殿下自中興之初 未嘗有大有爲之志 惟以循塗守轍爲心 雖屢經喪亂 而尙無奮發之擧 故委靡之習 苟且之政 日甚而月滋 壞亂之俗 汰侈之風 反同於昏朝 以至公卿大夫士 莫不安常襲舊 無一人擔當世務憂國如家者 由是 殿下之憂民 不爲不切 而民不被其澤 殿下之謀國 不爲不至 而國未有所恃 蠲賦之令 詰戎之務 徒爲無實應文之具而已 其何以服人心而禦外侮乎."

11) 위의 글: "嗚呼 今日弊政 莫非蠹國病民終必覆亡之道 雖在安全無事之時 不可不更張 況朝夕危亡之日乎."

내어 국용의 위급함을 도울 것, 수령의 녹봉에 대한 법을 제정하여 백성을 괴롭히는 실마리를 막을 것. 땔나무와 숯의 특별세를 제거하여 군수를 보충할 것, 관리들의 부정을 막아 국고의 탈루를 방지할 것 등이었다.[12]

그 밖에도 방납(防納)의 폐단을 고쳐 백성들의 고통을 해결해 주어야 하며, 요역(徭役)을 가볍게 해 주고 세금을 엷게 해 주는 것보다 먼저 할 것이 없다 하였다.[13] 아울러 종묘(宗廟)의 제향과 제사(諸司)의 낭비를 감하여 군량을 보충해야 한다고 하였다.[14]

그리고 그는 임금이 위에서 스스로 절약과 검소를 실천하면 아래가 좇지 않음을 근심하지 않는다 하고,[15] 인군은 만민에 대해 마땅히 한 가지라도 고르게 어짊을 보여야 하니, 궁중부중(府中)이 함께 일체이므로, 고락의 현격함과 공사의 다름이 있을 수 없다 하였다.[16]

이와 같이 그는 당시 조선조의 현실에 대해 심각히 우려하고, 개혁의 필요성을 강조하면서 개혁의 구체적인 내용까지 제시하였던 것이다.

4. 척화의리정신

윤황은 당시 정묘·병자호란 후 대두된 주전(主戰), 주화(主和)

---

12) 앞의 글: "乃與同僚 條上六事 其一 減宦官宮妾之數 以節冗費 其二 嚴勵戚山澤之禁 以杜橫占 其三 出內司私財之積 以助國用之急 其四 定守令俸祿之科 以防病民之端 其五 除柴炭別稅 以補軍需 其六 汰版曹吏員 以塞滲漏."

13) 위의 글: "今日之急務 莫先於輕徭薄賦."

14) 위의 글: "請減宗廟祭享諸司浮費 以補軍餉……"

15) 위의 글: "若自上躬行節儉 則不患下之不從也."

16) 위의 글: "人君之於萬民 當一視均仁 宮中府中 俱爲一體 不可使有苦樂之懸公私之殊也."

의 대립적 국면에서 척화의리(斥和義理)의 입장을 분명히 하였
다. 그는 상소에서 말하기를 "신이 그릇되고 망령되어 사세를 헤
아리지 못하나 전후 화의 때에 있어서 처음부터 끝까지 불가하다
고 생각하는 것이 신입니다"라고 말하고, 이어 "국사가 이에 이
르러 군부의 위태함과 욕됨이 신의 죄 아님이 없습니다. 지금 듣
건대 오랑캐들이 척화지신(斥和之臣)을 데려가고자 한다니, 신이
스스로 가기를 청하옵니다"[17]라고 하였다. 이처럼 그는 당시 청
이 척화 신하로 김상헌(金尙憲)과 정온(鄭蘊)을 잡아간다는 말을
듣고, 자신이 몸소 잡혀가겠다는 상소를 올리기까지 하였다.

그는 1627년 정묘호란이 일어나자 "예부터 제왕이 나라를 지
키고 적을 막는 것은 모두 한 마음을 굳게 정함에 있으므로 가볍
게 움직이지 않는 것이다. 그러므로 임금이 격려하고 죽음으로
지키려는 마음이 있으면 인심이 감발하고 장사들은 분발하기를
생각한다. 혹 놀라서 의혹하며 물러서서 움츠리는 뜻이 있으면
인심이 흩어지고 장사들은 해체되는 것이다. 지금 적병은 천 리
밖에 멀리 있는데도 도성에서 달아남이 이와 같으니, 이는 위로
부터 마음이 먼저 움직였기 때문이다"[18]라고 하였다. 윤황은 적
의 침략을 맞아 우선 가장 중요한 것이 임금의 한 마음이 굳게
정해져 있느냐에 있다고 보아 임금의 입지여부를 강조하였다.

그리고 그는 예부터 적을 막는 대책에는 전(戰), 수(守), 화(和)
세 가지가 있는데, 인화는 그 중에서 가장 마지막 방법이라 하였
다. 그런데 강화나 휴전이란 반드시 양국의 세력이 균형을 유지

---

17) 《宋子大全》, 卷209, 〈八松尹公行狀〉: "卽使僕負詣行宮上疏曰 臣謬妄不
度事勢 前後和議之時 終始以爲不可者臣也 國事至此 君父之危辱 無非臣
罪 今聞虜人欲得斥和之臣 臣請自行."
18) 위의 글: "公入對曰 自古帝王之守國禦敵 皆在於堅定一心 不爲輕動 故國
君有激勵死守之心 則人心感發 將士思奮 或有驚惑退縮之意 則人心渙散
將士解體 今者賊兵遠在千里之外 都城奔潰如此 此由上心先動故也."

할 때만 가능한 것인데,[19] 당시 우리의 현실은 그렇지 못하므로 불가하다는 것이었다. 따라서 지금의 '화'는 이름은 비록 화지만 실은 항복이라 극언하고, 오랑캐 사신들이 오만 무례하여 전하가 욕을 당함에 이르렀는데도, 위아래가 편안히 부끄러움을 알지 못하니, 통곡을 금할 수 없다고 한탄하였다.[20] 그런데 윤황은 이 상소에서 '이름은 화(和)라 하지만 실은 항복'이라는 표현이 문제되어 처벌을 받기도 하였다.

이러한 윤황의 척화의리에는 그의 화이론적(華夷論的) 가치의식이 자리하고 있음을 간과할 수 없다. 그는 말하기를 "오직 우리 국가는 전조(前朝)의 고루함을 한번 씻어 명교(名敎)와 예속(禮俗)이 중화에 양보할 수 없으니, 어찌 저들을 이끌어 한 가지로 함께 할 수 있으랴. 하물며 임진에 있어 천조재조(天朝再造)의 은혜가 우리의 골수에 사무치고, 사람마다 간비(肝脾)에 절실하여 온 나라가 모두 잊을 수 없는 의리를 알고 있다"[21]고 하였다. 이와 같이 윤황은 조선의 문화적 수준을 중화에 양보할 수 없는 높은 수준으로 인식하고, 청의 문화적 야만성과 함께 할 수 없다는 입장을 피력하였다. 그리고 임진왜란을 당해 조선을 도와준 명에 대한 감사의 의리를 강조하면서 척화의리의 명분을 내세웠던 것이다.

---

19) 앞의 글: "公進曰 自古禦戎之策 有戰守和三者 而和爲最下 然必有兩國相當之勢 然後講和息兵者或有之矣."

20) 위의 글: "又上疏曰 今日之和 名雖和 實則降也 虜使悖慢無禮 殿下受辱備至 而上下恬然 曾不知恥 臣不勝痛哭焉."

21) 위의 글: "唯我國家 一洗前朝之陋 名敎禮俗 不讓於中華 豈可引彼而同條共貫也 況在壬辰 天朝再造之恩 淪人骨髓 人人肝脾 擧國咸知不可忘之義……"

제3절 은봉 안방준

1. 생애와 인품

안방준(安邦俊, 1573~1654)은 우계학파에서 '의리'의 선양과
실천에 앞장섰던 대표적인 유학자였다. 그의 자는 사언(士彦)이
며, 호는 빙호(氷壺) · 은봉(隱峰)인데, 일명 '우산(牛山)선생'이라
일컬었다.[1] 그는 1573년(선조 6년) 11월 20일 전라도 보성군 오
야리에서 첨추공(僉樞公)과 박씨 부인 사이에서 태어났다. 그가
태어나던 달 초순에 중부 동암공(冬巖公)의 꿈에 의관을 입은 한
사람이 '아이를 낳았느냐?'고 물었다. 공이 '아직 낳지 못했다'고
대답하자 16일에 또 와서 물었고, 태어난 날 밤에 또 와서 물었
다. 공이 '아이를 낳았다'고 답하니 '무슨 시인가?'라고 물었다.
'유시(酉時)'[2]라고 답하자, 그 사람이 탄식하며 말하기를, '유시
가 흠이다'라고 말했다 한다. 이러한 연유로 그의 어릴 때 이름을
'삼문(三問)'이라 하였는데, 동암공이 "성삼문의 이름은 비록 흠
모할 만하나 가장 가혹한 화를 당하였다"고 말하며 마침내 '삼문
(三文)'으로 고쳤다고 전해진다.[3] 또 그가 태어나던 날 밤 집안의
종과 마을 사람들이 똑같은 꿈을 꾸었는데, 한 마리의 큰 붕새가
그의 집 지붕 모서리로부터 하늘 높이 오르니 뭇 새들이 수없이
따랐다. 큰 붕새가 다시 날개를 드리우고 내려오니 뭇 새들도 따
라서 내려왔다. 이러기를 세 번 한 후에 뭇 새들이 사방으로 흩
어지고 큰 붕새도 간 곳을 알지 못하였다. 이 소식을 들은 일가

---

1) 《隱峰全書》, 附錄, 下, 〈行狀〉.

2) 오후 5시~7시.

3) 《隱峰全書》, 附錄, 上, 〈年譜〉, 先生 1年條.

친척과 향리의 사람들이 모두 빼어난 인물이 될 상서로운 징조라고 생각하였다 한다.[4]

이렇게 태어난 안방준은 8세 때 이미 작고한 계부 진사공(進士公)의 양자로 들어가게 되었다. 11세 때 퇴계의 문인으로 학행이 뛰어났던 죽천(竹川) 박광전(朴光前)의 문하에 들어가 수업하였다.[5] 후일 안방준이 의리적 실천에 적극적이었던 것은 박광전의 가르침과 영향이 적지 않았음을 알 수 있다. 그해 11월 생모 박씨 부인이 염질에 걸려 죽게 되자, 염을 하고 빈소를 차린 후 생부 첨추공이 밖으로 데리고 나가 피하였으나 그는 몰래 빈소에 들어가 울며 곡하기를 그치지 않았다.[6]

1586년 14세 때 난계(蘭溪) 박종정(朴宗挺)에게 배웠다. 매부였던 그는 학행으로 별제(別提)에 천거되었고, 효우(孝友)와 문장으로 세상사람들에게 존경을 받았던 인물이다. 어느 날 박종정이 '언지'를 시제로 내어 동학 대여섯 명으로 하여금 각각 시를 짓게 하였는데, 안방준은 곧바로 시를 지어 바쳤는데, 그 내용은 다음과 같다.

> 세상사람들은 본래 뜻이 없어
> 모두 부귀를 좋아한다네.
> 내 마음은 이곳에 있지 않아
> 깊은 산 속에 숨고 싶구나.
> 단정히 앉아 옷깃을 바르게 하고
> 조용히 묵상한 채 벽을 향하네.
> 막걸리 두세 잔을 마시고
> 거문고 두세 곡조를 뜯노라.
> 좌씨전(左氏傳)을 두루 살펴보고

---

4) 앞의 글.
5) 위의 글, 先生 11歲條.
6) 위의 글, 先生 11歲條.

152

도연명(陶淵明)과 두보(杜甫)의 시를 명랑히 읊는다.
그대는 보지 못했는가 백이(伯夷)와 숙제(叔齊)가
서산에 올라 고사리를 캐던 일을
또 보지 못했는가 송나라 처사 진단(陳摶)이
화산(華山)에 숨어 살며 낮에도 사립문을 닫았음을
한 평생 이 뜻을 품었으니
언제나 이 소망을 이룰까
마침내 뜻을 같이 하는 벗들과
오늘 저녁 서로 이를 강론하네.
망건을 벗고 차가운 돌을 베개삼으며
맑은 여울물로 치아를 닦아 보세.
여기에서 노래하고 여기에서 읊조리며
이 산 사이를 마음껏 노닐고 싶어라.[7]

이에 대해 박종정이 비평하기를, "기특하구나! 이 아이여. 지기(志氣)가 이와 같으니, 훗날 사문(斯文)을 저버리지 않으리라" 하고 격려하였다.

15세 때 녹도 만호 이대원이 왜적과 싸운 의리를 기려 〈이대원전(李大源傳)〉을 지었다. 그 이듬해 향시에 나아갔으나 시험장이 문란한 모습을 보고 부끄럽게 여겨 마침내 과거공부를 포기해 버렸다. 17세에 경주 정씨와 결혼하였고, 그 이듬해에 아들 후지(厚之)를 낳았다.

1591년 19세 때 경기도 파산으로 우계 성혼을 찾아 그의 제자가 되기를 간청했으나, 우계는 사양하고 그를 맞아주지 않았다.

---

7) 앞의 글, 先生 14歲條: "世人本無志 皆好富與貴 我心不在此 欲隱深山裏 端居正衣襟 玄默獨向壁 濁酒兩三盃 彈琴一二曲 流覽左氏傳 浪讀陶杜詩 君不見伯夷叔齊子 登彼西山採其薇 又不見宋時處士陳摶子 隱居華山晝掩扉 平生抱此志 何日逐所欲 逐與同志友 今夕相論確 脫巾枕寒石 漱齒清流湍 歌於斯詠於斯 逍遙於玆山之間."

그 때 우계는 문하생들을 내보내고 가르치지 않은 지 이미 십여 년이나 지난 때였다. 안방준은 물러가지 않고 청송서원(聽松書院)에서 자고, 이튿날 새벽부터 문 밖에서 두 손을 마주 잡고 서서 날이 저물도록 물러가지 않았다. 우계가 그 정성과 독실함을 가상히 여겨 비로소 제자의 예를 허락하였다. 그곳에 머물면서 수업을 하는데, 견해가 높고 밝아 심오한 뜻을 많이 밝히니, 우계가 이를 매우 칭찬하고 인정하였다. 일찍이 손수 쓴 '구방심(求放心)' 세 글자와 손수 간추린 〈위학지방(爲學之方)〉이란 책을 주었는데, 평생 마음속 깊이 새겼다. 또 우계는 그에게 〈석담일기(石潭日記)〉를 부탁하면서 "요즘 시사(時事)를 보니 머지않아 대란이 일어나 경기도가 당할 병화가 반드시 다른 지역보다 더할 것이니, 네가 이 책을 가지고 가서 후세에 전할 것을 도모하라" 하였다. 이에 그는 이 책을 받아 가지고 와서 보관하였다.

어느 날 우계와 함께 식사를 할 때 그가 밥 속의 나쁜 쌀을 집어낸 적이 있었다. 우계가 그 이유를 묻자 답하기를 "소생은 나쁘다고 이름 붙여진 것을 싫어하여 어릴 적부터 먹지 않았습니다" 하였다. 우계가 이를 가상히 여겨 훗날 다른 사람들에게 말하기를 "안 아무개는 나에게 배울 사람이 아니라 곧 나를 깨우칠 사람이다. 밥 속의 나쁜 쌀조차 입에 넣지 않으니, 마음으로 숭상하는 바를 이로써 알 수 있다" 하니, 앉은 손님들이 탄복하였다 한다.[8]

이와 같이 그는 어린 시절 박광전과 박종정에게 배웠으나 우계 문하에서 본격적으로 성리학을 비롯한 유교적 이해를 깊이 있게 하였음을 알 수 있다. 더욱이 우계는 그의 학문적 자질과 인품을 기대하고 여러 번 편지로서 격려하고 가르침을 주었으니 그 내용의 일부를 소개하면 다음과 같다.

---

8) 앞의 글, 先生 19歲條.

가만히 살펴보건대, 선비의 학문은 반드시 진실한 마음과 각고(刻苦)의 공부와 사우(師友)의 도움과 내외의 수양이 갖추어진 뒤에야 얻음이 있을 것이니, 마땅히 먼저 자신의 기질에 있는 병폐를 살펴 사욕을 바르게 다스려, 남은 것은 덜고 부족한 것은 채워야 하네. 그런 뒤에 근본이 점차 배양되고 행실이 점점 세워지면, 또한 고을이나 마을에서 행하여도 치욕을 면할 수 있을 것이네. 그대는 나이가 젊고 재능이 남달라 기가 날카롭게 밖으로 드러나니, 이 세상을 살면서 덕을 편안히 하는 기초가 아닌 듯하네. 참으로 바라건대, 한 마음으로 학문하되 반드시 효제와 충신으로 근본을 삼고 겸손과 졸눌(拙訥)로 바탕을 삼아, 마음을 가라앉히고 독실하게 공부하여 글을 부지런히 읽으면서 뜻을 사색하고 조행(操行)을 굳건하게 지키면, 맑고 밝은 아름다운 뜻을 끝내 이룰 수 있으리라.[9]

1592년 20세 때 임진왜란이 일어나자 그는 스승이었던 박광전을 따라 의병을 일으켰다. 의병 막하의 참모가 되었는데, 박광전이 몸이 아파 군사의 임무를 다할 수 없게 되자 진보현감 임계영(任啓英)을 추대하여 대장을 삼았다. 공주 체부(體府)에 나아가 체부사(體府使) 정철(鄭澈)을 만났는데, 그 때 구상한 군사전략이 모두 사리에 합당하다 하여 송강이 탄복하였다.

1596년 12월, 1593년 6월의 진주성 싸움의 전말과 충절을 기록으로 남기기 위하여 〈진주서사(晉州敍事)〉를 썼다. 그 이듬해 왜적이 남원을 함락하고 여러 고을에 머무르자, 늙은 어버이와 스승 박광전을 모시고 대원산으로 들어가 적병을 피하였다. 적병이 산 아래를 지나다가 피난민을 보고 칼을 휘두르며 난입하니

---

9) 앞의 글, 先生 19歲條: "竊見士之爲學 必有眞實心地 刻苦工夫 師友夾輔 內外交養 然後庶幾有得 而尤當先察自家氣質之病 克己矯治 損其有餘 補其不足 而後根本稍培 行持稍立 亦可以行乎州里 免於僇辱也 賢者年富穎異 氣銳而發外 居今之世 恐非安德之基也 誠願一意下學 必以孝悌忠信爲本 以謙遜拙訥爲質 以沈潛篤實爲功 劬書玩索 堅苦操持 則以淸明之美志 終必有所至矣."

사람들이 모두 대피하였으나, 그는 앉아서 죽음을 기다리는 것보다 적을 한 명이라도 죽이고 죽는 것이 낫다고 생각하여 수십 명을 이끌고 강가로 내려가 싸웠다. 적장이 화살에 맞고 죽자 적들이 도망쳐 일행이 그 힘으로 온전할 수 있었다. 이 피난길에 우계의 서찰과 난계의 서찰을 옷깃 속에 보관하여 완벽하게 되었고, 우계가 부탁한 〈석담야사(石潭野史)〉도 또한 잃지 않았으니, 그의 사문(師門)을 흠모하는 정성이 혼란한 때에도 조금도 해이되지 않았음을 알 수 있다.[10]

1598년 우계의 상을 당해 기년(朞年)의 예를 다하였고, 1601년 2월 어머니 양(梁)씨의 상을 당해, 《주자가례》에 따라 상례를 치렀다. 1604년 32세 때 생부 첨추공의 상을 당하였다. 첨추공이 많은 토지와 노비를 문서로 만들어 주었으나 굳이 사양하고, 가난한 조카들에게 나누어 주었다. 1613년 조헌의 〈항의신편(抗義新編)〉을 편수하고 화공을 시켜 여덟 가지 사적을 본떠 그리게 하였다. 김포 우저에 있는 중봉의 옛 집터를 사서 그의 아들에게 주어, 훗날 그곳에 비석을 세울 장소로 삼게 하였다. 그해 겨울 당시 이이첨(李爾瞻) 등 역적들이 조정에 가득하고 김개(金闓), 윤호(尹昈)가 함께 이웃해 있어 이곳에 오래 머물 수 없다 생각하여, 고향으로 내려갈 뜻을 굳히고 우산(牛山) 땅을 살펴 얻었다. 그 이듬해 가을에 온 가족이 우산으로 돌아왔다. 1615년 〈호남의록(湖南義錄)〉, 〈임정충절사적(壬丁忠節事蹟)〉, 〈삼원기사(三冤記事)〉를 썼다. 〈호남의록〉은 최경회(崔慶會) 이하 16명이 절의를 위해 죽은 사적을 적은 것이요, 〈임정충절사적〉은 동래부사 송상현(宋象賢) 이하 8명의 충절을 기록한 것이다. 또 〈삼원기사〉는 장군 김덕령(金德齡), 별좌(別坐) 김응회(金應會), 의병장 김대인(金大仁)이 모함으로 원통하게 죽은 것을 기록한 것이다.[11] 1622

10) 앞의 글, 先生 25歲條.
11) 위의 글, 先生 43歲條.

년 봄에 조헌의 〈동환봉사(東還封事)〉를 편수하였고, 가을에는 계곡(谿谷) 장유(張維)가 암행어사가 되어 우산의 계상(溪上)을 찾아왔다. 1624년 동몽교관(童蒙敎官)을 제수받았으나 부임하지 않았고, 또 사포서(司圃署) 별제(別提)를 제수하였으나 취임하지 않았다. 그 이듬해에 다시 사포서 별제를 제수하였지만 고사하였고, 8월 오수도 찰방을 제수하였다. 1626년 〈호남의록(湖南義錄)〉을 간행하였고, 그 이듬해에는 〈정묘록(丁卯錄)〉을 간행하였다. 1629년 팔송 윤황은 편지에서 "요사이 발생한 역옥(逆獄)은 그 진위를 알 수 없으나 연루된 선비가 매우 많습니다. 오직 그대만 홀로 초연하게 면하니 비로소 수정(守靜)하는 공부가 다른 사람보다 훨씬 뛰어남을 알았습니다. 탄복을 이기지 못하겠습니다"[12]라고 하여 그의 내면적 수양의 깊이를 말해 주고 있다. 1632년 4월 제원도(濟原道) 찰방(察訪)을 제수하였으나 취임하지 않았다. 11월 이귀(李貴)에게 편지를 보내 고용후(高用厚)를 변론하여 구제하였고, 12월에는 윤방(尹昉)에게 편지를 보내 고용후의 변론에 노력하였다.

1635년 봄 능주 쌍봉동에 터를 잡고 살았는데, 8월에는 우계·율곡 두 선생에 대한 시비를 하나로 모아 〈혼정편록(混定編錄)〉을 편찬하였다.[13] 1636년 윤황이 안방준의 인품에 대해 기절(氣節)이 돈독하고 확고하여 직간(直諫)할 수 있을 것이라고 경연에서 아뢰었으며, 포저(浦渚) 조익(趙翼)도 그의 덕행을 천거하였다. 그해 겨울 우계·율곡 두 선생을 위하여 〈변무소(辨誣疏)〉를 올렸다.[14] 12월에 청군이 갑자기 쳐들어와 인조가 남한산성으로

---

12) 앞의 글, 先生 57歲條: "正月 見八松尹文正公煌書 略曰 近者逆獄之發 未知其眞膺 而連累於士子甚多 惟左右超然獨免 始知守靜之功加人數等 不勝歡服."

13) 위의 글, 先生 63歲條.

14) 위의 글, 先生 64歲條.

피신하자 그는 의병을 일으켰다. 도내 여러 고을에 격문을 보내
의병을 모으고 군량을 거두니, 고을마다 제공들이 일제히 동조하
여 모두 의병청으로 모여들었는데, 이 때 모인 의사들이 수백 명
이었다. 그 이듬해 정월 의병을 이끌고 장성으로 근왕(勤王)의
길을 떠났다. 여산에 이르러 남한산성의 포위가 풀렸다는 소식을
듣고 통곡하며 돌아왔다. 1638년 〈사우감계(師友鑑戒)〉를 지었
고, 이듬해 4월 6품인 전생서(典牲署) 주부(主簿)에 올랐다. 5월
사은숙배(謝恩肅拜)를 위해 길을 떠나 장성에 도착하였으나 병이
생겨 돌아왔다. 1640년 5월 상소를 올려 화의(和議)를 배척하였
으나 궁중에 머물러 두고 내려보내지 않았다. 여기에서 그는 임
진왜란 때 명나라의 은혜를 입었는데, 원수인 적을 도와 명나라
를 범하는 것은 의리로 보아 옳지 않음을 지적하였다.[15] 이듬해
69세 때 복천의 용안연 위에 터를 잡고 살았다. 1642년 조광조를
비롯한 기묘명현(己卯名賢)들이 화를 입은 기묘사화의 전말을 기
록하여 〈기묘유적(己卯遺蹟)〉을 편찬하고 그 뒤에 발문을 붙였
다. 그해 3월 부인 정씨의 상을 당해 5월에 우산 옛 집 뒤 산기슭
으로 옮겨 장사지냈다. 1643년 정여립(鄭汝立) 모반사건의 전말
을 논변하여 〈기축기사(己丑記事)〉를 썼는데, 택당(澤堂) 이식(李
植)이 이를 칭찬하였다. 그리고 이식에게 답한 별지에서 명현(名
賢)과 진유(眞儒) 및 야은(冶隱) 길재(吉再)의 출처에 대해 언급
하였는데, 이에 대해 의문을 제기하는 사람들이 간혹 있었으므로
마침내 이를 조목조목 논변하여 〈우산답문(牛山答問)〉을 지었
다.[16] 1644년 봄 복천에서 우산으로 돌아와 임진왜란 때 부산전
투의 전말을 기록으로 남기고자 〈부산기사(釜山記事)〉를 지었
다.[17] 8월 형조좌랑에 제수되었으나 취임하지 않았다. 그 이듬해

---

15) 앞의 글, 先生 68歲條.

16) 위의 글, 先生 71歲條.

17) 위의 글, 先生 72歲條.

158

인 1645년 충무공 이순신 장군의 노량전투 사실과 그 충절을 기록하여 〈노량기사(露梁記事)〉를 썼다. 6월 종묘서(宗廟署) 령(令)을 제수받았으나 취임하지 않았고, 8월에는 익위사(翊衛司) 익위(翊衛)를 제수받았으나 역시 취임하지 않았다.[18] 이듬해 11월 우산에서 매화정으로 돌아와 두어 칸 띳집을 짓고 그 집을 '은봉정사(隱峰精舍)'라 하였다. 이는 포은과 중봉 두 선생의 충효와 절의를 사모한 뜻으로 이러한 편액을 달았던 것이다.[19] 12월 지촌(芝村) 이희조(李喜朝)가 안방준의 사람됨을 묻자, 송시열은 "이 어른은 기개와 절의가 있다. 남방의 선비들이 이 어른에 힘입어 나아갈 방향을 잃지 않은 이가 매우 많으니, 남방에 지극한 공이 있다"고 대답하였다.[20]

그는 인조반정 초 지치(至治)의 기대가 무너지고, 조정이 날로 쇠약하며, 내외의 변란이 계속됨을 우려하여 궁첩을 멀리 할 것, 청탁을 그칠 것, 호오(好惡)를 공정히 하고 상벌을 밝힐 것, 기강을 세우고 편당을 제거할 것 등을 주장하는 상소를 올렸다.[21] 1649년 11월 공조좌랑에 제수되었으나 취임하지 않았고, 12월에 다시 사헌부 지평에 제수되었다. 이듬해 정월 상소를 올려 사직하였으나 허락하지 않았다. 1651년 11월 사헌부 장령에 제수되자 상소로 사직하였지만 허락을 받지 못하였고, 이듬해 정월 다시 상소하여 사직을 허락받았다. 그해 가을 경기도에 실시된 대동법의 폐단을 지적하는 상소를 올렸으나 대궐 안에 두고 승정원에 내려보내지 않았다. 또한 겨울에는 불우 계층에 대한 배려로

---

18) 앞의 글, 先生 73歲條.
19) 위의 글, 先生 74歲條.
20) 위의 글, 先生 74歲條: "芝村李公喜朝問牛山何如人 尤菴先生曰 此丈有氣節 南方士子賴此丈 不失移向者甚多 於南中極有功矣."
21) 위의 글: "癸亥反正之初 擧國想望至治 而朝廷日以委靡 內外變亂相繼 故先生深憂之 上疏請遠宮妾 止請托 公好惡 明賞罰 立紀綱 去偏黨……"

유민의 추쇄(推刷)를 파해 줄 것을 상소하였다. 여기에서 '추쇄'
란 부역이나 병역을 기피한 자나 상전에게 의무를 다하지 아니하
고 다른 지방으로 도망한 노비를 모두 찾아내어 본 고장으로 돌
려보내는 것을 말한다. 1653년 〈매환문답(買還問答)〉을 지었는
데, 여기에는 우계와 율곡이 모함을 당한 이유, 선릉(宣陵)과 정
릉(靖陵)을 봉심(奉審)한 전말, 화의를 주청(奏請)한 일, 편당의
문제점 등을 언급하였다.[22] 그해 3월 공조참의를 제수받았으나
상소하여 사직하였고, 스승 박광전의 행장을 지었다. 1654년 82
세에 마지막으로 우계선생의 연보를 수정하고, 11월 30일 은봉
정사에서 생애를 마쳤다. 전날 문인 몇 사람이 마침 와서 그를
모시고 잤는데, 그날 밤 등불을 밝히고 바르게 앉아 함께 대화한
뒤 밤이 이슥해서야 비로소 잠자리에 들었다. 새벽녘에 일어나
세수하고 새 옷으로 갈아입고 평상시와 같이 담화하였다. 조금
있다가 베개를 베고 누워 잠깐 잠을 잔 듯하니, 곁에서 시중들던
사람들도 그가 이미 숨을 거두었음을 알지 못했다고 한다.[23]
1655년 2월 보성 죽방동에 장사를 지냈고, 그 이듬해 5월 능주의
여러 유생들이 도산(道山)서원을 세웠다. 또, 1657년 4월 보성의
여러 유생들이 대계(大溪)에 서원을 세웠고, 호남의 유생들이 동
복 도원(道源)서원에 병향(並享)하였다. 1658년 가선대부(嘉善大
夫) 이조판서(吏曹參判) 겸 동지의금부사(同知義禁府事)에 추증되
었다. 1663년 유계(兪棨)가 행장을 썼고, 송시열이 신도비문을
썼다. 또한 1681년에는 박세채에 의해 묘표문(墓表文)이 이루어
졌다.

   그러나 1689년 유후상(柳後常), 이우진(李宇晉) 등의 상소로 그
의 사우(祠宇)가 헐리고 관작이 삭탈되는 수모를 당했으나, 1694

---

22) 앞의 글, 先生 81歲條.
23) 위의 글, 先生 82歲條.

년 관학 유생 홍최일(洪最一) 등의 상소로 다시 회복되었다.
1821년 '문강공(文康公)'이라는 시호가 내려졌는데, '문(文)'은 도
덕이 널리 들렸다는 뜻이고, '강(康)'은 연원에 두루 통했다는 뜻
이다.[24]

2. 학문적 연원

안방준의 학문적 연원은 우선 그의 사승관계에서 찾을 수 있
다. 그의 〈연보〉에 의하면 그는 11세 때 죽천 박광전(1526~1597)
의 문하에서 수업하였고, 14세 때 매부였던 난계 박종정에게서
배웠으며, 이어 19세 때에는 파산으로 우계 성혼을 배알하고 스
승의 예를 갖춘 것으로 되어 있다. 박광전은 전남 보성 출신으로
퇴계의 문인이며 후일 호남의병의 중심인물이 되었다. 그는 문인
에게 "사람이 공부하는 것은 다만 기송(記誦)의 익힘만이 아니다.
위기(爲己)의 도가 있으니, 만약 학문을 하고 싶다면 어찌 '위기'
의 본뜻을 생각하지 않겠는가?"[25]라고 가르쳤다. 그는 임진왜란
을 맞아 임계영과 함께 의병을 일으켜 금산과 무주의 적을 무찌
르고, 성주와 개령을 방어하는 데 공을 세웠다. 정유재란 때에도
72세의 노구를 이끌고 의병을 일으켜 동복에서 큰 전과를 올렸
다. 이러한 박광전의 가르침은 일면 위기지학(爲己之學)의 학풍
으로, 일면 의리학의 학풍으로 계승되었다고 보여진다. 그것은
그가 임진왜란을 맞아 20세의 나이로 의병에 참여한 것으로도
입증된다.

또한 난계 박종정은 그의 매부로서 학행이 뛰어나고 효우(孝
友)와 문장으로 존경을 받았던 인물로 알려지고 있다. 따라서 그

---

24) 앞의 글: "道德博聞曰文 淵源流通曰康."

25) 《竹川集》, 〈年譜〉, 37歲條: "人所以爲學 非但記誦之習 有爲己之道 若欲
爲學 盍念爲己之本意乎."

가 안방준의 초기 학문형성과 인격형성에 미친 영향을 짐작할 수
있다.

다음은 우계 성혼의 학문적 영향이다. 사승관계에서 본다면 위
두 사람보다는 우계의 영향이 가장 컸던 것으로 보인다. 이미 앞
에서 지적했듯이 그는 멀리 파산을 찾아 우계의 가르침을 청했거
니와, 우계 또한 그에게 '구방심(求放心)' 세 글자와 〈위학지방(爲
學之方)〉을 준 것은 나름대로 우계 도학의 수수과정을 짐작케 한
다. 우계는 수차에 걸쳐 그에게 위기지학과 도학의 가르침을 간
곡히 전하고 있으며, 안방준 또한 스승의 가르침에 충실하고자
한 흔적을 오고 간 글이나 연보를 통해 알 수 있다. 그러므로 서
울에 사는 한 선비가 호서지방을 지나다가 그의 기풍을 듣고 시
를 지어 "우계의 맑은 달이 우산에 비치네"라고 읊기도 했다.[26]
이를 통해서도 우계의 학풍이 안방준을 통해 전승되는 바를 짐작
할 수 있다.

이는 그가 정유재란의 피난길에서도 스승 우계의 서찰과 박종
정의 서찰을 옷깃에 감추어 완벽하게 보관하였고, 우계가 부탁한
〈석담일기〉 또한 보관하여 전한 데서도 잘 알 수 있다. 더욱이
1636년 채진후(蔡振厚)와 권적(權蹟)이 우계와 율곡을 모함하는
상소를 올리자, 이의 부당함을 변론하는 상소를 올려 자신의 학
문적 뿌리가 우계와 율곡에 있음을 분명히 하였다.[27] 그는 상소
의 끝에서 금년 나이가 64세인데, 하루 아침에 갑자기 목숨이 다
하게 되어 죽은 스승의 원통을 한번도 펴보지 못하고 죽게 되면
눈을 감을 수 없다고 생각되기 때문에 상소를 올리게 되었다고
하였다.

또한 그의 학풍 형성에 있어 매우 중요한 영향을 미친 이는 포

---

26)《隱峰全書》, 附錄, 上,〈年譜〉, 先生 19歲條: "有一京士子 來過湖西 聞先
生之風 作詩詠歎 有牛溪霽月照牛山之句."

27) 위의 책, 卷2,〈辨栗牛兩先生被誣疏〉참조.

은 정몽주, 정암 조광조, 율곡 이이, 중봉 조헌이다. 그는 〈우산답문〉에서 명현과 진유를 구별하고, 우리 나라에서 진정한 의미에서의 진유는 포은 이후에 정암, 율곡, 중봉 세 사람뿐이라고 규정한다. 그의 이에 대한 언급을 보기로 하자.

> 그렇습니다. 우선 명현(名賢)은 제외하고 진유(眞儒)를 말하겠습니다. 포은 이후에 오직 정암, 율곡, 중봉만이 젊어서부터 국가를 경영할 큰 뜻을 품었습니다. 과거에 급제하여 조정에 나아가자, 시세를 헤아리지 않고 이해를 계산하지 않으면서 오직 삼대의 정치를 이루기를 자신의 임무로 삼았으니, 이 세 현인이 비록 도를 실행할 수 없었으나 그 도를 행한 것과 다름이 없습니다.[28]

이와 같이 그는 포은, 정암, 율곡, 중봉을 가장 이상적인 유학자로 존숭, 흠모하고 있음을 알 수 있다. 그러므로 그는 자신의 호를 포은(圃隱)의 '은(隱)'자와 중봉(重峰)의 '봉(峰)'자를 따서 '은봉(隱峰)'이라 하였던 것이다. 그만큼 그의 학문과 인생에 정몽주와 조헌이 크게 자리하였다. 특히 조헌에 대한 존숭은 그의 학문을 이해하는 데 가장 특징적인 면이다. 그는 조헌의 위상을 이렇게 설명하고 있다.

> 객이 묻기를 "세 현인 중에도 또한 우열이 있습니까?" 하니, 주인이 답하기를, "그렇습니다. 어찌 우열이 없겠습니까? 나의 옅은 식견으로 감히 가볍게 논할 수는 없지만, 우선 쉽게 볼 수 있는 것으로 논하겠습니다. 정암의 자품은 율곡보다 뛰어나지만 조예의 깊이는 율곡이 낫습니다. 중봉의 자품과 조예는 비록 정암과 율곡에 미치지 못하는 듯하나, 견식이 높고 밝은 것이나 정책을 시행하는 말과 계책은 정암과 율곡이 모두 중봉의 섬세하고 완전하게 갖춘 것보다 못하니

---

28) 앞의 책, 卷10, 〈牛山答問〉: "然 姑舍名賢 請言眞儒 圃隱後惟靜菴栗谷重峰 自少有經濟大志 及登第立朝 不量時勢 不計利害 惟以致治三代爲己任 則此三賢雖不得行道 其與行道者無異矣."

다. 내가 편찬한 〈동환봉사(東還封事)〉나 〈항의신편(抗義新編)〉을 그
대는 마땅히 자세하게 보아야 할 것입니다. 중봉 같은 이는 실로 기
자가 조선에 봉해진 이후 수천 년 동안 없었던 진유(眞儒)입니다.[29]

이와 같이 그는 조헌이 조광조나 율곡에 비해 자품과 조예에서
는 비록 부족하지만, 식견의 높고 밝음, 경세대책의 구체성과 전
체성에서는 이들보다 오히려 낫다고 평가하고 있다. 그러므로 그
는 조헌을 '기자가 조선에 봉해진 이래 처음의 진유'라고 극찬하
고 있다. 물론 안방준의 이러한 선유에 대한 평가는 논란의 여지
가 있음은 물론이다. 다만 이러한 점이 곧 그의 학풍의 특징이라
고 볼 수 있다.

그는 41세 때 조헌의 유문과 사적을 모아 〈항의신편〉을 저술한
바 있고, 50세 때에는 조헌이 질정관으로 명나라에 다녀와 쓴 소
감과 경세대책을 모아 〈동환봉사〉라 하여 간행하였다. 전자가 조
헌의 의리를 알 수 있는 자료라면, 후자는 조헌의 경세를 알 수
있는 자료로서 표리를 이루고 있다. 그는 〈항의신편〉 발문에서
"나는 선생의 문하에 들어가 덕의(德義)를 보지 못했지만, 일찍
부터 그 기풍과 의리를 흠모하였는데, 순절했다는 소식을 들은
뒤로는 더욱 간절하게 추앙하게 되었다"[30]고 하여, 그의 조헌에
대한 존숭이 의리적 측면에 있었음을 알 수 있다. 또 말하기를
"나는 약관 때부터 선생을 흠모하여 추앙하기를 태산북두처럼
할 뿐만 아니었다"[31]고 술회하고 있다.

---

29) 앞의 글: "客曰 三賢中 亦有優劣乎 主人曰 然 豈無優劣 非區區淺識所敢
輕議 姑擧其易見者論之 則靜菴之資稟 絶勝於栗谷 而造詣之深 栗谷爲優
重峰之資稟造詣 雖似未及於靜栗而見識之高明 設施之言計 靜栗皆不如重
峰之纖悉備具 愚所撰東還封事 抗義新編 君宜仔細去看 若重峰 實箕封以
來 數千載間所未有之眞儒也."

30) 앞의 책, 附錄, 上, 〈年譜〉, 先生 41歲條.

31) 위의 글, 先生 50歲條.

이렇게 볼 때, 그는 박광전, 박종정, 우계 세 사람으로부터 배웠고, 그가 평생 존숭한 이가 정몽주, 조광조, 이이, 조헌이었음을 알 수 있다. 그런데 전체적으로 살펴보면 그의 학문 형성에 있어 조헌의 영향이 가장 컸던 것으로 보인다. 그것은 《은봉전서》에서 보듯이 그가 성리학이나 예학 또는 경학에서 천착한 흔적은 별로 보이지 않는다. 이는 그의 타고난 의리적 자품과 천성에서 비롯되는 것이기도 하거니와, 그가 살았던 시대적 배경과도 무관치 않은 듯하다. 따라서 그에게는 성리이론의 전개나 토론보다는 의리적 실천과 경세제민이 그의 관심사요 평생 학문의 요체였음을 알 수 있다. 이러한 그의 학문적 특성에서 조헌에 대한 존숭이 더욱 간절했던 것이다.

3. 학 풍

안방준의 학풍은 우선 '위기지학(爲己之學)'으로 규정할 수 있다.[32] 그는 16세 때 향시에 나아갔으나 난장판이 된 시험장의 분위기에 부끄러움을 느껴 과거공부를 포기하고 오로지 위기지학에 뜻을 두었다 한다.[33] 여기에서 위기지학이란 남에게 보이기 위한 학문이 아니라 자신을 위한 학문임을 뜻한다. 즉, 출세지향의 형식적이고 과시적인 학문이 아니라, 내면적으로 자신의 지적·도덕적 성장을 추구하는 학문을 의미하는 말이다. 이러한 전통은 멀리 15세기 조선조 도학의 전통이며 이는 곧 안방준의 학맥과 직접적으로 연결된다. '은거자수(隱居自守)'의 학풍은 그의 스승인 우계에게서 볼 수 있고, 우계는 이를 그의 부친 성수침을

---

32) 앞의 책, 〈序〉: "竊惟先生生於穆陵盛際 骨相奇偉 志氣卓犖 年纔弱冠 蚤從賢師 專心爲己之學."
33) 위의 책, 附錄, 下, 〈行狀(兪棨)〉 참조.

통해 이어받았고, 이는 다시 조광조, 김굉필, 김종직으로 거슬러 올라갔던 것이다. 그리고 이러한 내성적인 도학풍은 성삼문의 순절 이후 전승되어 내려온 창녕 성씨의 가학적 전통이었다.

우계는 안방준에게 준 편지에서, 선비의 학문은 반드시 진실한 마음과 각고의 공부와 사우의 도움과 내외의 수양이 갖추어진 뒤에야 얻음이 있을 것이라 하고, 마땅히 먼저 자신의 기질의 병폐를 살펴 자기의 사욕을 바르게 다스려, 남은 것은 덜고 부족한 것은 채워야 한다고 훈계하였다.[34] 이어 우계는 안방준이 나이가 젊고 재능이 남달라서 기가 날카롭게 밖으로 드러나니, 이 세상을 살아가는 데 안덕(安德)의 기초는 아닌 듯싶다 경계하고, 일념으로 학문하되 반드시 효제와 충신으로 근본을 삼고, 겸손과 졸눌(拙訥)로 바탕을 삼아, 마음을 가라앉히고 독실하게 공부하여, 글을 부지런히 읽으면서 뜻을 사색하고 조행(操行)을 굳건하게 지키면, 맑고 밝은 아름다운 뜻을 마침내 이룰 수 있을 것이라고 하였다.[35] 이러한 우계의 가르침은 그의 학문 형성에 많은 영향을 미쳤고, 그의 학풍이 위기지학으로서의 특징을 갖게 되었다.

이는 그의 인품을 통해서도 입증된다. 문인 서봉령(徐鳳翎)이 쓴 〈유사(遺事)〉에 의하면, 그는 어려서부터 자신을 규율하여 검소하게 살면서 화려하고 아름다운 옷을 입지 않았으며, 가난을 편히 여기고 도를 즐기며, 세간의 걱정을 마음속에 두지 않았다 한다. 권세와 이익, 화려한 벼슬을 뜬구름같이 보았고, 평소 거

---

34) 앞의 책, 附錄, 下, 〈行狀(兪棨)〉: "竊見士之爲學 必有眞實心地 刻苦工夫 師友夾輔 內外交養 然後庶幾有得 而尤當自察自家氣質之病 克己矯治 損其有餘 補其不足."

35) 위의 글: "賢者年富而氣銳 居今之世 恐非安德之基也 誠願一意下學 必以孝悌忠信爲本 以謙遜拙訥爲質 以沈潛篤實爲工 勂書玩索 堅固操持 則以淸明之美志 終必有所至矣."

처할 때에는 잘난 체하지 않아 타인과 크게 다름이 없는 것처럼
하였으나 출처와 진퇴, 사양하고 받고, 취하고 주는 절차는 각각
의리에 합당하지 않음이 없었다 한다.[36)

그런데 이러한 그의 위기지학의 요령은 경의(敬義)로써 뜻을
세우고 박약(博約)으로써 지식을 이루는 데 있었다. 그는 문희순
(文希舜)에게 답한 편지에서 "자신을 닦는 길은 경(敬)으로서 마
음을 보존하고 의(義)로서 성찰하는 데 있으니, 움직일 때나 고
요할 때나 그 상도(常道)를 잃지 않는다면 결국 본래로 되돌아갈
날이 없을 것이다"[37)라고 훈계하였다. 또 다른 편지에서는 다음
과 같이 훈계하고 있음을 볼 수 있다.

그대가 세상사람들과 더불어 분주히 떠들어대지 않고, 과거시험장
에 발걸음을 끊은 채 오로지 자신을 위하는 학문에 마음을 쏟는다 하
니, 참으로 감탄하여 칭찬하는 바이네. 보내 준 내용은 도에 나아가
수양하는 실천공부 아님이 없지만, 어찌 늙어서 쇠약한 사람이 감당
할 수 있는 것이겠는가? 정부자(程夫子)가 말하기를, "함양하는 데는
반드시 경으로 해야 하고, 학문의 진보는 지식을 이루는 데 있다" 했
으니, 대개 사람으로 하여금 실천을 돈독히 하여 자득하라는 뜻이네.
바라건대 그대가 경의(敬義)로서 뜻을 세우고, 박약(博約)으로서
지식을 이루되, 더욱 마음을 성찰하고 기질을 다스리는 공부에 힘써
조금씩 축적하여 앞으로 나아가기를 그치지 않는다면, 지식과 행위
가 함께 이루어지고 안과 밖이 일치하여 자신도 모르는 사이에 옛 성
현의 경지에 들어갈 수 있네.[38)

---

36) 앞의 책, 附錄, 下,〈遺事(徐鳳翎 記)〉: "先生自少律己儉約 不御華美之服
安貧樂道 不以世累介懷 勢利芬華 視之若浮雲 平居不務矜持 若無甚異於
人 而至於出處進退辭受取與之節 無不各當其義."

37) 위의 책, 續集, 卷1,〈答文汝華〉, 癸亥: "但爲己之道 敬以存之 義以察之
使一動一靜 不失其常 則終有歸宿之日矣."

38) 위의 책,〈答文汝華〉, 癸未: "第悉吾賢不與世人奔喧 斷迹荊園專心爲己
誠所歎賞 來示莫非進修之實踐 而豈其衰耗者之所可承當也 程夫子曰涵養

이와 같이 안방준은 위기지학의 요령을 정주(程朱)의 뜻에 따라 경의(敬義)로서 뜻을 세우고 박약(博約)으로서 지식을 이루되, 성찰(省察)공부와 기질변화의 공부를 병행함으로써 지행과 내외가 두루 부족함이 없는 진실한 공부가 이루어질 수 있다고 보았다.

이러한 관점에서 그의 학문관을 검토해 보기로 하자. 앞에서 말했듯이 그는 16세 때 이미 과거시험장의 문란한 행태를 보고 실망하여 과거시험을 포기하였다. 그리고 그는 말하기를 "세상에서 선비라고 이름을 내세우는 자가 장구나 찾을 줄 알 뿐, 위기의 학에 대해서는 어리석게도 어떻게 해야 할 줄 모르니 개탄할 일이다"하고, 마침내 오로지 성리학에 마음을 쏟았다고 한다.[39]

이처럼 그에게 있어서는 과거를 보아 입신출세하는 세속적인 학문은 진정한 의미에서의 학문이 아니었다. 자신의 몸과 마음을 닦기 위한 학문이 참된 학문이었다. 이러한 관점에서 그는 다음과 같이 자신의 학문관을 설명하고 있음을 볼 수 있다.

> 또 세상에서 이른바 학문이란 과연 무엇인가? 말 한 마디와 행동한 가지라도 예법에 맞게 하고 충효대절(忠孝大節)이 옛 사람에게 부끄러움이 없는 자는 학문하는 선비가 될 수 없고, 기억하고 외우는 것에 종사하여 단지 입과 귀만을 도우며 소리 높여 성명(性命)을 말하고 말은 잘하나 행동이 어긋나는 자를 학문한다 할 수 있겠는가?[40]

須用敬 進學則在致知 盖欲人篤實自得之義也 願賢立之以敬義 致知以博約 益加以省察克治之工銖銖 而累寸寸而積進進不已 則知行竝造表裏一致 自不覺其入於古賢之域矣."

39) 위의 책, 〈年譜〉, 先生 16歲條.

40) 위의 책, 卷6, 〈壬辰記事〉: "且世所謂學問者 果何事耶 一言一行 動邊禮法 忠孝大節 無愧于古人者 不得爲學問之士 而從事記誦 只資口耳 高談性命 靜言庸違者 乃可謂學問乎."

여기에서 그는 세속적 학문에 대한 그릇된 인식을 비판하면서
진정한 학문이 무엇인가를 밝혀 주고 있다. 안방준에 의하면 독
서하고 강학하는 것은 이전의 말과 지나간 행동을 정확히 알아서
그 덕을 쌓는 것에 불과하다. 선비된 자가 학문을 하고자 한다면
《소학》한 책이면 족하고, 치평의 대업을 구하고자 한다면《대
학》한 책이면 족하다고 말한다. 오늘의 학자는 죽도록 강학하여
만 권의 책을 독파하지만 하루도 몸소 실행하지 않고, 한 글자도
가슴에 새기지 않으니, 이는 아침 내내 밥 먹는 얘기만 하고 하
나도 배부름을 얻지 못하는 것과 같다 하였다. 그렇다면 글을 읽
은들 무슨 보탬이 있겠느냐고 반문하였다. 따라서 사람의 자식된
자가 '효(孝)'자를 배우면 반드시 어버이에게 효도를 실행해 본
뒤에야 비로소 '효'자를 배운 사람이라 부를 만하고, 사람의 신하
된 자가 '충(忠)'자를 알면 반드시 임금에게 충성을 실행해 본 뒤
에야 비로소 '충'자를 아는 사람이라고 부를 만하다 하였다. 진실
로 충과 효를 실행함이 없다면, 비록 '충효' 두 글자를 수만 번 외
우더라도 애초에 '충효' 두 글자를 모르는 것과 무엇이 조금이라
도 다르겠느냐 하였다.[41] 이처럼 그에 있어서 학문은 지식의 암
기나 이해가 아니라 실천성에 있었다. 즉, 충과 효의 이치를 이
해하는 것이 중요한 것이 아니라, 그 충과 효를 직접 실천하고
체험하는 데 학문의 본의가 있다고 보았다.

　이러한 그의 학문세계는 이론적 탐구에 있었던 것이 아니다.

---

41) 앞의 책, 附錄, 下, 〈遺事(徐鳳翎)〉: "先生嘗以爲讀書講學 此不過多識前
　　言往行 以蓄其德矣 爲士者欲爲學問 則小學一書足矣 欲求治平之大業 則
　　大學一書足矣 今之學者 終身講學 讀破萬卷 而無一日之躬行 無一字之服
　　膺 是猶終朝設食 不得一飽者也 然則讀書有何所益 夫爲人子而學得孝字
　　則須服行孝親之實 然後方可謂學得孝字人矣 爲人臣而識得忠字 則須服行
　　忠君之實 然後方可謂識得忠字人矣 苟無忠孝之行 雖忠孝二字萬萬遍誦
　　與初不識有忠孝二字者 有何小異."

그는 실천에 돈독하여 내적인 행위도 순수하였다. 후세의 말 잘
하고 듣기만 하는 습성을 깊이 경계하여 항상 후생을 가르칠 때
상채(上蔡)의 앵무새의 조롱을 예로 들어 자세히 설명하였다. 이
처럼 지식과 행위가 일치하였기 때문에, 그의 도덕과 학문의 내
실은 나아가서는 임금을 높이고 백성을 보호할 수 있었으며, 물
러나서는 말을 후세에 전할 수 있었던 것이다.[42]

그러므로 성문(聖門)의 다섯 조목에서 널리 배우고, 자세히 묻
고, 신중히 생각하고, 밝게 변별하는 공부는 간혹 있었지만, 독
실한 행동 한 가지 일은 없는 듯하니, 어찌 후학들이 경계하여
거울로 삼아야 할 바가 아니겠느냐고 하였다. 따라서 은봉의 평
생 강학은 다만 그 대의가 강상과 윤기(倫紀)에 관계되는가를 관
찰했을 뿐, 훈고나 사장의 학문은 하지 않았다고 보았다.[43] 이러
한 그의 학문관은 그로 하여금 성리의 사변적 탐구에서 벗어나
의리의 실천과 경세에 주력했던 것이며, 성리의 이론에 밝았던
권근(權近)보다는 의리의 실천에 모범을 보인 정몽주를 높이 평
가하여, 그의 평생 학문이 무실(務實)을 위주로 하였던 것이다.[44]

그렇다고 그가 유학의 이론적 탐구를 전혀 하지 않았다는 말은
아니다. 그것은 김희순(金羲淳)이 쓴 〈시장(諡狀)〉에 의하면 그의
학문은 추(鄒)·노(魯)·낙(洛)·민(閩)의 여러 글을 꿰뚫었는데,
온 힘을 쏟아 공부한 책은 증전(曾傳: 大學) 한 권뿐이었다 한다.

---

42) 앞의 책, 〈序(趙秉悳)〉: "先生踐履篤實 內行純備 深以後世口耳之習爲戒
每於訓誨後生也 輒擧上蔡鸚鵡之譏以申申焉 其知行之竝進有如此者 以先
生道德學問之實 出可以尊主庇民 處可以立言垂後."

43) 위의 책, 附錄, 下, 〈遺事〉: "聖門五科 其博學審問愼思明辨 則或有之 篤
行一事則闕如也 豈非後學之所可警惕而鑑戒者也 是以我先生平生講學 只
觀其大義有關於綱常倫紀者 而不爲訓詁詞章之學矣."

44) 위의 책, 附錄, 下, 〈戊午伸救疏(吳道一)〉: "權近之覃思墳典 博觀載籍 比
之鄭夢周 殆有加焉 而夷考其實行 終不免爲失節之人 則其視以一身而撑
柱五百年綱常者 不翅天淵矣 安邦俊之平生爲學 以務實爲主……"

170

이기심성과 사단칠정을 논할 때는 한결같이 율곡의 학설로 절충
하였는데, 그 변석(辨析)한 바에 미묘하고 그윽한 뜻을 밝혀 낸
공이 많았다고 한다. 고금의 경례(經禮)에 대해서도 다수 고증하
여 설명하였는데, 우계가 의서(衣書)를 부탁하고 김장생이 정박
(精博)하다고 칭송한 것은 대개 이 때문이었다.[45] 이를 통해서 대
략 그의 학문적 경향을 어느 정도 짐작할 수 있다. 도학적 실천
에 있어 중시되었던 《소학》과 유교적 수기치인의 체계를 담은
《대학》을 중시하였음을 알 수 있다. 또한 그의 성리학적 입장은
율곡의 설에 바탕을 두고 자신의 입장에서 절충하였는데, 분석이
정밀하여 미묘하고 숨겨진 이치를 파헤친 공력이 많아 우계가 매
우 탄복하고 정중히 대우하였다 한다. 또 '구방심(求放心)' 세 글
자를 항상 마음에 두어 실행하도록 하여, 마침내 도를 남방에서
구현하라는 부탁을 이어받았으니, 심의(深衣)와 《심경》을 전수
한 뜻이 바로 여기에 있었던 것이다. 또한 전례(典禮)를 고증하
였는데, 김장생이 그 정밀하고 해박함을 인정하였다.[46] 다만 이
러한 그의 이론유학의 자취가 전해지지 못함은 다소 아쉬운 일
이다.

둘째는 의리적 학풍에 있다. 그는 평생을 의리의 실천에 바쳤
다고 볼 수 있고, 그의 저술활동 또한 의리적 사실을 후세에 전
함에 있었다. 그는 절의는 국가의 원기(元氣)라 하고, 사람은 원
기가 없으면 죽고, 나라는 원기가 없으면 망한다 하였다. 그러므

---

45) 앞의 책, 附錄, 下, 〈謚狀(金義淳)〉: "該貫於鄒魯洛閩諸書 用力之深 尤在
曾傳一部 理氣心性四端七情之論 一以折衷於李文成之說 其所辨析 多有
發微闡幽之功 古今經禮 亦多考證而著說 牛溪衣書之托 沙溪精博之稱 蓋
有以也."
46) 위의 책, 附錄, 卷3, 〈神道碑銘(宋時烈)〉: "至於近代儒先所論理氣先後四
端七情等說 同異得失一皆栗谷之說折衷之 而辨析精悉多有發微闡幽之工
牛溪先生深加歎服而敬重之 又以求放心三字俾佩之 終承道南之託 深衣心
經之傳其在此歟 於古今典禮亦有考證 而沙溪先生許其精博."

로 옛날에 창업했거나 중흥을 이룩한 군주가 모두 절의를 기리고
높이는 것으로 급선무로 삼은 것이 바로 이 때문이라 하였다.[47]

그는 임진왜란 당시 수많은 의병의 역사적 사실과 왜적과 싸운
충절의 전말을 후세에 남겨 교훈으로 삼고자 노력하였다. 그는
24세 때인 1596년 최경회를 비롯한 진주성의 전투상황을 소상히
적어 〈진주서사〉를 썼고, 1613년 41세 때 조헌의 유문과 사적을
모아 〈항의신편〉을 저술하였다. 2년 후 그는 다시 〈호남의록〉,
〈임정충절사적〉, 〈삼원기사〉를 편찬하였다. 〈호남의록〉은 호남
의 충절인으로 최경회(崔慶會), 정운(鄭運), 백광언(白光彦), 소상
진(蘇尙眞), 황진(黃進), 장윤(張潤), 김경로(金敬老), 안영(安瑛),
유팽로(柳彭老), 양산도(梁山濤), 문홍헌(文弘獻), 최희립(崔希
立), 강희열(姜希悅), 오유(吳宥), 오빈(吳玭), 김인혼(金麟渾) 등
16인의 유사와 행적을 기록한 것으로, 당시 임진왜란에서 의병
들의 활동상을 알 수 있는 귀중한 사료적 가치를 갖는다. 〈임정
충절사적〉은 동래부사 송상현 등의 충절사적을 기록한 것이며,
〈삼원기사〉는 김덕령(金德齡), 김응회(金應會), 김대인(金大仁)
세 사람의 충절에 대한 억울함을 변명한 글이다. 또 그는 충무공
등 임진왜란 당시 승전 주역들의 행적과 의병들의 활약상을 기록
하여 〈노량기사〉를 썼고, 임진왜란이 일어나게 된 근본적 배경으
로 율곡의 양병론(養兵論), 조헌의 절왜론(絶倭論), 김건재(金健
齋)의 방어책 등이 채택되지 못한 아쉬움과 왜란의 전황을 적어
〈임진기사〉를 남겼다. 또 이항복이 올린 왜란 중의 상황보고를
자신의 관점에서 비평하고 논변한 〈백사론임진제장사변(白沙論
壬辰諸將士辨)〉을 썼다.

또 그는 도학적 의리의 모범으로 일컬어지는 조광조를 중심으

---

47) 앞의 책, 卷2, 〈言事疏〉, 丙戌: "夫節義 國家元氣 人無元氣則死 國無節
義則亡 是以古之創業中興之君 莫不以襃崇節義爲急先之務者 良以此也."

로 한 기묘명현의 자취를 기록하여 〈기묘유적〉을 썼고, 조헌의
글들이 당쟁의 와중에서 편당으로 지목되자, 이에 대한 해명을
목적으로 〈사우감계〉를 썼다. 그는 또 1575년부터 1650년까지
동서 양측의 시비를 모아 편집하고, 이에 대하여 자신의 관점을
서술한 〈혼정편록〉을 썼다. 이와 같이 그는 평생 충절과 의리의
사적을 소상히 기록하여 후세에 전하고자 하였고, 이를 통해 의
리 충절의 기풍이 길이길이 진작되기를 바랐다. 이는 그의 강렬
한 역사의식을 엿볼 수 있는 증거이며, 그에 대한 평가가 철학
뿐만 아니라 역사적 시각에서 조명되어야 할 이유가 된다.

이제 그가 충절, 의리정신을 부식하고자 노력한 흔적을 살펴보
기로 하자. 1640년에 올린 상소에서 병자호란 때 순절한 김상용
(金尙容)이 정당하게 포상되지 못함을 강하게 비판하고 있고,[48]
김상헌(金尙憲), 정온(鄭蘊), 유백증(兪伯曾) 등의 절의에 대한 공
정한 평가를 통해 충효의 윤리를 확립해야 한다고 하였다.[49] 그
는 또 광해군 때 박승종(朴承宗)이 인목대비를 옹호하다 정인홍,
이이첨 등과 함께 적몰(籍沒)당한 것은 잘못된 일이라 지적하고,
김상용의 죽음을 부질없는 죽음으로 보는 것도 잘못이라 비판하
였다. 아울러 홍익한(洪翼漢), 윤집(尹集), 오달제(吳達濟) 삼학사
(三學士)의 가족들이 지방에 유리하여 걸식하며 살아가는데도 이
에 대해 무관심한 것은 잘못이라 비판하고 있다.[50]

그는 무신년(선조 41년) 이후 적신(賊臣)이 국가를 맡아 정치와
형벌이 문란하였으며, 절의를 지킨 사람을 마치 원수 보듯이 하
여 포상하는 일을 다시 거행하지 않고 있다 하고, 이로 인해 충
신과 열사의 후예는 도리어 향리의 보통 사람들보다 못하게 되었
고, 다른 지역으로 흩어져 유리 걸식하는 자가 많으니, 어떻게

---

48) 앞의 책, 卷2, 〈言事疏〉.
49) 위의 글.
50) 위의 책, 卷2, 〈言事疏(丙戌)〉.

의리와 충절을 부식할 수 있겠느냐고 하였다.[51] 이와 같이 안방준이 저술한 모든 글들이 충효를 말하고, 윤리강상을 밝히며, 사우(師友)를 존경하고, 사정(邪正)을 분별하며, 도학을 높이고, 억울함을 밝히며, 절의를 장려하는 글이었다.[52]

이러한 관점에서 그는 1636년 인조에게 우계와 율곡에 대한 모함을 변론하는 상소를 올려, 시비를 분명히 가리고 도학적 의리를 바로 세워야 한다고 하였다.[53]

그런데 안방준은 절의와 도학, 명현과 진유에 대해 나름대로의 견해를 분명히 하고 있다. 그는 말하기를, 우리 조선은 수백 년 사이에 선비라는 자를 잇달아 배출하였으나, 그 출처의 큰 절의는 논하지 않고 오직 경전을 읽고 글을 짓는 것을 학문이라 하고, 고상한 말로 크게 떠드는 것을 절의로 여겼다 한다.[54] 절의란 학문 가운데 일인데, 지금 사람들은 이를 구분하여 별개의 일로 여기니 개탄할 일이라 하였다. 대체로 성인이 도를 닦고 가르침을 세우는 것은 삼강오륜일 따름인데, 이른바 절의는 이를 붙잡아 세우는 것이라 하였다. 후세에 의리가 밝지 못하여 마침내 도학과 절의를 둘로 나누었으니, 절의를 버리고 도학을 아는 사람을 보지 못하였다고 하였다.[55]

이와 같이 안방준은 도학과 절의를 둘로 나누는 후세의 잘못된

---

51) 앞의 책, 卷3, 〈與延平李相公貴別紙〉.

52) 위의 책, 附錄, 卷3, 〈神道碑銘(宋時烈)〉: "由是凡所著纂錄 無非所以言忠孝 明倫綱 隆師友 辨邪正 崇道學 明冤枉 獎節義等書也."

53) 위의 책, 卷2, 〈辨栗牛兩先生被誣疏(丙子)〉.

54) 위의 책, 卷3, 〈答兪武仲別紙〉: "大抵我朝數百年間 名爲士者相繼而生 不論其出處大節 惟以讀經著書 謂之學問 高談大言 謂之節義."

55) 위의 책, 附錄, 卷3, 〈神道碑銘(宋時烈)〉: "又曰節義是學問中一事 而今人歧而貳之 是可慨也 夫聖人修道立教 三綱五常而已 而所謂節義者 所以扶植此物也 後世義理不明 邃分道學與節義爲二 吾未見舍節義而爲道學也."

관행에 대해 비판하고, 진정한 도학은 절의를 겸하는 것이라 하였다. 달리 말하면 절의가 결여된 도학이란 진정한 의미에서의 도학이라 할 수 없고, 의리적 실천이 수반되어야 진정한 의미에서의 도학이라 하였다.

이러한 관점에서 그의 선유에 대한 평가는 주목할 만하다. 그는 말하기를, 정몽주 이후에 오직 조광조, 이이, 조헌만이 젊어서부터 국가를 경영할 큰 뜻을 품었다 하고, 과거에 급제하여 조정에 나아가자 시세를 헤아리지 않고 이해를 계산하지 않으면서, 오직 삼대의 정치를 이루기를 자신의 임무로 삼았으니, 이 세 현인이 비록 도를 실행할 수 없었으나 그 도를 행한 것과 다름이 없다고 하였다.[56] 이처럼 그는 정몽주 이후 진유(眞儒)로서 조광조, 이이, 조헌 세 사람을 들고 있는데, 그렇게 보는 근거는 다름 아닌 이해와 시세를 떠나 유가적 도의 실현을 자신의 책무로 인식하고 실천하였다는 데 있었다.

그는 또 조광조의 자품은 율곡보다 훨씬 뛰어나지만, 조예의 깊이는 율곡이 낫다고 하였다. 조헌의 자품과 조예는 비록 조광조와 율곡에 미치지 못한 듯하나, 견식이 높고 밝은 것이나 정책을 시행하는 말과 계책은 조광조와 율곡이 모두 조헌의 섬세하고 완전하게 갖춘 것보다 못하다고 평가하였다. 그리고 〈동환봉사〉나 〈항의신편〉을 통해서 볼 때, 기자가 조선에 봉해진 이후 최초의 진유가 바로 조헌이라 평가하였다.[57] 이는 그가 정몽주, 조광

---

56) 앞의 책, 卷10, 〈牛山答問〉: "然 姑舍名賢 請言眞儒 圃隱後惟靜菴栗谷重峰 自少有經濟大志 及登第立朝 不量時勢 不計利害 惟以致治三代爲己任則此三賢雖不得行道 其與行道者無異矣."

57) 위의 글: "姑擧其易見者論之 則靜菴之資稟 絶勝於栗谷 而造詣之深 栗谷爲優 重峰之資稟造詣 雖似未及於靜栗 而見識之高明 設施之言計 靜栗皆不如重峰之纖悉備具 愚所撰東還封事抗義新編 君宜仔細去看 若重峰 實箕封以來 數千載間所未有之眞儒也."

조, 율곡을 진유로서 존숭하지만, 그 중에서도 조헌을 가장 대표적인 진유로 일컫고 있음을 말한다.

안방준은 어떤 사람을 명현이라 부를 수 있고, 어떤 사람을 진유라고 부를 수 있느냐는 물음에 대해 이렇게 대답하였다.

> 학문은 남음이 있는데 절의가 부족한 사람이 있는가 하면, 학문은 부족한데 절의가 남는 사람이 있으니, 학문은 남는데 절의가 부족한 사람보다는 오히려 학문은 부족한데 절의가 남는 사람이 낫다. 명현 (名賢)과 진유(眞儒)의 차이는 학문에 있지 않고 절의에 달려 있다.[58]

여기에서 우리는 안방준이 학문과 절의 가운데 절의에 더 비중을 두고 있음을 분명히 알 수 있다. 이러한 관점에서 그는 우리 동방의 학문은 정포은과 권양촌으로부터 시작되었는데, 그 학문을 논한다면 양촌이 포은보다 훨씬 뛰어나지만, 그 절의를 논한다면 양촌은 볼 만한 것이 없다고 평가하였다. 조선조에 이르러서도 그 폐단이 아직 남아 학문과 절의를 둘로 나누어 여긴다 하고, 명현이 많다고는 하나 진유는 적은데, 모든 사람들이 그것을 능히 변별하지 못하므로 자신이 개탄하여 명현과 진유를 나누어 지목했던 것이라 하였다.[59] 이처럼 안방준은 권근이 학문에 있어서는 정몽주보다 훌륭하지만, 절의에 있어서는 권근보다 정몽주가 훌륭하다고 보아, 정몽주의 의리적 실천을 높이 평가하였다.

특히 그는 길재의 언행과 출처가 양웅(楊雄)의 무리와 비슷한

---

58) 앞의 글: "客曰 名賢眞儒 其有異乎 主人曰異 客曰然則何如斯可謂之名賢 何如斯可謂之眞儒乎 主人曰 有學問有餘而節義不足者 有學問不足而節義 有餘者 與其學問有餘而節義不足 不若學問不足而節義有餘者 名賢眞儒之 異 不在於學問 而在於節義而已."

59) 위의 글: "吾東方學問 自鄭圃隱權陽村始 論其學問 則陽村過 圃隱遠矣 論其節義 則陽村無足可觀 至于我朝 其弊猶存 學問節義 分而爲二 名賢 雖多 而眞儒則少 擧世之人 莫之能辨 此愚之所嘗慨歎 而目之以名賢眞儒 者也."

데, 사관이 유일(遺逸)과 절의(節義)로 대서특필하여 백이(伯夷),
숙제(叔齊)와 비교하게 이르렀다고 평가하였다. 따라서 훗날 역
사를 쓰는 자는 이 일을 경계로 삼아, 여러 명현의 공덕과 사업
을 쓰거나 삭제할 때에 더욱 신중히 하지 않으면 안 된다고 하였
다.[60] 이는 일반적으로 길재를 정몽주와 더불어 고려 충절의 상
징적 인물로 평가하고 있는 것과는 다른 것으로 주목할 필요가
있다. 그러면 안방준이 길재의 의리에 대해 과소평가하려는 이유
는 무엇일까? 그것은 길재가 이방원에게 보낸 편지에서 "신은
본래 한미(寒微)하여 신씨(辛氏) 조정에서 벼슬에 나아가 문하주
서(門下注書)에 이르렀습니다. 신은 여자는 두 남편을 섬기지 않
고 신하는 두 임금을 섬기지 않는다고 들었습니다. 바라건대 고
향으로 돌아가게 놓아 주시어 두 성씨를 섬기지 않으려는 신의
뜻을 이루게 해 주십시오"라고 하였는데, 이에 대해 안방준은 다
음과 같이 비평하고 있다. 즉, 그가 "신돈의 조정에서 급제하여
처음으로 벼슬에 나아갔다가 왕씨가 복위함에 이르러 곧장 고향
으로 돌아와 몸을 마치려 하였습니다"라고 말한 것은 자신은 신
씨의 신하이지 왕씨의 신하가 아님을 내보인 것이요, 또 "신은 본
래 한미하여"라고 운운한 것은 은연중 집안이 대대로 왕씨의 녹
을 먹지 않았음을 스스로 밝힌 것이라 하였다. 집안이 대대로 한
미하여 비록 녹을 먹지는 않았지만, 500년 왕씨의 백성이 아니냐
고 반문하였다. 500년 왕씨의 백성으로 역적 신돈의 자식에게 신
하 노릇을 했다면, 참으로 이는 양웅의 무리요 그가 한 말은 자
못 심한 점이 없지 않다고 보았던 것이다.[61]

---

60) 앞의 책, 卷3, 〈答李汝固問目〉, 別錄: "我朝數百年間 名賢相繼而出 至論
其眞儒 則纔數人而已 麗季吉注書再 言行出處 是楊雄之徒 而史以遺逸節
義 大書特書 至比於夷叔 後之作史者 以此爲戒 諸名賢事業功德筆削之際
尤不可不慎也."

61) 위의 책, 卷10, 〈牛山答問〉.

이러한 안방준의 길재에 대한 평가는 우리들의 일반적인 평가와는 다소 다른 점이다. 일반적인 길재의 의리는 고려왕조와 조선왕조를 가지고 말한 것임에 대해, 그의 척도는 길재가 왕씨의 백성으로 신씨의 조정에서 벼슬한 행위가 이미 의리에 어긋났다고 보는 것이다. 길재에 대한 의리적 평가는 이론의 여지가 있으나 그의 엄정한 의리적 평가는 주목되는 바 있다.

이와 같이 안방준의 학풍은 의리적 특성에 있고, 실천적 학풍에 있었다. 그러므로 그는 성리의 사변적 탐구보다는 의리적 실천과 의리의 부식에 평생 주력하였음을 알 수 있다. 그것은 그가 도학의 해석에서도 절의가 없는 도학은 진정한 의미에서 도학이라 할 수 없다고 한 것이나, 명현과 진유를 구별하면서 절의와 행도(行道)를 결여한 이론유학자를 진정한 의미에서 진유라고 볼 수 없다고 평가한 데서 여실히 입증된다. 이러한 관점에서 그가 조헌을 조광조나 율곡보다도 오히려 높이 평가하고 있음을 볼 수 있다.

이렇게 볼 때, 안방준의 위기지학의 학풍과 의리적 학풍은 우계학파의 전통을 계승한 것이라 하겠고, 가까이는 스승 박광전의 영향을 받으면서 우계를 통해 창녕 성씨의 의리적 전통과 자수(自守)의 학풍을 이어받은 것이라 생각된다. 또한 평생 그의 존경과 흠모의 대상이 되었던 조헌의 영향도 매우 컸음을 간과할 수 없다. 물론 안방준이 살았던 시대적 배경, 즉 임진왜란이라는 국가적 위기도 그의 의리적 학풍에 영향이 없지 않았을 것이다.

제4절 포저 조익

1. 생애와 저술

조익(趙翼, 1579~1655)은 우리 나라 초기 양명학자의 한 사람으로 범 우계학파에 속하는 유학자이다. 그는 서울 출신으로 자는 비경(飛卿), 자호는 존재(存齋)인데, '포저(浦渚)선생'이라 불렀다.

그는 9세에 김계희(金繼熹)에게 글을 배웠고, 16세 때 공주로 가서 공부하다 다시 구포로 돌아와 월사(月沙) 이정구(李廷龜)의 문하에서 수업하였다. 17세에 퇴계 계통의 학문을 계승한 외종조 월정(月汀) 윤근수(尹根壽)에게서 문장학을 배웠다. 1602년 문과에 급제한 이후 정학, 검열을 거쳐 좌의정, 우의정을 역임하였다. 1611년 수찬에 재직 중 이언적과 이황의 문묘종사를 반대한 정인홍을 탄핵하다가 고산찰방으로 좌천되기도 하였다. 또 좌의정 재직시에는 우계와 율곡의 문묘종사를 상소하다가 허락되지 않자 사직하기도 하였다. 송시열이 지은 조익의 신도비문이나 남구만이 지은 최명길 비문에 의하면, 그는 최명길, 장유, 이시백과 일찍이 친밀한 교우관계를 맺어 세칭 '사우(四友)'로 불리었다. 그의 학통이 퇴계에 가깝지만, 그의 묘비명에 의하면 독학으로 일가를 이룬 것으로 보이며, 특히 그의 학문하는 태도는 자주적이며 진보적이었다. 이는 다음과 같은 그의 학문관을 통해 잘 알 수 있다.

그는 말하기를 "진리는 천하 고금을 통해 다를 바 없는 공물(公物)이다. 성현의 말씀이나 가르침 그리고 후현(後賢)의 경전 해석은 바로 이러한 진리를 탐구하는 것이다. 만약 혹 의심나는 곳이 있으면, 마땅히 거듭 깊이 생각하여 그 귀착처를 궁구하여 극진히 할 뿐이다"[1]라고 하였다. 여기에서 우리는 그가 당시 주자학 또는 성리학 일색의 학문풍토에서 벗어나 자유롭게 학문하고자 했음을 알 수 있다. 따라서 그는 20세가 되기 전에 유학뿐 아니라 음률(音律), 복서(卜筮), 병법, 불교에 이르기까지 두루 섭렵하지 않은 것이 없었다.

그의 학문적 관심은 크게 두 가지로 볼 수 있으니, 하나는 성리학이요 또 하나는 양명학이다. 그는 말하기를 "사서오경은 나의 종신 일이다. 이 밖에 후세의 대현(大賢) 정(程)·주(朱)의 글 또한 마땅히 읽어야 하니 경서와 같다.……전성후현(前聖後賢)이 만세의 사법(師法)이 되므로, 우주 이래 글의 정요(精要)한 것은 사서의 뒤로는 정·주의 글이다."[2]라고 하여, 외면적으로는 그가 성리학자임을 분명히 하고 있다.

그러나 그는 당시 양명학에 많은 관심을 가졌던 최명길, 이시백, 장유와 도우로서 깊이 사귀었을 뿐만 아니라, 그의 경학사상에는 양명학적 색채가 매우 짙다. 따라서 그는 우리 나라 초기 양명학자로 분류된다.[3]

그는 비교적 저술활동을 활발히 한 편이어서 저술한 분량이 방대하다. 그의 대표적인 저술로는 〈독율곡여우계논심성정이기서(讀栗谷與牛溪論心性情理氣書)〉, 〈역상개략(易象槪略)〉, 〈주서요류(朱書要類)〉, 〈지경도(持敬圖)〉, 〈심학종방도(心學宗方圖)〉, 〈답박인지논물격서(答朴仁之論物格書)〉, 〈논어천설(論語淺說)〉, 〈대학

---

1) 《浦渚先生年譜》, 卷2, 〈墓誌銘〉: "此理 乃天下古今所同然之公物也 先聖之立言垂訓 後賢之解釋經義 乃所以求此理也 如或有疑 當反復深思究極其所歸而已."

2) 《浦渚全集》, 卷 第20, 〈開惑淺語〉: "四書五經 乃吾終身事 此外後世大賢 程朱之書 又當讀之 與經書同也……前聖後賢 爲萬世師法 故宇宙以來 書之精要者 四書之後 則程朱之書也."

3) 유승국, 〈한국근대사상사에 있어서 양명학의 역할〉, 《동양철학연구》, 근역서재, 1983 참조.

곤득(大學困得)〉,〈심법십이장(心法十二章)〉,〈개혹천어(開惑淺語)〉,〈맹자천설(孟子淺說)〉,〈서경천설(書經淺說)〉,〈가례향의(家禮鄕宜)〉,〈심법요어(心法要語)〉등이 있다.

그의 저술 가운데 성리학에 관한 저술은 그가 20대에 쓴〈독율곡여우계논심성정이기서〉가 대표적이고,〈역상개략〉,〈주서요류〉,〈답박인지논물격서〉도 있다. 그러나 위 저술에서 보듯이 그는 경학에 많은 관심을 갖고 연구하였으며, 그 속에는 심학이 주류를 이루고 있고, 경(敬)을 중심으로 한 수양론이 핵심을 이루고 있다.

2. 성리학적 체계

조익은 일생을 통해 이론성리학에 그리 몰두하지 않은 것으로 보인다. 그보다는 유가 경전의 본래적인 해석에 관심이 많았고, 마음공부를 통한 참된 자아의 실현에 주력하였다. 그의 성리학적 관심은 26, 7세 때〈독율곡여우계논심성정이기서(讀栗谷與牛溪論心性情理氣書)〉라는 성리학에 관한 논문을 남겼고, 40세 때에는 잠야(潛冶) 박지계(朴知誡, 1573~1635)와 만회(晩悔) 권득기(權得己, 1570~1622)간에 격물치지(格物致知)에 관한 논변을 벌였는데, 자신의 입장에서 이를 정리한〈답박인지논물격서(答朴引之論物格書)〉를 쓰기도 했다. 또한 50대부터 죽기 3년 전까지 20여 년간〈주서요류(朱書要類)〉의 편집을 완성하여 주자성리학에 대한 깊은 관심을 보여 주고 있다. 아울러 그는〈논어천설〉,〈중용곤득〉,〈대학곤득〉,〈맹자천설〉,〈서경천설〉등의 경학연구를 통해 학문방법 및 수양론에 관한 자신의 견해를 밝히고 있는데, 여기에 그의 심학적 색채가 많이 나타나 있다.

먼저 조익의 이기론을 통해 세계에 대한 인식을 보기로 하자. 특히 그의 '리(理)'에 대한 견해는 특이한 바 있다. 조익은 '이생

기(理生氣)'를 전제하므로[4] '리'가 '기'를 생한 이전과 이후를 구
별해 보게 된다. 리가 기를 낳기 이전의 리는 기와 마주 서 있는
리가 아니라 기를 낳는 능산적 존재이다. 기를 생하는 리이므로
창조적 기능 내지 생성력을 갖는 리이다. 또한 이 리는 기의 존
재근거가 된다는 점에서 기와 상대적인 리와는 다르다.

그러나 기가 생한 이후의 리는 기와 더불어 존재하는 리이다.
기와 상대적인 리라 하겠다. 기 없이도 있을 수 있는 리가 '절대
리'라면 이 리는 '상대리'라고 불러도 좋을 것이다.[5] 절대리가 기
에 전혀 구애되지 않는다면, 상대리는 기 속에 있으면서 기를 주
재하지만 기의 영향을 배제할 수 없다. 그러나 절대리와 상대리
가 전혀 다른 둘이 아니라 본래 하나이다. 다만 기가 생한 이후
기 속에 있고 그 이전에는 홀로 있기 때문에 구별될 뿐이다.

조익의 리는 일반적으로 성리학자들이 그렇듯이 태극(太極) 내
지 도(道)와 동일한 것으로 이해되어 형이상의 이치가 된다.[6] 어
떠한 존재가 그러한 존재일 수 있는 까닭이 리이다.[7] 또 리는 스
스로 발하여 기발(氣發)의 원인이 된다. 솔개가 날고 고기가 뛰
는 까닭은 리요,[8] 혹 음이 되고 혹 양이 되는 까닭이 리요,[9] 변역
왕래(變易往來)하고 순환이 무궁한 까닭이 리이며, 음양이 상생

---

4) 《浦渚全集》, 卷 第22, 〈讀栗谷與牛溪論心性情理氣書〉(이하 '理氣書'로
약칭함) : "請深究理氣之原而論之 夫論氣之始生 則氣生於理 而氣生則理
又在氣之中……."

5) 황의동, 〈퇴계철학의 리에 관한 고찰〉, 《인문과학논집》, 제6집, 청주대학
교 인문과학연구소, 1987, 260면.

6) 《浦渚全集》, 卷 第22, 〈易象概略〉 : "蓋竊思之 道者理也 器者物也."

7) 위의 글 : "理者 物之所以然者也 陰陽 物也."

8) 위의 책, 〈理氣書〉 : "以一物觀之 則鳶飛魚躍 是氣也 而理實流行於飛躍
之中 是固氣發而理乘也 然其所以飛躍 則又無非此理之發見 此非理發乎."

9) 위의 책, 〈易象概略〉 : "又云一陰一陽之謂道 則陰陽非道也 所以或爲陰或
爲陽者道也."

182

하는 까닭이 리이다.[10] 이와 같이 그는 기발의 소이를 리라 한 것
이다. 또 다른 곳에서 리는 기의 근본, 또는 본(本)이라 하였다.
그에 의하면 성(性)은 정(情)이 밖으로 발현하는 까닭이 되는 근
본으로, 천하의 사물은 근본이 없으면서 스스로 발하는 것은 있
지 않다. 그러므로 옛 사람이 정이 밖에 나타남에 반드시 근본이
있음을 알고, 그 근본을 가리켜 이름하기를 성이라 한 것이다.
사람만 그런 것이 아니라 사물이 유행하는 까닭의 근본이 성이
요, 산이 초목을 발생하는 까닭의 근본이 성이다. 대개 발현하는
것은 볼 수 있으나 그 근본은 볼 수 없다. 볼 수 있는 것으로 인
해서 미루면 그 볼 수 없는 것이 볼 수 있는 것의 근본이 됨을 알
수 있다.[11] 조익은 성은 곧 태극이라 하므로[12] 성은 리와 마찬가
지가 된다. 그런데 성을 정이 밖으로 발현하는 까닭의 근본이니,
사물이 유행하는 까닭의 근본이니, 산이 초목을 발생하는 근본이
니 하여, 성의 개념을 기발의 근본으로 규정하고 있다.

이와 같이 그는 기발의 소이 내지 근본을 리라 하고 있는데,
이는 주자, 퇴계, 율곡의 경우와 다를 바 없다. 측은한 것은 기요
측은한 소이가 리이며,[13] 발하는 것은 기요 발하는 소이는 리다.
그러나 여기에서의 소이란 기발을 주재하고 기발의 원인이 된다
는 논리적 의미에 머물고 있다. 조익의 경우에는 '소이'나 '근본'

---

10) 앞의 글: "旣爲陰 又爲陽 變易往來者器也 所以變易往來者理也…… 其循
    環無窮者器也 所以循環無窮者理也."

11) 앞의 책, 〈理氣書〉: "盖性只是情之所以發見於外者之根本也 天下之物 未
    有無根本而自發者 故古之人 情發見於外 而知其必有根本也 而指其根本
    而名之曰性 非獨人也 如云水之性 則是水之所以流行之根本也 如云山之
    性 則是山之所以發生草木之根本也 盖其發見者可見 而其根本則不可見
    雖其不可見 若無根本 此可見者 何從而發哉 故因其可見者而推之 知其有
    不可見者爲可見者之根本."

12) 위의 글: "夫性則太極也 氣卽陰陽五行也."

13) 《性理大全》, 卷34, 〈理〉: "如惻隱者氣也 其所以能是惻隱者理也."

의 의미가 논리적 의미에서 머무는 것이 아니라, 이발(理發), 이
동(理動), 이생(理生)의 의미를 지니고 있는 데 특징이 있다. 그
의 말을 인용해 보기로 하자.

그러나 일음일양(一陰一陽)하는 소이가 리라면 이것이 이발(理發)
아닌가? ……그러나 날고 뛰는 소이가 또한 이 리의 발현 아님이 없
는 것이니 이것이 이발(理發) 아닌가?……대저 출척측은(怵惕惻隱)한
것은 기발(氣發)인데, 리가 만약 움직이지 않는다면 기가 어찌 스스
로 출척측은할까?[14]

여기에서도 조익의 '소이'라는 말이 주자, 율곡에서처럼 논리
적 의미가 아닌 리의 발, 리의 운동, 리의 생김의 뜻임을 알 수
있다. 더구나 그의 이발(理發)을 의심할 여지없이 뒷받침하는 논
거는 그의 율곡설에 대한 비판에 있다.

이제 선생이 말하기를, 단지 기발이승(氣發理乘)이 있을 뿐 이발
(理發)이 아니라고 말한다면, 이는 음양이 스스로 생할 뿐 태극이 음
양을 생하는 것이 아니며, 음양이 스스로 동정할 뿐 일음일양지위도
(一陰一陽之謂道)가 아니다. 솔개가 날고 고기가 뛰는 것이 기가 스스
로 날고 뛰는 것일 뿐, 이른바 천기(天機)가 스스로 움직이는 것이 아
니다. 출척측은(怵惕惻隱)할 뿐 이른바 인(仁)의 리가 발해서 측은한
것이 되는 것은 아니다. 이와 같다면 이 리는 하나의 허무한 것에 불
과할 뿐이니 누가 묘하다 말하랴. 주자의 이른바 조화의 추뉴(樞紐),
품휘(品彙)의 근저라는 말도 또한 헛말이며, 선생의 이른바 리는 기
의 주재라는 것도 또한 이와 저절로 모순이다. 이와 같이 생각하니
마침내 온당하지 못한 듯하다.[15]

<hr/>

14) 《浦渚全集》, 卷 第22, 〈理氣書〉: "然其所以一陰而一陽之謂者理也 則此非
理發乎…… 然其所以飛躍 則又無非此理之發見 此非理發乎…… 夫怵惕惻
隱者是氣發也 然理若未動 則氣安能自怵惕惻隱乎."
15) 위의 글: "今先生曰 只有氣發理乘而已 非理發也 則是陰陽自生爾 太極生
陰陽非也 陰陽自動靜爾 一陰一陽之謂道非也 鳶飛魚躍 氣自飛躍爾 所謂

  조익이 율곡의 기발이승일도(氣發理乘一途)를 비판하는 가장 중요한 이유가 율곡의 '이무위(理無爲)'에 있다. 율곡은 퇴계와는 달리 철저하게 리의 발용을 부정한다. 그것은 리가 형이상자로서 언제 어디서든지 불변의 실체여야 하기 때문이다. 만일 리가 작위하거나 발용하는 것이라면 그것은 시간과 공간에 따라 달라지는 것이어서 형이상자로서의 리가 될 수 없기 때문이다.

  그러나 조익은 위에서 살펴본 것처럼 리의 발용을 명백히 하고 있다. 그가 리의 발용을 인정하는 것은 퇴계와 상통한다. 그렇지만 리의 발을 주장하는 논리에 있어서는 다소 다르다. 퇴계는 사실 리의 발을 주장하면서도 논리적 정합성에서는 문제를 안고 있다.[16] 이를 체용으로 나누어 본체에서는 발하지 않지만, 용의 측면에서는 발하는 것이라 한다.[17] 퇴계의 리는 발할 때도 있고 발하지 않을 때도 있는 경우가 있게 된다. 여기에 대해 조익은 체용에 관계 없이 리의 발을 말하는데, 생성까지를 포함한 개념이다.

  그러므로 조익이 아무리 소이, 근본이라는 말로 리를 표현해도 그것은 리의 발, 리의 운동, 리의 생김을 의미하는 것이지, 논리적인 소극적 의미가 아니다. 그의 리의 의미는 사물(死物)인 형식적 존재가 아니라 활물(活物)로서의 근원적 실재인 것이다. 이를 통해 우리는 그가 리 우위의 철학적 입장을 분명히 하고 있음을 알 수 있다. 또한 리는 무형하기 때문에 분별도 없고 시종도 없는 것으로 설명된다. 그의 글을 인용해 보기로 하자.

天機自動者非也 怵惕惻隱 氣自怵惕惻隱爾 所謂仁之理發而爲惻隱者非也 如是則是理不過一虛無之物爾 孰謂之妙哉 朱子所謂造化之樞紐 品彙之根柢 亦虛語也 而先生所謂理者 氣之主宰者 亦與此自相矛盾矣 如此思之終似未穩."

16) 황의동, 앞의 책, 273면.

17)《退溪全書》, 卷18,〈答奇明彦別紙〉:"無情意造作者 此理本然之體 其隨寓發見而無不到者 此理至神至用也."

대저 리는 형상이 없다. 형상이 없으므로 분별이 없고 시작과 끝
이 없다. 무엇을 일러 분별이 없다고 하는가? 리가 기에 타니 탈 바
의 기는 음양이 되고 오행이 되고 천지가 되고 만물이 되어 그 나뉨
이 만 가지로 다르나 리는 하나일 뿐이니, 이를 일러 분별이 없다고
한다. 무엇을 일러 시작과 끝이 없다고 하는가? 천지만물이 아직 형
상이 없고, 음양오행이 아직 생기기 전에 음양오행 천지만물이 되는
까닭의 리는 진실로 이미 충막무짐(冲漠無朕)한 가운데 갖추어 있어
천지만물이 이미 사라지고 음양오행이 이미 다한 후에도 이 리는 오
히려 자약(自若)하니, 이를 일러 시작과 끝이 없다고 한다.[18]

리는 형이상자이므로 형상이 없다. 시간이나 공간의 제약을 받
지 않는다. 따라서 리는 분별도 없고 시종도 없다. 리가 분별이
없다 함은 기의 천차만별에도 불구하고 리는 하나이기 때문에 공
간적으로 보편성을 갖는다는 말이다. 또 리가 시종이 없다 함은
리의 시간적 보편성을 의미하는 말이다. 이는 천지만물 음양오행
이 아직 생기기 전에도 이미 고요해 아무런 조짐이 없는 가운데
갖추어 있고, 천지만물이 사라지고 음양오행이 이미 다한 후에도
리는 변함없이 있는 것이다. 이는 율곡의 이통(理通)과 비슷한
것인데, 다만 조익이 리의 유위(有爲), 리의 발을 주장함에 비추
어 볼 때, 이러한 그의 리 설명은 논리적으로 문제가 있다. 적어
도 리의 발을 합리적으로 설명할 수 있는 리 개념의 논거가 있어
야 옳기 때문이다.

다음은 기의 개념과 성격에 관해 검토해 보기로 하자. 조익의

18)《浦渚全集》, 卷 第22,〈理氣書〉: "夫理無形 無形 故無分別 無始終 氣有
形 有形則有分別 有始終 何以謂無分別也 理乘乎氣 所乘之氣 爲陰陽爲
五行爲天地爲萬物 其分萬殊 而理則一而已 此之謂無分別也 何以爲無始
終也 天地萬物未形 陰陽五行未生之前 所以爲陰陽五行天地萬物之理 固
已具於冲漠無朕之中 天地萬物旣消 陰陽五行旣盡之後 此理猶自若也 此
之謂無始終也."

이기론에 있어서 기는 리로부터 생겨난다. 이생기(理生氣) 이전의 리만의 관념적 세계에서 기는 존재치 않는다. 다만 리가 기를 낳은 후 비로소 기가 있고 그 기가 리에 의해 발하게 된다. 조익의 기는 리에 의해 파생된 존재로서 '이생기' 이후의 현상세계에서만 의미를 갖는다. 그러므로 그의 기는 리와 대등한 독립된 실체개념에서 격하된 위상을 갖게 된다. 이제 현상세계 이후에 있어서 존재하는 기의 개념과 성격을 생각해 보자.

성리학 일반에서 그랬던 것처럼 조익의 기는 음양, 기(器)와 같은 것으로 형이하의 질료적인 자구(資具)로 이해된다.[19] 기는 리가 탈 바요 음양은 태극의 의착처가 된다.[20] 만일 기가 없다면 리는 있을 곳이 없고, 리는 하나의 관념일 뿐이다. '이재기중(理在氣中)'[21]에서도 기는 리의 의착처임이 분명해진다. 기가 리 속에 있다고 말할 수는 없고, 리가 기 속에 있는 것이기 때문이다. 조익에 의하면 리가 움직임에 기가 곧 발하고, 기가 발함에 리가 곧 탄다.[22] 기가 발함에 리가 기에 탄다는 것은 곧 리가 기 속에 내재함을 의미하는 것이다. 따라서 기는 리가 실현되어지고 구체화될 수 있는 지반이다.

또한 기 내지 음양은 운동, 작용하는 속성을 갖는다. 솔개는 날고 고기가 뛰는 것은 기의 작용이며, 우리의 마음이 두렵고 측은한 것도 기의 발이다.[23] 변역 왕래하는 것도 기요 순환이 무궁한 것도 기다.[24] 기를 발용, 작위하는 것으로 보는 것은 성리학자

---

19) 앞의 책, 〈易象槪略〉: "道者理也 器者物也 理者物之所以然者也 陰陽物也."

20) 위의 책, 〈理氣書〉: "理乘乎氣 所乘之氣 爲陰陽爲五行爲天地爲萬物."

21) 위의 글.

22) 위의 글: "理動 氣便發 氣發 理便乘."

23) 위의 글: "以一物觀之 則鳶飛魚躍 是氣也…… 夫怵惕惻隱者 是氣發也."

24) 위의 책, 〈易象槪略〉: "變易往來者器也…… 其循環無窮者器也."

들의 보편적인 견해다. 그러나 조익의 경우에 있어서 그 의미는 좀 다르다. 율곡은 발하는 것은 기요 발하는 소이는 리라 하여 발하는 당체는 기가 된다. 물론 기가 아무리 발할 수 있어도 리의 소이연이 없으면 기의 발이 불가능하다.[25) 따라서 율곡에 있어서도 기발의 원인 내지 근저가 리에 있고, 이기지묘(理氣之妙)를 전제로 해서만 기의 발이 가능하다.

그런데 조익에 있어서는 기가 발하는 것이라 하지만, 리의 발을 통해서 가능하다.

대저 두렵고 측은한 것은 기의 발이다. 그러나 리가 만약 움직이지 않는다면 기가 어찌 능히 저절로 두렵고 측은할까?[26)

리가 기에 있는 것으로서 말하면 기가 발하는 소이가 모두 리이다.[27)

조익이나 율곡이 기의 발을 말하는 점은 같지만, 기발의 소이는 그 내용이 다르다. 율곡이 말하는 기발의 소이는 어디까지나 논리적 의미요 주재의 뜻이다. 그러나 조익의 경우는 '소이(所以)', '근본(根本)'이라 하지만, 발(發), 동(動), 생(生)의 의미라고 볼 수 있다. 따라서 이발(理發), 이동(理動)에 따라 기발(氣發)이 가능해진다. 이렇게 볼 때, 율곡에 비해 조익에 있어서의 기는 현저히 그 기능이 약화된 의미를 갖는다. 그것은 이생기(理生氣)에 근본하는 것으로, 리의 기에 대한 주재개념이 율곡에 있어서보다 훨씬 강한 것임을 알 수 있다.

또한 기는 유형(有形)한 것인데, 형상이 있으므로 분별이 있고

---

25) 《栗谷全書》, 卷14, 〈人心道心圖說〉: "發之者氣也 所以發者理也 非氣則不能發 非理則無所發."

26) 《浦渚全集》, 卷 第22, 〈理氣書〉: "夫怵惕惻隱者是氣發也 然理若未動 則氣安能自怵惕惻隱乎."

27) 위의 글: "以理之在氣言之 則氣之所以發者皆理也."

시작과 끝이 있다. 그의 말을 인용해 보기로 하자.

> 기는 형상이 있다. 형상이 있으면 분별이 있고 시작과 끝이 있다. ……무엇을 일러 분별이 있다고 말하는가? 음양은 한 몸이 아니고 오행은 한 성이 아니어서 천지는 자리로서 갈라지고 만물은 무리로서 나뉘니, 이를 일러 분별이 있다고 하는 것이다. 무엇을 일러 시작과 끝이 있다고 말하는가? 무릇 형상이 있는 것은 그 처음에는 반드시 무(無)로부터 유(有)가 되니, 이미 무로부터 유가 된다면 또한 반드시 유로부터 무가 된다. ……일물(一物)로서 보면 그 처음은 기가 모여서 생기고, 그 끝은 기가 흩어져서 죽는다. 천지 또한 기의 엉김이니, 이미 엉기어서 형을 이루면 그 끝도 반드시 흩어져서 다한다. 음양 또한 형상이 있는 것이니, 어찌 능히 항상 있어서 시작과 끝이 없겠는가? 그러므로 나는 그것이 반드시 비로소 생긴 때가 있음을 안다. 이미 생긴 때가 있으면 또한 반드시 끝이 다하는 때도 있을 것이다.[28]

조익에 의하면 기는 형상이 있는 것으로 시간과 공간의 제약하에 있다. 형상이 있으므로 분별이 있고 시작과 끝이 있다. 기는 음양이 다르고 오행이 각기 다르고 천지가 다르고 만물이 달라 천차만별로 구별되니 분별이 있는 것이다. 이는 율곡이 기를 국(局)으로 설명하는 것과 상통한다. 현상세계의 전개는 이러한 기의 특성으로 인해 가능하게 된다.

또한 기는 시작과 끝이 있다고 한다. 형상이 있는 모든 것은 그 처음에 반드시 무(無)로부터 유(有)가 되는데, 이미 무로부터

---

28) 앞의 글: "氣有形 有形則有分別 有始終…… 何以謂有分別也 陰陽不同體 五行不同性 天地以位判 萬物以群分 此之謂有分別也 何以謂有始終也 凡有形者 其初必自無而有 旣自無而有 則又必自有而無…… 以一物觀之 則其始也 氣聚而生 其終也 氣散而死 天地亦氣之凝 旣凝而成形 則其終必散而盡 陰陽亦有形者 亦安能常有而無始終乎 故吾知其必有始生之時也 旣有始生之時 則亦必有終盡之時矣."

유가 된다면, 또한 반드시 유로부터 무가 되게 된다. 기는 비로소 생긴 때가 있고 반드시 끝마칠 때가 있다고 보았다.

그런데 조익의 이러한 기 설명은 특이한 바 있다. 율곡의 경우 기는 본체세계에서도 리와 동시 동재한다. 음양은 태극과 본래부터 함께 있는 것이다. 따라서 율곡의 이기설에서는 이생기(理生氣)나 이선기후(理先氣後)가 실제로 인정되지 않는다.[29] 또한 기의 끝에 있어서도 율곡은 생각이 다르다. 대저 원기(元氣)는 낳고 낳아 그치지 않는다. 그러므로 이 천지가 비록 다해도 후천지(後天地)가 또한 따라서 나온다고 생각한다.[30] 기가 비록 작위, 변화하는 것이지만, 기도 리와 더불어 있는 것이지 없는 것이 아니다. 다만 리처럼 불변하는 것이 아니라 변화할 뿐이다. 그러므로 변할지언정 '있는' 것이다. 그러나 조익의 경우에는 기가 비로소 생긴 때와 다 끝나는 때를 매우 분명하게 언급하고 있다. 조익에 있어서 원기의 문제를 어떻게 처리하고 있는지 언급이 없기 때문에 그의 기론을 더 이상 알 수 없으나, 일단 이 글만으로 보면 기의 시종을 명백히 하고 있어 이기이원의 존재구조와는 다름을 알 수 있다.

이제까지 그의 이기개념과 성격을 살펴보았는데, 그의 이기개념은 그의 이생기(理生氣)에 따라 리가 기보다 근원적인 것으로 규정되며, 기발의 주도적 동인(動因)을 이발(理發)에 두어 리 우위의 입장을 명백히 하고 있다. 특히 그가 리의 발을 주장함은 특징적인 것이며, 기에 시작과 끝이 있다고 본 것도 특징적이다. '이생기'의 세계관 속에서 리의 발을 말하고 주리적(主理的) 입장

---

29) 《栗谷全書》, 卷20, 〈聖學輯要 2〉: "臣按動靜之機非有以使之也 理氣亦非有先後之可言也 第以氣之動靜也 須是理爲根柢 故曰太極動而生陽 靜而生陰."

30) 위의 책, 卷31, 〈語錄 上〉: "大抵元氣生生不息 故此天地雖終 而後天地亦從而出也 曰此言是."

에 있음은 퇴계와 상통된다 하겠으나, 현상세계의 구조를 퇴계는
'이발이기수지(理發而氣隨之) 기발이이승지(氣發而理乘之)'의 둘
로 보고, 조익은 '기발이승(氣發理乘)'으로 보는 점은 다르다.

또한 현상세계의 구조를 기발이승으로 보는 점은 조익과 율곡
이 상통되지만, 조익이 리의 발을 주장함은 율곡과 확연히 다르
다. 아울러 기 없는 리의 세계를 긍정하고 이생기(理生氣)를 말하
는 것은 퇴계의 사고에는 가깝지만 율곡과는 다르다고 볼 수 있
다. 다만 후기 저술인 〈역상개략(易象槪略)〉에서 '이생기'를 논리
적으로 해석한 곳이 있지만, 〈독율곡여우계논심성정이기서〉를
중심으로 한 이기설은 일관된 논리를 전개하고 있으며, 이는 퇴
계, 율곡과도 다른 이기설의 전개라는 점에서 높이 평가된다.

다음은 조익의 인간관을 검토해 보기로 하자. 그는 인간을 가
리켜 만물 가운데 가장 신령한 존재로 규정한다.[31] 그 이유는 무
엇인가?

조익에 의하면 인간의 지식은 가장 명통(明通)하여 다른 동물
이나 식물들이 알 수 없는 바를 알기 때문이다.[32] 조익은 인간이
다른 동식물이나 사물존재와는 달리 존엄하고 영특한 존재로서
이 세계의 주체가 될 수 있는 이유를 인간의 지적(知的) 능력에
두고 있다. 물론 동물들의 경우에도 저급하나마 앎의 능력이 있
다 하겠으나, 인간은 그들이 알지 못하는 바를 알 수 있다는 점
에서 위대하다고 본 것이다. 이러한 인간의 지식능력은 문화창조
의 능력으로서 인간만이 지니고 있는 고유한 능력이다.

또한 인간이 만물 가운데 가장 신령한 존재일 수 있는 까닭은
인의예지(仁義禮智)의 도덕능력을 가지고 있기 때문이다.[33] 일찍

---

31) 《浦渚全集》, 〈書經淺說〉: "物之中 人之知識 最明且通 能知物之所不能知
    是爲物之靈者也."
32) 위의 글.
33) 위의 책, 卷 第26, 〈學孟編序〉: "天生萬物 人得其秀而最靈 其具於心也

이 맹자에 의해 인간의 성선(性善)이 논증된 바 있듯이, 그도 인간의 보편적인 성선 가능성에 동의하고, 이는 요·순과 다를 바 없다 하였다.[34] 이는 성선 가능성을 전제로 한 인간평등관을 의미하는 것으로 유가의 전통적 입장에 서 있다.

이와 같이 조익은 인간의 지위를 만물 가운데 가장 훌륭한 존재로 설정하고, 그 이유를 인간의 지식능력과 도덕능력에서 찾고 있다. 이러한 관점은 현대적으로도 매우 설득력 있는 설명이다.

그러면 인간은 어떠한 존재이며 또 어떻게 살아가야 할 것인가? 먼저 조익은 인간의 존재구조를 어떻게 이해하고 있는지 살펴보기로 하자. 그도 역시 인간을 심신(心身) 일체의 존재로 규정한다. 심(心)은 한 몸의 주인이 되고, 몸은 마음의 주거(舟車)가 된다.[35] 심신일체의 인간인데 한 몸을 주재하는 것은 심이고, 또 신은 심의 배나 수레와 같다. 여기에서 우리는 몸에 대한 마음의 우위를 엿볼 수 있다. 인간존재를 심신, 영육 일체의 존재로 보는 것은 《맹자》에 잘 나타나 있다. 그는 인간 몸의 백체는 귀천·대소의 구분이 있다 하고, 귀하고 큰 것은 의리의 마음이요 천하고 작은 것은 형기의 욕구라 하였다.[36] 일찍이 맹자는 심지관(心之官)을 대체(大體), 이목지관(耳目之官)을 소체(小體)라 하였는데, 전자는 사유하는 인간의 능력을 말하고, 후자는 감각하는 인간능력을 의미한다. 조익이 말하는 의리의 마음은 바로 대체의 소산이고 형기의 욕구는 소체의 소산이다.

또한 조익은 인간의 본질을 성(性)과 질(質)로 나누고, 성은 천

有仁義禮智之性."
34) 앞의 책, 卷 第22, 〈大學曉諸生文〉: "夫得天地之秀氣爲人 其性之善 與堯
舜不異……."
35) 위의 책, 〈理氣書〉: "心所以主乎一身 身所以舟車乎心."
36) 위의 책, 〈孟子淺說〉: "人於身之百體 固當兼愛而兼養也 但其中有貴賤大
小之分 貴而大者 義理之心是也 賤而小者 形氣之欲是也."

지의 리를 받은 것이요 질은 천지의 기를 받은 것이라 하여, 인
간의 성질(性質)의 근거를 천지에 두고 있다. 본래 천지의 리는
지극히 깨끗하고 지극히 순수한데, 음양오행이 어지럽게 서로 어
긋나고 오르내리고 드날려서 청탁의 다름이 있다 하였다. 따라서
천지의 기는 청탁의 다름이 있게 된다. 인간의 성은 천지의 리의
지극히 깨끗하고 순수함을 부여받아 그도 또한 지극히 깨끗하고
순수하나, 인간의 질은 천지의 기의 청탁의 다름을 부여받아 그
도 또한 청탁의 다름이 있게 된다.[37] 이렇게 볼 때, 성이란 위의
의리의 마음과 상통하고, 질이란 위의 형기의 욕구와 상통하는
것이다.

　그런데 인간의 신체에서 비롯되는 형기의 욕구는 인간만이 가
지고 있는 본질이 아니라 다른 동물들도 가지고 있는 것이다. 그
러므로 인간의 본질을 논함에 있어 인간만의 고유한 본성을 말하
게 된다. 이러한 관점에서 조익은《중용》의 '천명지위성(天命之謂
性)'을 근거로 인간의 존재원리와 당위원리를 설명하고 있다. 조
익은 천명지리(天命之理)가 사람에게 있으면 성(性)이 되고 사람
이 이것을 좇으면 도(道)가 된다[38]하여, 성을 존재원리로, 도를
당위원리로 이해하고 있다. 천명지리(天命之理)란 곧 천리(天理)
인데, 이것이 인간에게 부여되어 내재화된 것이 인성이다. 이는
천리가 곧 인성임을 의미하며 그래서 '성즉리(性卽理)'라 하는 것
이다. 그리고 이 천리를 인간이 좇아 실현해야 한다고 생각할
때, 이 천리는 도로써 인간의 당위원리가 된다. 따라서 천명(천
리), 인성, 인도가 하나로 상통되는 것이다. 인성의 근거는 천에

---

37) 앞의 책, 卷 第22,〈雜說〉: "天地之理 至淨至粹一而已 二氣五行 紛紜交
　　錯升降飛揚 於是有淸濁之殊焉 人之生 受之天地 其性卽天地之理也 其質
　　卽天地之氣也 故其性亦至淨至粹而已 其質則有淸濁之殊也."
38) 위의 책, 卷 第18,〈心法十二章〉: "蓋天命之理 在人爲性 而循之爲道 未
　　發之中 此理之本體 卽是天命之性也."

제3장 우계학파의 학문과 사상 193

있고, 천리가 인간에게 주어진 것이 인성이요, 그 인성을 좇아 실현하는 것이 인도가 된다. 천리가 곧 인성인데, 이는 인간이 인간이 될 수 있는 까닭으로, 이미 사람이라면 있지 않을 수 없는 것이다.[39] 따라서 성 내지 리는 인간의 본질이요 조건으로서 인간이 인간일 수 있는 내용이다. 이러한 성은 공자에게 있어서는 인(仁)으로 규정되고, 맹자에게 있어서는 인의예지(仁義禮智)로 규정되었는데, 그것은 순수하게 선한 것이다.[40] 또한 당위원리로서의 도는 인륜으로서 다시 오륜(五倫)으로 구체화되었는데, 성이 같기 때문에 도도 같지 않을 수 없다.[41] 즉, 인간의 존재원리가 같으므로 당위원리도 같지 않을 수 없다. 여기에 존재와 당위의 일치를 추구하는 유가철학의 논리가 있다.

일찍이 한대의 양웅(揚雄)이 맹자와 순자의 성설을 조화시키고자 하는 의도에서 성선악혼설(性善惡混說)을 주장한 바 있고,[42] 왕충(王充)은 인간의 성품을 상중하 삼품으로 나누고, 그러한 까닭은 원기(元氣)를 품수받을 때의 차이에 있다 하였다. 그는 사람은 출생하면서 상하의 성을 타고 나는 것이며, 맹자의 성선설은 중인 이상의 상품자를 가리키며, 순자의 성악설은 중인 이하의 하품자를 가리키며, 양웅의 선악혼유설은 중인의 성만을 가리키는 것이라 하였다.[43] 그후 당대의 한유(韓愈)는 다시 성삼품설을

---

39) 앞의 책, 卷 第22, 〈讀朱子語〉: "天之所以命于人 而人之所以爲人者 此理而已 旣是人則無不有也."

40) 위의 책, 〈孟子淺說〉: "四端四性 乃人之理 本於天 而粹然純善者也 惟其以是爲性也 故言性之善也."

41) 위의 책, 卷 第26, 〈學孟編序〉: "其見于行 則爲父子之親 君臣之義 夫婦之別 長幼之序 朋友之信 此人之道也 人之生 其性無不同 故其爲道 亦無不同 故曰道一而已矣."

42) 《法言》: "人之性也 善惡混 修其善則爲善人 修其惡則爲惡人."

43) 《論衡》, 〈本性篇〉: "余固以孟軻言人性善者 中人以上者也 孫卿言人性惡者 中人以下者也 揚雄言人性善惡混者中人也."

194

주장하면서 성품에는 상중하의 셋이 있는데, 상품은 선할 뿐이요, 중품은 상하로 이끌 수 있는 것이고, 하품은 악할 뿐이라 하였다.[44]

그런데 조익은 다시 인간을 선한 사람, 보통사람, 악한 사람의 삼품으로 나누어 설명하고 있다.

　　대저 사람의 선악고하(善惡高下)가 그 층이 천만인데, 대략 나누어 삼품이 있으니, 선한 사람이 한 종류요, 보통 사람이 한 종류요, 악한 사람이 한 종류다. 선한 부류는 허다한 층이 있으니, 대개 성인이 있고 현인이 있고 군자가 있고 선인이 있는데, 성인, 현인, 군자, 선인이 됨도 또한 크고 작고 높고 낮음의 다름이 있다. 보통 사람의 부류에는 허다한 층이 있으니, 선에 가까운 사람도 있고 악에 가까운 사람도 있는데, 그 가까움에도 또한 얕고 깊음이 있다. 대개 그 장점을 혹 볼 수 있더라도 또한 남보다 뛰어날 수 없는 것은, 비록 혹 한 가지 일이 남보다 지나침이 있으나 다른 일은 할 수 없기 때문이다. 그래서 그 불선이 있음 또한 크게 어그러짐에 이르지 않는 것이다. 악의 부류에도 허다한 층이 있으니, 또한 그 명색이 한결같지 않아 혹 탐하고 인색하고, 혹 포악하고 사납고, 혹 속이고 독하고, 혹 재주를 모두 갖추고 혹 치우침이 심해서 그 한결같지 않은 것이 또한 각각 얕고 깊음이 있다. 사람의 품류(品類)가 비록 만 가지가 있으나 요는 이에서 벗어나지 않는다.[45]

44)《昌黎集》, 卷11,〈原性〉: "性之品有上中下三　上焉者　善焉而已矣　中焉者可導而上下也　下焉者　惡焉而已矣."

45)《浦渚全集》, 卷 第20,〈開惑淺語〉: "夫人之善惡高下其層千萬　而大略分之有三品焉　善一類也　凡一類也　惡一類也　善之類有許多層　盖有聖人焉　有賢人焉　有君子焉　有善人焉　而其爲聖人賢人君子善人也　亦有大小高下之殊　凡之類有許多層　有近於善者有近於惡者　而其近也　亦有淺深焉　盖其長處　或有可觀者　而亦不能出於人　雖或一事有過人者　他事不能　然其有不善亦不至大悖也　惡之類有許多層　且其名色不一　或貪吝　或暴戾　或詐或毒或數者具備　或偏甚焉　而其不一者　亦各有淺深焉　人之品類　雖有萬　而要不出於此也."

이와 같이 조익은 인간을 선품(善品), 범품(凡品), 악품(惡品)
의 셋으로 분류하였다. 선품에도 많은 종류가 있는데, 대개 성
인, 현인, 군자, 선인으로 세분할 수 있으나, 거기에도 크고 작고
높고 낮은 다름이 있다.

또한 범품에도 많은 종류가 있는데, 크게 선에 가까운 것과 악
에 가까운 것이 있고, 거기에도 각각 얕고 깊음이 있다고 한다.
끝으로 악품에도 많은 종류가 있고, 그 속에 또 얕고 깊음의 구
별이 있다고 하였다.

그러면 이러한 품류가 생기는 것은 무엇 때문인가? 조익은 기
품에서 말미암는다 하고, 또한 그것은 스스로 하는데서 비롯된다
하였다.[46] 사람이 진실로 스스로 선하고자 해서 힘쓰면 선할 수
없는 자가 없다. 따라서 선한 사람의 부류는 모두가 스스로 힘쓰
는 자요, 보통 사람의 부류와 악한 사람의 부류는 모두 스스로
버리는 자다.[47]

이렇게 볼 때, 조익의 삼품설은 왕충이나 한유의 설과 크게 다
르지 않은 것으로 보인다. 다만 삼품의 차이를 기품에 두고, 인
간 자신의 수위(修爲) 여하에 따라 변화될 수 있음을 말한 것이
다. 인간의 주체적 노력을 중시한 것이다.

이러한 그의 인간 이해를 중심으로 조익의 사단칠정론에 대해
검토해 보기로 하자.

먼저 그는 율곡과 마찬가지로 사단이나 칠정을 모두 정으로 보
고 칠정 속에 사단을 포함시켜 보았다.

〈예운(禮運)〉에 말하기를 무엇을 일러 인정이라 하는가? 희노애
구애오욕(喜怒哀懼愛惡欲) 일곱 가지는 배우지 않고서 능한 것이다.

---

46) 앞의 글: "其品類如是者 固由於氣稟也 亦由其自爲也."
47) 위의 글: "人苟自欲爲善 而力爲之 則未有不能爲善者也 然則善之類 皆自
    勉者也 凡與惡皆自棄者也."

《중용》에 말하기를 희노애락(喜怒哀樂)이라 하고, 정자가 말하기를 칠정이 거기에서 나온다 하고, 희노애락애오욕(喜怒哀樂愛惡欲)이라 말했으니, 이미 인정을 말하면 일곱 가지가 있은즉, 이것은 인정을 통틀어 말한 것이니, 이 밖에 다시 다른 정이 없다. 성인의 정은 이 일곱 가지가 있을 뿐이요, 악인의 정도 또한 이 일곱 가지일 뿐이다. 오직 칠정 가운데 선한 것이 있고 악한 것이 있어, 성인은 그 선은 있으나 그 악은 없고, 악인은 그 악은 있으나 그 선을 잃을 뿐이니, 칠정의 선한 것이 사단 아닌가? 그러므로 사단은 정의 선한 것을 집어서 말한 것이요, 칠정은 인정을 통틀어 말한 것이다. 선한 것, 악한 것이 모두 그 속에 있다.[48]

《예기》와 《중용》에 근거한 칠정은 인간의 감정을 통틀어 말한 것이다. 성인이나 악인이나 정은 칠정뿐이다. 다만 성인은 선은 있으나 악이 없고, 악인은 악은 있으나 선을 잃을 뿐이다. 따라서 칠정의 선한 것이 사단인데, 사단은 정의 선한 것을 들어서 말한 것이고, 칠정은 인정의 전체를 일컬은 것이다. 마찬가지로 사단에 대해서 조익은 이렇게 설명한다.

　대개 맹자가 사단을 말한 것은 사람이 선할 수 있음을 밝힌 것이다. 그러므로 특별히 정의 선한 것을 들어서 말한 것이다. 사람이 이 선한 정을 가지고 있기 때문에 능히 선할 수 있다고 말할 뿐, 사단밖에 다른 정이 없다고 말하는 것은 아니다. 잔인탐모(殘忍貪冒) 같은 것 또한 정이니, 정의 불선한 것일 뿐이다. 만약 인정에 단지 사단만 있고 다시 불선의 정이 없다면, 사람이 모두 성인이 되지 어찌 불선한 자가 있겠는가? 그러므로 사단은 단지 정의 선한 것을 집어내어

---

48) 앞의 책, 卷 第6, 疏, 〈卞柳稷欺罔疏〉: "禮運曰何謂人情 喜怒哀懼愛惡欲七者 不學而能 中庸曰喜怒哀樂 程子曰七情出焉 曰喜怒哀樂愛惡欲 旣謂人情 有七則此摠人情而言也 此外更無他情也 聖人之情 有此七者而已 惡人之情 亦有此七者而已 惟七情中有善者有惡者 聖人有其善而無其惡 惡人有其惡而失其善耳 七情之善者 非四端乎 故四端점情之善者而言也 七情摠言人情也 善者惡者皆在其中也."

말한 것임을 알 수 있다.[49)]

맹자가 사단을 말한 본의는 인간이 도덕가능의 존재임을 밝히기 위한 것이다. 많은 정 가운데 특별히 선한 정만을 들어서 말한 것이 사단이다. 그러므로 그는 칠정의 악한 것과 사단은 상대적으로 말할 수 있지만, 사단과 칠정을 상대적으로 들어서 논함은 불가하다고 하였다.[50)] 이러한 입장에서 퇴계의 사단칠정론을 비판하게 된다.

> 이미 저 퇴옹 선생이 사단칠정으로서 분대(分對)하여 논한다면, 이미 그 명의(名義)를 잃고 호발(互發)의 설 또한 대본에 어두운 것 같다. 사단은 마음속으로부터 나오고 칠정은 밖에서 느껴 발한다는 것에 이르러서는 그 실수 또한 더욱 심하다. 대개 퇴옹 선생의 실수는 그 병폐의 근원이 바로 인성을 둘이 있다고 하는 데 있다. ……대저 사단칠정의 대거(對擧) 및 유중감외(由中感外)의 설의 실수는 선생이 변석한 것이 이미 명백하여 또한 사람들이 알기 어려운 것이 아니다.[51)]

조익이 퇴계의 사단칠정론을 비판하는 것을 몇 가지로 지적할 수 있다. 먼저 사단칠정의 분대(分對)가 잘못되었다는 것이다. 그것은 칠정 속에 사단이 포함된다고 보았기 때문이다. 호발설은

---

49) 앞의 글: "盖孟子之言四端 所以明人之可以爲善也 故特擧情之善者而言之 謂人有此善情 故能爲善耳 非謂四端之外無他情也 如殘忍貪冒亦情也 乃情之不善者耳 若人情只有四端 更無不善之情 則人皆爲聖人也 豈有不善者乎 故知四端 只점出情之善者而言也."

50) 위의 글: "若擧七情之惡者與四端爲對則可…… 若以四端與七情爲對則不可 七情之善者 是四端也 七情中自有四端 何可謂之相對."

51) 위의 책, 卷 第22, 〈理氣書〉: "已夫退翁先生 以四端七情分對而論則旣失其名義 而互發之說 又似昧乎大本 至以四端爲由中而出 七情爲感外而發則其失又益甚矣 盖退翁先生之失 其病根正在於以人性爲有二…… 夫四七對擧及由中感外之說之失 則先生辯之 旣明白 而亦非人所難曉者……."

얼핏 보면 조익의 견해와 상통되는 듯하다. 조익이나 퇴계가 리의 발, 기의 발을 함께 인정한다는 점에서는 상통할 수 있다. 그러나 퇴계는 두 개의 존재구조를 설정하고, 그 중의 하나에서만 리의 발을 허용한다. 뿐만 아니라 칠정 같은 기발이이승(氣發而理乘)에서는 리의 발이 아니라 기의 발을 주재할 뿐이다. 그러나 조익에 있어서는 사단칠정이 모두 정이고, 정은 기발이승의 구조를 갖는다. 여기에서 발하는 것은 기이지만, 그 기발의 원인이 리의 발에 있다. 따라서 리의 발을 통해서만 기의 발이 가능하다.

또한 조익은 퇴계의 사단은 마음속으로부터 나오고 칠정은 밖에서 느껴 발한다는 이른바 '유중감외(由中感外)'의 설은 그 실수가 더욱 크다고 말한다. 그의 입장에서는 사단과 칠정이 다를 수 없다. 사단도 칠정과 마찬가지로 밖에서 느껴 발하는 것이다. 조익의 이에 대한 설명을 보기로 하자.

> 인심으로써 말하면 어린아이가 장차 우물에 빠지려는 것을 보고 사람들이 모두 두렵고 측은한 마음을 갖는다. 대저 두렵고 측은한 것은 기의 발용이다. 그러나 리가 만약 움직이지 않는다면 기가 어찌 스스로 두렵고 측은할까? 그러므로 맹자가 측은한 마음은 인(仁)의 단서라 했다. 주자가 말하기를 인의 리가 발해서 측은지심이 된다고 한다. 대저 인의 리가 발해서 두렵고 측은하게 되면서 두렵고 측은한 가운데 인의 맥락이 실로 관통 유행하니, 이는 태극이 음양을 낳으면서 태극 또한 음양 속에 있음과 같다. 대저 두렵고 측은한 가운데 인의 맥락이 관통 유행하면 이것이 이른바 기가 발함에 리가 타는 것(氣發而理乘)이다. 인이 발함에 두렵고 측은하게 되면 이것이 리가 발함에 기가 발하는 것(理發而氣發) 아닌가? 그러므로 이미 발한 후로부터 보면 모두 '기발이이승'이요, 발하는 시작으로부터 보면 모두 '이발이기발'이다.[52]

---

52) 앞의 글: "……以人心言之 則見孺子將入於井 人皆有怵惕惻隱之心 夫怵

이는 그가 맹자의 사단지심의 예를 가지고 설명한 것이다. 어린아이가 우물에 빠지려는 것을 목격하면, 그 순간 누구든지 두렵고 측은한 마음을 갖는데, 그 두렵고 측은한 것은 기의 발용이다. 그러나 리가 움직이지 않는다면 기의 발용도 어렵다는 말이다.

그런데 퇴계는 사단은 성이 곧장 발하고 칠정은 외물에 느껴 움직인 것으로 달리 볼 뿐 아니라, 사단칠정을 각기 이기(理氣)로 근원처를 나누어 설명하므로,[53] 조익과는 다르다. 조익은 사단도 칠정같이 밖에서 느껴 움직인 것이어야 한다고 생각한다. 또한 칠정이 기발이이승(氣發而理乘)이라 하더라도 그 기의 발 앞에 반드시 리의 발이 전제되지 않으면 안 된다.

그러면 율곡과는 어떠한가? 율곡이 인간의 정은 칠정뿐이고 사단은 칠정 속에 포함된다고 하는 것은 조익과 같다. 또 사단칠정을 모두 기발이이승(氣發而理乘)의 구조로 파악하는 것도 상통된다. 그러나 율곡은 '기발이승'의 구조 속에서 발하는 것은 기요 발하는 소이가 리라고 한다.[54] '이승(理乘)'은 곧 리의 주재를 의미하는 말이다.[55]

따라서 율곡은 일단 기는 발하는 것, 리는 그 스스로는 발하지

惕惻隱者是氣發也 然理若未動 則氣安能自怵惕惻隱乎 故孟子曰惻隱之心 仁之端也 朱子曰仁之理發而爲惻隱之心 夫仁之理發而爲怵惕惻隱 而怵惕 惻隱之中 仁之脉絡 實貫通流行 此猶太極生兩儀 而太極又在陰陽之中也 夫怵惕惻隱之中 仁之脉絡 貫通流行 則是所謂氣發而理乘也 仁之發而爲 怵惕惻隱 則是非理發而氣發乎 故自旣發之後觀之 則皆氣發而理乘也 自 發之始觀之 則皆理發而氣發也."

53) 《退溪全書》, 卷16, 〈答奇明彦〉: "惻隱羞惡辭讓是非 何從而發乎 發於仁義 禮智之性焉爾 喜怒哀懼愛惡欲 何從而發乎 外物觸其形而動於中緣境而出 焉爾."

54) 《栗谷全書》, 卷14, 〈人心道心圖說〉: "發之者氣也 所以發者理也."

55) 황의동, 《율곡철학연구》, 경문사, 1987, 104면.

않으면서 기발의 근본이 되고 주재하는 것이라는 이기개념이 뚜렷하다. 그러나 조익에게 있어서는 리도 발하고 기도 발하지만, 기발의 소이가 리의 발이요 리의 발을 통해서만이 기의 발이 가능하다는 논리이다. 따라서 율곡의 경우에는 일단 기 스스로의 발용능력을 인정하지만, 그의 경우에는 기 스스로의 발용능력에 있어 상당한 정도의 제약을 두고 있다. 조익은 율곡에 비해 리의 주재능력을 실질적으로 인정하는 논리이고, 율곡은 조익에 비해 기의 발용성을 인정하는 논리다. 다시 말하면 기발이 리의 한계 속에서 이루어진다는 측면에서는 율곡과 조익이 같지만, 율곡보다 조익의 경우가 훨씬 더 철저하다. 자칫 조익의 사단칠정론은 '칠포사(七包四)'나 '기발이승(氣發理乘)'의 구조로 보면 율곡과 동일한 것 같고, 리의 발을 말하는 점에서는 퇴계와 상통되는 것처럼 이해하기 쉽다.

그러나 앞에서 설명한 것처럼 조익의 사단칠정론은 퇴계, 율곡과도 또 다른 특징을 갖는데, 이는 그의 이생기(理生氣), 이발이 기발(理發而氣發)에서 연유하는 것이다.

3. 윤리사상

윤리란 인간이 마땅히 지켜가야 할 도리로서 소위 당위지리(當爲之理)를 일컫는다. 그것은 천리에 바탕한 인간의 존재원리에서 비롯된다. 천이 인간에게 준 본질을 성이라고 한다면, 그 성을 잘 이어 본받는 것을 도라 한다.[56] 여기에서 성이 존재원리라면 도는 당위원리가 된다. 이 도가 곧 인륜이요 윤리요 인도이다. 인간으로서 마땅히 지켜가야 할 길이요 인간답게 살아가야 할 올바른 길이다.

---

56) 《中庸》, 〈第1章〉: "天命之謂性 率性之謂道."

조익에 있어 윤리는 '도'로 언표되고 있다. 성이 항상 사물 사이에서 유행함에 그 자연을 좇아 각각 당연한 법칙이 있는데, 이를 도라 한다.[57] 모든 일에는 각각 그 마땅한 것이 있는데, 그것이 도다.[58] 도는 일의 이치로 인사의 당연한 것을 말한다.[59] 달리 말하면 도는 인간의 이치로서 천하에 없을 수 없다. 이 도가 행해지지 아니하고 밝혀지지 아니하면 인간의 이치도 없어진다.[60] 인간이 지켜가야 할 도가 실현되지 아니하면 결국 인간이 인간일 수 있는 이치가 없어진다는 말이다. 여기에서 인간은 윤리적 행위를 통해 비로소 인간다울 수 있음을 깨닫게 된다.

그런데 윤리로서의 도는 천리에 근본한다. 인(仁)은 인간이 인간이 될 수 있는 까닭의 이치로서,[61] 인심 천리의 본연한 체이다. 이 인(仁)은 인간에게 고유한 것이다.[62]

이렇게 볼 때, 인간의 본질, 본래성, 인간다움이 곧 인(仁)인데, 그것은 천리의 본연한 이치이다. 따라서 천리는 인륜의 지극함이다.[63] 인간본질로서의 '인'은 구체적으로 인의예지의 성으로 언표된다. 이것이 사물에 느껴 움직이면 측은, 수오, 사양, 시비의 정이 되며, 그것이 행동에 나타나면 부자간의 친(親), 군신간의 의(義), 부부간의 별(別), 어른과 아이간의 서(序), 친우와 친우간

---

57) 《浦渚集》, 卷18, 〈心法12章〉: "性常流行於事物之間 循其自然 各有當然之則 是謂道也."

58) 위의 책, 卷5, 〈論語淺說〉: "凡事各有其宜 卽是道也."

59) 위의 책, 卷2, 〈中庸困得〉: "道 事之理也 人事之當然者是道也."

60) 위의 책, 卷7, 〈孟子〉: "夫道者 人之理也 天下之不可無者也 此道不行不明 則人理滅矣."

61) 위의 책, 卷2, 〈中庸困得〉: "仁者人也……人謂所以爲人之理也 以人訓仁 其意甚切."

62) 위의 책, 卷18, 〈心法12章〉: "仁者 人心天理本然之體也……蓋仁 人所固有."

63) 위의 책, 卷7, 〈孟子淺說〉: "天理 人倫之至也."

의 신(信)이 되니, 이것이 인간의 도이다.[64]

인간이 마땅히 지켜가야 할 도리로서의 윤리가 구체화되어 나타난 것이 바로 오륜(五倫)이다. 그러므로 윤리란 천리에 근본하는 것이고, 그 천리를 부여받은 인간본성대로 살아감을 의미한다. 여기에서 윤리가 곧 우주자연의 질서와 자연스럽게 하나가 됨을 알 수 있다.

또한 조익에 있어 윤리는 '예(禮)'로 언표되기도 한다. 인간이 천지간에 있어 사물이 만 가지로 달라 각각 당연한 이치가 있는데 이를 도라 한다. 그 가운데 지신(持身), 접인(接人), 친소(親疎), 상하(上下), 길흉(吉凶), 교제(交際)에 각각 품절(品節), 의도(儀度)가 있는데, 이를 예라고 한다. 대개 도는 그 전체적인 이름으로 예악형정(禮樂刑政)이 모두 이에 속한다. 예는 지신(持身), 접인(接人)의 절문(節文), 도수(度數)일 뿐이다.[65] 여기에서 조익은 예를 도의 일부분으로 보고 있지만, 또 다른 곳에서는 예를 곧 도와 같은 윤리의 개념으로 이해하기도 한다.

예는 자신에게서 근본하여 가정에서 행하고 나라와 천하에 행하는 것인데, 천리의 자연에서 나오지 아니함이 없다.[66] 대개 천하사물이 지극히 많은데, 각기 당연한 리가 있지 아니함이 없으니 삼백, 삼천이 이것이다.[67] 한 몸의 동정으로부터 사물이 만 가지로 다름에 이르기까지 모두 당연한 법칙이 있으니 이것이 예이

---

64) 앞의 책, 卷26, 〈學孟編序〉: "天生萬物 人得其秀而最靈 其見於心也有仁義禮智之性 其感物而動 則爲惻隱羞惡辭讓是非之情 其見于行 則爲父子之親 君臣之義 夫婦之別 長幼之序 朋友之信 此人之道也."

65) 위의 책, 〈家禮鄕宜序〉: "人在天地間事物萬殊 無不各有當然之理 是謂道也 而其中持身接人親疎上下吉凶交際各有品節儀度 此之謂禮也 盖道者其摠名也 凡禮樂刑政皆是 而禮則持身接人之節文度數耳."

66) 위의 글: "禮本諸身 行之家 行之國與天下 而無非出於天理之自然也."

67) 위의 책, 卷24, 〈道村雜錄 上〉: "盖天下事物至衆多 而無不各有當然之理 三百三千是也."

다.[68] 예는 도와 마찬가지로 '리의 당연한 것',[69] '범사의 당연한 이치',[70] '일용 사이에 당연한 이치'[71]로 규정되고 있다.

이렇게 볼 때, 조익에 있어 윤리는 일면 도로, 일면 예로 언표되었는데, 때로는 도와 예를 구별하여 도 가운데에서 예를 이해하기도 하고, 때로는 도와 예를 통용하여 윤리적 의미로 사용하기도 하였다.

그러면 윤리의 준거 내지 척도는 무엇일까? 조익은 이를 '의(義)'로 설명하고 있다. '의'는 일의 마땅함이다. 이를 일러 인간의 길이라 하는 것은 반드시 행하는 바가 '의'에 말미암아야 곧 인간이 될 수 있기 때문이다. 만약 '의'에 말미암지 아니하면 인간이 될 수 없다. 그러므로 이를 일러 인간의 길이라 한다.[72] 인간의 행위가 윤리적이기 위해서는 반드시 '의(義)'에 맞아야 한다. '의'는 조익에 있어 윤리의 준거요 척도였다. 그런데 윤리로서의 도나 예는 때와 밀접한 관계가 있다. 상황에 따라 그 마땅함이 결정되기 때문이다. 유학에서는 이를 '시중지도(時中之道)'라 하여 매우 중시하는데, 조익에 있어서도 마찬가지였다.

천하의 일이 모두 마땅히 해야 할 바이다. 그 가운데 대소완급(大小緩急)의 구분이 있다. 군자는 그 크고 급한 것을 힘쓰고 작고 느린 것은 혹 미치지 않는 경우도 있다. 크고 또 급한 것은 관계되는 바가 가장 중요하니 실은 선악성패(善惡成敗)가 나뉘어지

---

68) 앞의 책, 卷5,〈論語淺說〉: "自一身動靜 至於事物萬殊 皆有當然之則是 禮也."

69) 위의 글: "禮者 理之當然者也."

70) 위의 책, 卷9,〈論啓運宮祔祭主祭之非箚(三箚)〉: "然凡事各有當然之理而 爲之制 此之謂禮也."

71) 위의 책, 卷18,〈心法12章〉: "盖凡日用之間 動靜百爲 無不各有當然之理 卽是節文 卽是禮也."

72) 위의 책, 卷7,〈孟子淺說〉: "義 事之宜也 謂之人路者 必所行由義 乃得爲 人 若不由於義 不可以爲人 故謂之人路."

204

는 바요, 작고 또 느린 것은 관계되는 바가 중요하지 않아 크게 손익(損益)할 것이 없으니 이것이 군자가 마땅히 힘써야 할 것이다. 만약 큰 것을 버리고 작은 것을 힘쓴다면 이는 경중을 알지 못하는 것으로 그 잘못이 심하다.[73] 이처럼 인간의 도리는 때에 따라 대소완급을 가려 손익할 줄 알아야 한다.

조익에 의하면 예의 대체는 삼강 오상과 같이 천지의 경의(經義)이므로 백세토록 변할 수 없다. 그러나 제도, 의문(儀文) 같은 것은 때에 따라 손익하는 것이므로 삼대의 예도 각기 같지 않은 것이 있었다.[74] 도에는 상도(常道)와 권도(權道)가 있다. 상도가 정상적인 윤리라면 권도는 상황윤리라 할 수 있다. 예는 일에 따라 베풀어지기 때문에 일이 변하면 예도 따라서 변하게 된다.[75]

이렇게 볼 때, 조익은 유학 본래의 시중지도(時中之道)를 그대로 적용하면서 그의 윤리사상을 전개하고 있음을 알 수 있다. 정상적인 상황인가 비상적인 상황인가에 따라 인간의 적의한 행동이 요구되는 것이다. 경직된 가치규범에 의한 윤리질서가 아니라 상황에 따라 그 마땅함이 다를 수 있는 상황윤리의 특성을 발견할 수 있다.

유학 자체가 인간주체의 '마음'을 중시하지만, 특히 조익은 윤리적 주체로서의 마음을 매우 강조한다. 그에 의하면 성현의 학문은 그 근본이 마음일 뿐이다. 인간은 같은데 대인이 있고 소인

---

73) 앞의 글: "天下之事 皆所當爲也 然其中有大小緩急之分 君子務其大且急者 於小且緩者 或有所不及也 以大且急者 所關最重 實善惡成敗之所由分也 以小且緩者 所關不重 無大損益也 此君子所以得其當務也 若捨大而務小 則是不知輕重者也 其誤甚矣."

74) 위의 책, 卷26, 〈家禮鄕宜序〉: "然禮之大體 如三綱五常 天經地義 百世而不可變 至於制度儀文 隨時而損益 故三代之禮 各有不同者."

75) 위의 책, 卷8, 〈因兵曹參判崔鳴吉箚子 論典禮箚〉: "禮因事而設 事之變則禮從而變 事雖有變 而爲後者 爲子之義 則無往而不在焉."

이 있다. 마음은 하나일 뿐인데 천리도 있고 인욕도 있다. 따라서 성현의 학문은 요컨대 그 마음을 다스림에 있으니, 사욕의 가리움을 제거하여 천리의 공(公)을 온전히 할 뿐이다.[76] 이와 같이 그는 성현의 학문에 있어 그 근본이 마음에 있다고 보았다. 마음은 만사의 근본이다. 천하의 일이 하나도 마음에서 나오지 않는 것이 없다. 한 마음이 바르면 만사가 바르지 아니함이 없고, 한 마음이 바르지 아니하면 만사가 모두 따라서 바르지 않게 된다. 그러므로 옛날의 대인은 반드시 군심(君心)의 잘못을 바로잡는 것으로 임무를 삼았다.[77] 마찬가지로 천하만사가 모두 마음에서 나오므로, 인간의 선악고하(善惡高下)가 모두 마음을 어떻게 세우는가에 달려 있을 뿐이다. 여염사대부(閭閻士大夫)로서 보면 그 마음을 현인군자로 자처해서 옛 성현을 본받으면 그 행하는 일이 반드시 볼 만한 것이 있다. 그 마음을 용인비부(庸人鄙夫)로 자처하여 오직 부귀를 사모할 줄만 알면 그 행하는 일이 반드시 볼 만한 것이 없으니, 이것이 필연의 이치이다. 인주의 입심(立心) 또한 이와 다르지 않다. 그 마음이 옛 제왕을 본받으면 그 베푸는 바가 저절로 능히 대공지정(大公至正)의 도에 말미암아서 인심이 열복하고, 그 마음을 후세 중주로 자처하면 그 하는 바가 사의에서 벗어나지 아니함이 없어 구차하고 공정하지 못해 신민으로 하여금 실망케 한다. 그러므로 인주의 입심이 바르냐 바르지 않느냐가 한 나라 치란의 기틀이 된다.[78]

76) 앞의 책, 卷26, 〈心經增減節註附說序〉: "聖賢之學 其本 心而已 夫人均也 有大人焉 有小人焉 心一耳 有天理焉 有人欲焉……故聖賢之學 要在治其心 去私欲之蔽 全天理之公而已."

77) 위의 책, 卷10, 〈論災異箚〉: "夫心者 萬事之本也 天下之事 無一不出於心 故一心正 則萬事無不正 一心不正 則萬事皆從而不正 故古之大人 必以格君心之非爲務……."

78) 위의 책, 卷10, 〈論災異箚(再箚)〉: "盖天下萬事 皆出於心 凡人善惡高下

206

우리의 이목구비는 옳고 그름을 생각할 수 없고, 단지 물욕이 있을 뿐이므로 소체가 된다. 마음은 옳고 그름을 생각할 수 있으니, 인간이 능히 선할 수 있고, 불선할 수 없는 것은 오직 마음에 있을 뿐이므로 대체가 된다. 마음은 진실로 생각할 수 있다. 그래서 반드시 생각한 후에 얻고 생각하지 아니하면 얻지 못한다. 생각하지 아니하고 얻지 못하면 또한 이목을 쫓을 뿐이니, 이것이 소체를 쫓아서 소인이 된다는 것이다. 오직 그 마음을 높게 세우고 항상 한 몸의 주재가 되면 일마다 생각하지 않음이 없어 이목도 빼앗을 수 없으니, 이것이 대체를 쫓으면 대인이 된다는 것이다. 생각하고 생각하지 아니함이 마음을 세움과 세우지 아니함에 말미암으니, 그 대인이 되고 소인이 되는 구분이 이 같을 뿐이다.[79] 이는《맹자》의 대체, 소체를 설명한 것으로, 마음의 사유기능에 따라 대체라 부르고 마음이 한 몸의 주체가 될 때 대인이 될 수 있다고 보았다.

이렇게 볼 때, 마음은 한 개인에 있어서나 한 나라의 정치에 있어서나 근본이 되고 관건이 된다. 마음을 어떻게 세우느냐 하는 '입심(立心)'의 문제가 윤리적으로 중시되었음을 알 수 있다.

皆在於立心之如何耳 以閭閻士大夫觀之 其心以賢人君子自處 而以古之聖賢爲法 則其行事必有可觀 其心以庸人鄙夫自處 唯知富貴之可慕而已 則其行事必無可觀 此必然之理也 人主之立心 亦何以異於是 故其心以古之帝王爲法 則其擧措施爲 自能由於大公至正之道 而人心悅服 其心以後世中主自處 則其所爲無非出於私意 苟且不公不正 使臣民失望焉 然則人主立心之正與不正 豈非一國治亂之機乎."
79) 앞의 책, 卷7,〈孟子淺說〉: "耳目不能是非 但有物欲而已 是爲小體 心能思是非 人之所以能爲善而不爲不善 唯在心耳 故爲大體也 ……心固能思然必思而後得 不思則不得也 不思而不得 則亦從耳目而已 此爲從其小體而爲小人也 惟其心卓然竪立 常爲一身之主 則事無不思而耳目不能奪之 此爲從其大體而爲大人也 然則其從大從小 由乎思與不思 思與不思由乎立與不立也 其爲大小之分 如是而已矣."

그러면 조익은 마음을 어떻게 보았는가? 우선 마음은 생각하는 것으로 설명되고 있다.[80] 인간에게 있어 생각하는 기능은 지적인 측면에서나 도덕적인 측면에서 매우 중요한 의미를 갖는다. 특히 윤리적인 측면에서 보면 마음의 생각하는 기능이야말로 윤리적 행위의 관건이 된다. 인간의 경우 마음이 신체의 영향을 받는 것도 사실이지만, 이와는 달리 마음이 신체를 주재한다는 점에서 인간은 다른 동물과 구별된다. 결국 인간의 윤리적 행동이란 마음의 사유기능이 그 기초가 된다. 도덕의식의 계발, 양심적 자각, 죄의식의 제고, 선의지의 갈망 등 이 모든 것이 마음의 사유기능에서 가능하기 때문이다.

그런데 조익은 마음을 지각으로 설명하고 지각은 본래 선하다고 말한다. 그 본연의 선이 곧 양심이요 곧 인의의 마음이다. 그러므로 지각의 마음과 양심이 둘이 아니오 곧 지각의 본래 선한 것이 양심이다.[81] 엄밀히 말하면 마음은 일면 도덕적 기능과 일면 지적 기능을 아울러 갖는다. 이 양자는 그 기능적 성격으로 볼 때 구분될 수 있는데, 조익은 이를 하나로 이해하고 있다는 점에서 특이하다. 이는 조익의 '마음'이 양명학적으로 해석되고 있음을 의미한다. 양명에 의하면 지각처가 곧 마음이다. 귀와 눈이 보고 들을 줄 알고 손과 발이 아픔을 아는 것과 같이 이 지각이 곧 마음이다.[82] 마음은 양심이고 이것이 곧 지각이므로, 지각 본선의 관점이 가능한 것이다. 조익의 심학이 양명학적인 것이라 한다면, 마음에 대한 지나친 분석 자체가 그의 본의를 해치는 것일지도 모른다는 점을 간과해서는 안 된다.

---

80) 앞의 글: "心固能思……."

81) 위의 글: "蓋心者 知覺之謂 知覺本善 其本然之善 卽是良心卽是仁義之心也 然則知覺之心與良心非二也 卽知覺之本善者是良心也."

82) 王守仁, 《傳習錄 下》: "知覺處便是心 如耳目之知視聽 手足之知痛痒 此知覺便是心也."

또한 조익의 마음은 활물로서 그 발동이 변화무상하므로 모름지기 잘 잡아 보존해야 한다. 만약 이를 버리면 없어져버려, 출입이 때도 없고 곳도 없어 형용이 신명불측(神明不測)하고 발동이 일정하지 않게 된다.[83] 이처럼 조익의 마음은 정태적(靜態的)인 것이 아니라 활활발발한 활물로서 변화무상한 것이다. 이 가변성 때문에 마음은 선악의 가능성을 함께 갖는다. 따라서 마음을 잘 잡아 지키고 보존하는 노력이 절실히 요구된다.

---

83) 《浦渚集》, 卷7, 〈孟子淺說〉: "盖心是活物 發動無常 故須操乃存 舍則亡去 出入無時無鄕 卽形容其神明不測 發動無常也."

제5절 탄옹 권시

1. 생애와 인품

권시(權諰, 1604~1672)는 17세기 호서의 대표적인 유학자로
서, 도학과 예학에 밝았다. 그의 자는 사성(思誠), 본관은 안동이
다. 그의 부친은 만회(晩悔) 권득기(權得己)로서 숙부 청하자(靑
霞子) 권극중(權克中)으로부터 배웠고, 권극중은 우계의 문인이
라는 점에서 우계학파에 포함할 수 있다.[1] 그는 서울에서 태어나
부친 권득기와 부친의 막역한 친우였던 잠야(潛冶) 박지계(朴知
誡, 1573~1635)로부터 배웠다. 그리고 18세 때 박지계의 형이었
던 박지경(朴知警)의 딸과 결혼하였다.

그가 24세 되던 해에 증광 초시에 응시했는데, 당시 고관이었
던 포저(浦渚) 조익(趙翼)이 '속유(俗儒)의 글이 아니다'라고 하며
장원을 주고자 하였으나, 참고관이 과거의 격식에 조금 어긋난다
하여 차석을 하였다. 이 해 가족을 이끌고 공주 유성의 탄방(炭
坊)으로 이사하였다.

1628년 25세 때 정원군(定遠君)에 대한 추숭(追崇)문제를 가지
고 예변(禮辨)을 하였으며, 이 해에 박지계를 예방하였다. 27세
때 감시(監試) 회시(會試)에 응시하고자 하였으나 비가 많이 와
들어가지 못하자, 그는 "내가 과거시험에 분명 뜻이 있다면 비를
무릅쓰고 가겠지만 부끄러운 일이다" 하고, 과거시험을 단념하
고 오직 위기지학(爲己之學)에 전념하였다. 1636년 지천(遲川) 최

---

1) 한기범, 〈조선시대 대전지방 산림의 학맥과 학풍〉, 《한국사상과 문화》, 제
7집, 한국사상문화학회, 2000, 179면.

명길(崔鳴吉)에 의해 대군사부에 추천되었으나 나아가지 않았다.
이 때 최명길은 권시의 인품을 다음과 같이 평하고 있다.

> 권시는 이름 있던 권득기의 아들로서 지행(志行)이 바르고 깨끗하
> 여, 모두 일세의 훌륭한 선비라 칭하였다. 인간됨이란 진실로 쉽게
> 헤아릴 수 없으니, 비유컨대 계곡의 난이나 산골의 보옥과 같이, 향
> 기를 토하지 아니해도 능히 진실로 씻어내면 진가가 빛나니, 어찌 후
> 세의 유명한 유학자가 이들에게서 배출되지 않는다고 하겠는가?[2]

1640년 다시 대군사부로 제수되었으나 당시 대군은 심양에 있
었으므로 모두가 나가기를 꺼렸지만, 권시는 혼란한 때를 당하여
모두 피하면 누가 국가를 위하여 죽겠느냐고 하며, 행장을 갖추
어 나아갔다.[3] 1643년 그는 신독재 김집과 그의 부친 사계 김장
생이 지은《의례문해(疑禮問解)》에 관해 논변을 하였다. 권시는
그후 선릉 참봉, 시강원 자의, 형조좌랑, 경상도 도사, 시강원 진
선 등에 제수되었지만 나아가지 않았다. 이러한 그의 태도는 당
시 재야의 산림으로서 겸양의 덕이기도 했지만, 권시 나름의 가
치관에 입각한 처세이기도 하였다.

그러나 그는 효종의 간곡한 청에 의해 서울에 오래 머물 때를
이용하여《대학》,《논어》등을 가지고 경연 강의를 하기도 하였
다. 1657년 2월 사헌부 집의에 제수되었으나 상소를 올려 사양하
였고, 이어 중훈대부(中訓大夫), 승정원 동부승지 겸 경연참찬관,
시강원 찬선에 제수되었으나 역시 나아가지 않았다. 그 이듬해 4
월 17일 그는 대동세(大同稅)에 관해 상소를 올리고, 불공정한
조세제도의 개선과 '양입위출(量入爲出)'의 세제원칙을 지킬 것
등을 건의하였다.[4]

---

2)《仁祖實錄》, 卷32, 14年 6月 甲申條 참조.

3)《炭翁集》, 附錄,〈年譜〉참조.

4) 위의 글 참조.

이 해 당시 명필가였던 허목(許穆)에게 십여 자의 가훈을 전서해 줄 것을 청해 받았는데, 그 내용은 '매사필구시(每事必求是) 무낙제이의(毋落第二義)'로서, 매사에 반드시 옳은 것을 구하고 두 번째로 떨어지지 않도록 하라는 것이다. 이는 그의 부친 권득기의 가르침으로 권시는 이 가훈을 평생 좌우명으로 삼았다.

1659년 권시는 효종에게 상소를 올리고, 백성을 위하여 구휼책을 쓸 것과 군포를 아약자(兒弱者)에게 부과함은 부당하다는 것을 강조하였다. 그 이듬해 1월 우윤(右尹)과 동지의금부사(同知義禁府事)를 제수받았지만 사직하는 상소를 올렸고, 2월에도 징소가 있자 시무책(時務策)을 건의하기도 하였다. 4월에는 대왕대비 복제는 기복(朞服)이 부당하다 하고 윤선도(尹善道)의 처벌을 반대하였다. 1669년 그는 66세 때 탄방으로 돌아온 후 1672년 정월 24일 69세의 나이로 세상을 마쳤다.

2. 유학사상

권시의 학문적 뿌리는 가학적 연원이 깊다. 우선 그의 부친 권득기로부터 유학의 기초를 배웠고, 부친 사후에는 부친과 도우(道友)였던 박지계로부터 배웠다. 또한 당시 호서를 대표했던 송시열, 송준길, 윤선거, 유계, 이유태 등과 긴밀하게 교유하였다. 앞에서 살펴보았듯이 그는 53세 이후 시강원 진선으로 벼슬길에 나아갔으나, 57세 되던 해 한성부 우윤 때 윤선도의 상소를 옹호하여 서인들의 배척을 받은 후에는 다시 벼슬길에 나아가지 않았다. 65세 때 송준길의 추천으로 다시 한성부 좌윤이 되었으나 사직하고 나아가지 않았다. 이렇게 볼 때 권시는 거의 평생을 관직에 나아가지 않고 재야에 남아 오직 자기수양과 학문연구에 전념했음을 알 수 있다. 그러나 그의 문집에서 볼 수 있듯이, 초기 예설에 관한 몇 편의 글이 있을 뿐 철학에 관한 전문적인 글은 별

212

로 보이지 않는다. 이는 그의 말대로 저술을 분수에 넘치는 참람된 행위로 여기는 겸허한 자세에서 나온 것이기도 하지만, 무엇보다 체득 실천을 중시하는 그의 학문태도에서 기인한 것으로 볼 수 있다.[5] 이는 당시 이론성리학이 풍미했던 현실과는 다른 것이며, 그의 초기 성리학적 관점은 주자와 율곡의 성리학에 가까웠지만,[6] 만년에 이르러서는 이론성리학에 냉담한 반응을 보이며[7] 오히려 철저하게 심학적 측면으로 기울고 있는 것이다.[8] 이제 그의 학문적 특징이라 할 수 있는 '공(公)'의 사상을 중심으로 고찰해 보기로 하자.[9]

본래 유가의 중심개념인 인(仁)은 천하의 공리(公理)로 설명된다.[10] 인이 이 세계를 보편적으로 포섭할 수 있는 근거는 공적인 특성에 있다. 공(公)에 대립되는 사(私)는 인간과 자연, 인간과 인간을 대립 갈등하게 한다. 따라서 인간에게 있어 공심(公心)의 확립은 나와 너, 피차, 물아(物我)를 초극할 수 있는 조건이다. 권시는 스승인 박지계와 부친 권득기의 가르침을 받아 장횡거의 〈서명(西銘)〉에 나오는 '민오동포(民吾同胞) 물오여야(物吾與也)'를 통해 물아일체(物我一體)의 세계관을 세웠다.[11] 이는 송시열의 지적과 같이 이일분수(理一分殊)에 있어 이일(理一)의 관점에서 주객을 하나로 본 것이다. 즉, 천지 사이에서 생명을 받은 모든

5) 권정안, 〈탄옹 권시의 유학사상〉, 《도산학보》, 제2집, 도산학술연구원, 1993, 165면.
6) 《炭翁集》, 附錄, 〈家狀〉: "理氣四七之說 則以朱子栗翁爲主."
7) 위의 책, 卷8, 書, 〈答洪公敍別紙〉.
8) 권정안, 앞의 글, 166면.
9) 《炭翁集》, 卷7, 書, 〈寄惟兒〉: "仁者天下之公理 權某旣不肖 習於家訓 慕賢親仁之心 不敢小懈 平生千言萬語 片字隻辭 無非爲君子謀 思欲成就一箇公字."
10) 위의 글.
11) 권정안, 앞의 글, 168면.

존재들은 그 개별적인 차이에도 불구하고 모두 같은 천지의 아들이요 자연의 자식이라는 것이다.[12] 그러므로 인군은 천지의 마음을 가지고 마음을 삼아 사이(四夷) 팔만(八蠻)의 오랑캐까지도 구별하지 말고 함께 사랑해야 한다는 것이다. 여기에서 공심(公心)은 천지의 마음이며, 그것은 다름 아닌 인(仁)임을 알 수 있다. 인간이 이 천지의 마음인 인을 체득할 때 주체와 객체, 나와 너, 인간과 인간, 인간과 사물의 대립을 극복하고 하나가 될 수 있으며, 나도 살고 너도 사는 조화와 사랑 그리고 공존의 지평이 가능한 것이다.

그런데 이러한 권시의 공심에 기초한 사랑의 논리는 부친의 영향에 기인한 면이 짙다. 권득기는 인(仁)을 주편법(周遍法)이라 규정하고, 인간의 인간다움을 두루 사랑하는 힘으로 물아일체를 가능케 하는 주체적 기반이라고 보았다.[13] 그러므로 공심은 《대학》의 '혈구지도(絜矩之道)'와 다를 바 없으며, 《논어》의 "내가 서고 싶으면 남도 서게 해 주고, 내가 도달하고 싶으면 남도 도달케 해 준다(己欲立而立人 己欲達而達人)"는 것과 함께 한다. 즉, 《논어》의 '충서(忠恕)'의 정신이며, 이는 다름 아닌 인(仁)의 실현이라 하겠다. 권시가 어려서부터 부친으로부터 배운 가훈으로서의 공심은 곧 인으로, 어느 누구에게나 보편적으로 적용되는 것이며, 그것은 나를 미루어 남을 헤아리는 것이요, 이를 통해 나와 남이 함께 공존하는 인아병립(人我竝立)의 철학이었다.[14] 권시

---

12) 《炭翁集》, 卷3, 疏, 〈論保護聖躬及請減賜倭米疏〉: "臣聞乾稱父坤稱母 凡生天地之間者 皆天之所子也 分殊之義 誠不可無差 孰非天之所閔覆乎 故人君以天地之心爲心 四夷八蠻 一視同仁."

13) 위의 책, 卷8, 書, 〈與宋奇玉(之琦)書〉: "少聞家訓 仁是周遍法政 欲物我之一 故曰終身行之者 其恕乎 惟玆一心 炳然如丹."

14) 위의 책, 卷10, 雜著, 〈兩兒遺書〉: "仁是周遍法……周遍法 推己度物 人我竝立之謂也."

의 이러한 사랑의 철학은 물론 유가 본래의 인의 재해석이지만,
현대사회가 당면한 이기적 갈등과 이해관계로 인한 대립구조를
평화와 공존으로 전환시킬 수 있는 철학이라는 점에서 그 의미가
크다.

또한 그는 공심의 가능근거로서 맹자의 '적자지심(赤子之心)'
을 들고 있다. 즉, 어린아이의 순수한 '적자지심'은 주객의 대립을
뛰어넘어 공심을 확립할 수 있는 바탕이다. 우리가 사리(事理)의
시비에 있어서는 같으면 같고 다르면 다르지만, 자연스런 양심의
발로에 있어서는 조금이라도 인위가 개입하거나 사사로운 욕심
이 개재되어서는 안 된다고 하였다.[15] 이는 인간 본연의 순수한
마음이 자연스럽게 발휘될 때 공심에 의한 사랑의 실현이 가능하
다는 의미였다.

그러면 어떻게 이 공심을 유지하고 발휘할 것인가? 권시는 선
유들이 그랬듯이 경(敬)을 그 방법으로 중시하였다. 《논어》에서
공자가 말하기를, 내가 인(仁)을 바라면 이 '인'이 이른다고 하였
듯이, 경(敬)을 바라면 '경'이 이르는 것이라 하여, 회재(晦齋) 이
언적(李彦迪)의 '조즉존(操則存) 사즉망(捨則亡) 악즉파(握則破)'
를 경공부의 요체로 제시하였다.[16] 그는 젊어서 송시열의 경공부
가 너무 철저하여 '악즉파(握則破)'의 염려가 있다고 하면서, 동
시에 이러한 엄격한 태도를 경계한 자신의 경공부는 우암의 엄격
한 태도를 병통으로 여기는 바로 그 점 때문에 마음가짐이 방사
(放肆)해서 수습할 수 없는 경지, 즉 '사즉망(捨則亡)'의 병폐가
있음을 반성하고, 문인들에게 두 사람의 경우를 거울삼아 선택하

---

15) 앞의 책, 附錄, 〈家狀〉: "若夫事理是非 同則同 異則異 行其所無事 寧容
一毫人爲 失我赤子之心乎."

16) 위의 책, 卷5, 書, 〈與宋英甫〉: "我欲仁 斯仁至矣 我欲敬 敬則至矣……
且聞諸明甫曰 蒼石自言 嘗聞諸蘇齋 捨則亡操則存握則破云 此正緊要語
此九字話題 盖出於晦齋."

라고 훈계하였다.[17]

이렇게 볼 때, 권시의 유학사상은 이기심성론에 대한 이론적 천착보다는 유학 본래의 인에 기초한 공심의 주체 확립과 그 공심에 의한 공도(公道)의 사회적 실현에 특징이 있었다. 따라서 경을 중심으로 한 마음공부가 주류를 이루고 있고, 심학적 특성을 보여 주고 있다. 특히 그가 시비란 천하공공의 것이요, 의리는 사람이 마땅히 함께 변론해야 하는 것으로, 논의하는 자가 비록 부자간이나 사제간이라 하더라도 구차하게 야합해서는 안 된다고 하여,[18] 진리의 확보, 시비의 변척(辨斥)을 위해서는 사사로운 감정이나 조건이 결코 개입되어서는 안 됨을 강조하였다. 이는 권시가 얼마나 공리(公理), 공도(公道)의 확립을 중시하며, 진리를 향한 학자적 양심의 발로가 철저한지를 극명히 보여 주는 것이다.

이러한 입장에서 그는 당시 사문난적(斯文亂賊)으로 비난을 받았던 백호 윤휴의 《대학》, 《중용》에 대한 개주(改注)에 대해서도, 한편으로는 윤휴가 선현의 학문성취를 경시하고 지나치게 자신하는 태도를 비판하면서도, 다른 한편으로는 이를 비난하는 송시열에 대해 스스로의 견해를 고집하여 허심완리(虛心玩理)의 기풍이 부족함을 지적하였던 것이다.[19] 따라서 학자는 진실로 의심할 바가 있으면 비록 성현의 말이라도 또한 감히 의심하지 않을 수 없는 것이며,[20] 마음이 진실로 편치 아니하면 비록 옛 경전에 나왔더라도 의심하고, 스스로 마음에 돌이켜 부끄러움이 없으면, 비록 천만인이 그르다고 하더라도 돌아보지 말아야 한다고 하

---

17) 앞의 책, 附錄, 〈家狀〉.
18) 위의 글, "嘗謂是非者 天下之公 而義理者 人所當共辨者也 故論議者 雖在父子師弟間 不可苟合也."
19) 앞의 책, 卷6, 書, 〈答尹仁卿〉; 卷8, 書, 〈與或人書〉 참조.
20) 위의 책, 附錄, 〈家狀〉: "苟有所疑 則雖聖賢之言 亦不敢不疑."

였다.[21] 진리의 확보가 내 마음의 주체에 있지 남의 해석에 있지 않다는 데서 권시의 철학적 입장이 잘 나타나 있다. 이러한 관점에서 권시, 권득기의 학풍을 육왕학적 심학으로 보려는 견해도 있다.[22]

이렇게 볼 때, 권시의 탈성리학적 경향, 사변적 성리논쟁의 지양, 인간주체의 공심 확립, 실천중시의 학풍, 실사구시의 무실학풍, 자유분방한 학문태도 등은 우계학파의 학문적 보편성을 그대로 공유한 것이라고 볼 수 있다.

---

21) 앞의 글: "盖先公之學 以心爲主 心苟未安 雖出古書 亦疑之 自反於心而 無愧 則雖千萬人非之而不顧."

22) 김길락, 〈만회의 육왕학적 심학체계에 관한 연구〉,《도산학보》, 제3집, 도산학술연구원, 1994.
  권정안, 〈탄옹 권시의 유학사상〉,《도산학보》, 제2집, 도산학술연구원, 1993, 191면.

제6절 미촌 윤선거

1. 생애와 인품

윤선거(尹宣擧, 1610~1669)는 17세기 조선조의 대표적인 유학자의 한 사람으로, 이른바 '호서오현(湖西五賢)'의 한 사람으로 불린다. 그는 윤황의 아들이고, 우계 성혼의 외손자이며, 명재 윤증의 부친이다. 그는 1610년 5월 28일 전라도 영광에서 태어났다. 이 때 아버지 윤황은 영광군수로 있었기 때문에 영광 관아에서 태어나게 되었다.[1] 그의 자는 길보(吉甫), 호는 미촌(美村)·노서(魯西)·산천재(山泉齋) 등으로 불리었는데, 그 유래는 다음과 같다. 그가 금산에 살 때 '복례(復禮)'로 그 집의 이름을 짓고자 하였다. 미촌(美村)에 살 곳을 정한 후에는 '일묵(一默)'으로 집의 이름을 지었고, 또 '삼회(三悔)'로 집의 이름을 불렀으니, 이는 그에게 있어 평생 후회할 것이 많았다는 말이다. 뒤에 또 재(齋)의 현판을 '회와(悔窩)'라 하였고, 또 '후천(後天)'으로 이름하고자 하였으니, 바야흐로 삼색(三索)의 상을 사랑한 것이다. '노서(魯西)'라는 호는 중형 동토(童土) 윤순거(尹舜擧)가 지어 준 것이며, '후당(後塘), 미촌(美村)'이라고 한 것은 거주한 바에 따라서 학자들이 불러 준 것이다.[2]

그는 1626년 16세 때 생원 이장백(李長白)의 딸 공주 이씨와

---

1) 《魯西遺稿》, 附錄, 上, 〈年譜〉.

2) 위의 책, 附錄, 上, 〈遺事〉: "居錦峽時 欲以復禮名其堂 卜居美村之後 以一默名室 三悔名窩 盖言平生可悔者多也 後又扁其齋曰悔窩 又欲以後天名齋 以方玩三索之象也 曰魯西者 仲氏童土公之所命也 曰後塘曰美村者 因所居而學者之所稱也."

결혼하였다. 부인 공주 이씨는 후일 병자호란 때 스스로 목숨을 끊어 절의를 지킨 바 있다. 이 절의가 인정되어 1681년 명정을 받아 정려(旌閭)를 건립하여 기렸다. 1633년 생원, 진사시에 합격하여 약관의 나이에 이미 문행(文行)으로 이름이 높았다. 1634년 태학에 있으면서 원종의 태묘(太廟) 합사(合祀)문제를 가지고 상소를 올렸고,[3] 1636년 봄 후금이 황제라고 자칭하고 사신을 보내와 청나라를 섬길 것을 요구하자, 유생들과 함께 상소를 올려 사신들을 죽이고 문서를 불태워버릴 것을 요청하였다.[4] 그해 12월 청태종이 대군을 이끌고 침입하자 강화도로 피난하였다. 1637년 강화도마저 적에게 함락되자 친구들과 함께 일을 도모하였는데, 성이 함락되던 날 친구들은 모두 죽고 중부인 윤전(尹烇)도 결국 자결하고 말았다. 아내 이씨가 눈앞에서 죽는 고통을 참으며 자식은 길가에 버려두면서까지 홀로 사신을 따라 남한산성으로 떠난 것은 병든 부친을 만나기 위해서였다. 그러나 성 안으로 들어갈 수 없었고 돌아가려 해도 도랑을 건널 수 없어 이리 저리 전전하다가 간신히 탈출하여 목숨을 부지할 수 있었다.[5] 이에 대해 박태보(朴泰輔)는 다음과 같이 그 전말을 자세히 설명하고 있다.

윤선거는 강도 피난 때 친구 권순장(權順長), 김익겸(金益謙) 등과 의병을 조직하여 적병들과 싸우자고 맹세한 뒤에 성벽을 나누어 지켰다. 그러나 적병이 강을 건너 강화성을 위협하는 지경에 이르자, 분사(分司) 재상들이 속수무책으로 적진에 나아가 화친을 맺었고, 적의 군사들이 성에 입성하게 되었다. 이 때 아무런 싸움이 없었기 때

3) 앞의 책, 附錄, 上, 〈年譜〉, 甲戌條.
4) 위의 글: "丙子春 上太學疏 請斬虜使(時虜使龍馬二酋 來致蒙古書 諭以僭號之意 要與我共尊虜爲帝 先生率諸生抗疏請斬使焚書 振旅問罪 以伸大義 疏見遺稿)."
5) 《明齋年譜》, 〈後錄〉, 卷1.

문에 화살을 쏘지도 않았다. 당시 성중에 남아 있던 봉림대군은 심원군(琛原君) 이세완(李世完)에게 남한산성으로 떠나는 사행을 주관하도록 명령하였다. 윤선거는 이세완과 이웃하여 살던 처지라서 서로 잘 알고 있었기 때문에 함께 떠나자고 청하였다. 이런 상황에서 윤선거는 중부인 윤전에게 "강화도가 이미 함락되었고 남한산성 또한 위태로우니, 어디서 죽든지 죽는 것은 마찬가지입니다. 차라리 남한산성에 가서 병중인 아버지 윤황을 만나 보고 죽겠습니다"라고 말했다. 이에 미복으로 갈아입고 사신 심원군의 종자가 되어 강을 건너 남한산성에 갔으나 들어가지도 못했다.[6]

이 강도사건은 윤선거의 일생을 통해 씻을 수 없는 부끄러움이었다. 그 자신이 말하듯이, 기왕 죽을 바에야 병환 중의 부친을 만나기 위해 남한산성에 가서 죽고자 하였다지만, 유교적 관점에서 윤선거의 탈출은 비난의 대상이 되기에 족했다. 그러므로 그는 자신의 입장을 이렇게 말하고 있음을 볼 수 있다.

신은 밖으로는 붕우들에게 부끄럽고, 안으로는 처자에게 부끄러우며, 중부를 좇지 못하고 노비가 되어 구차히 죽음을 면하였습니다. 난에 임하여 성(性)을 잃고 의(義)에 처하여 형상이 없으니, 지금 돌이켜 생각하니 죽음을 얻지 못한 것이 한스럽고, 몸과 이름을 무너뜨리고 더럽혔으며, 정리(情理)가 슬프게 새겨져 하늘을 우러러보아도 땅을 굽어보아도 얼굴을 드러낼 수 없으니, 고향에 숨어 살기로 한 평생을 기약하였습니다.[7]

이와 같이 강도사건은 윤선거의 평생에 걸친 멍에였고 이로 인

---

6) 박태보가 지어 나량좌가 올린 숙종 13년의 상소문(이은순, 〈명재 윤증의 생애와 회니시비의 명분론〉, 《무실과 실심의 유학자 명재 윤증》, 청계, 70면).

7) 《魯西遺稿》, 卷3, 疏狀, 〈辭啓議疏〉: "臣外負朋友 內愧處子 不從於仲父 而爲奴以苟免焉 臨亂失性 處義無狀 追思至今 恨死不得 身名敗衊 情理痛刻 俯仰天地 無面可顯 廢伏田里 沒齒爲期."

해 그는 평생 벼슬길에 나아가지 않고 재혼도 하지 않았다. 그는 형조좌랑, 지평, 장령, 집의 등 많은 벼슬을 받았지만 한 번도 나아가지 않았다. 그는 상소문 도처에서 '죽을 죄를 지은 신 윤선거(死罪臣尹宣擧)'라는 표현을 써서, 자신의 처지를 밝히고 있다.

결국 부친 윤황은 척화상소를 올렸다. 그 죄로 영동으로 유배되었다. 1638년 윤황이 석방되자 금산 남촌으로 거처를 옮기고, 과거에 뜻을 버리고 평생 학문연구의 길을 결심하였다. 1639년 8월 부친 윤황의 상을 당해 예를 다해 선영에 모셨다. 1642년 시남(市南) 유계(兪棨)와 함께 마하산 아래에 서실을 짓고 이름을 '산천(山泉)'이라 하였다. 그는 유계와 함께 《가례원류(家禮源流)》를 편차(編次)하였는데, 《가례》를 읽고 고경(古經)이 아니면 그 근원을 고찰하지 않음이 없었고, 중설(衆說)이 아니면 그 갈래를 다하지 않음이 없어야 한다고 생각하였다. 반드시 《가례》로서 근본을 삼아 위로는 경전에 소급하고, 아래로는 후래의 제설과 우리나라 유학자들이 먼저 논한 바를 첨가한 후에, 고금의 같음과 다름을 찾고 예 본의의 본말을 연구하여 행한 바에 의심이 없도록 하였다. 이에 유계와 함께 예서를 두루 읽고 편차를 손수 썼다.[8] 후일 이 《가례원류》의 저술이 누구의 것이냐를 놓고 논쟁이 벌어져 노소분당이 더욱 격화되는 계기가 되기도 하였다.

1644년 여름 윤선거는 유계, 송시열, 이유태 등 호서유림들과 더불어 서대산 신안사에 모여 고례(古禮)를 강행(講行)하였다. 1646년 6월 신독재(愼獨齋) 김집(金集)을 방문하고, 송시열, 이유

---

8) 앞의 책, 附錄, 上, 〈年譜〉: "壬午 與市南公棨 築書室於麻霞山下 名之曰山泉(兪公在丁丑 以斥和 與八松公同被謫 至是以先生兄弟之卜築於山中也) 與市南編次家禮源流(先生讀家禮 以爲非古經 無以考其源 非衆說 無以盡其流 必也以家禮爲本 而上溯於經傳 下附以後來諸說及東方儒先所論 然後 可以玫古今之同異 究禮意之本末 而不疑於所行也 於是與市南遍讀禮書 而手書編次焉)."

태, 종형 윤원거 등과 함께 돈암서원에서 회동하였다. 이 때 김
집은 나이가 70세가 되었는데도 용공(用功)이 게으르지 않았다.
윤선거는 금협(錦峽)에 있을 때 이미 자주 왕래하여 가르침을 받
고 스승의 예로서 섬겼다. 그는 《소학》으로서 자신을 규율하고,
《가례》로서 종사하며, 규구(規矩)를 엄격히 지키고, 겸손하고 공
손하고 부지런하고 삼가하여 터럭만큼도 부허(浮虛)의 뜻이 없는
김집의 실덕(實德)을 배웠던 것이다. 그리하여 김집은 다른 사람
들에게 말하기를 "윤모는 행실이 독실하고 생각이 정밀하여 다
른 사람이 미치지 못할 바가 있다"고 칭찬했던 것이다.[9] 1647년
11월 김집과 우계 성혼의 비문 가운데 고쳐야 할 곳에 대해 이야
기하고, 그 이듬해에는 석실(石室)로 청음(淸陰) 김상헌(金尙憲)
을 방문하여 비문의 일부를 고쳐 지어 줄 것을 청하고, 아울러
우계선생 연보를 편차하였다. 우계선생 연보는 창랑(滄浪) 성문
준(成文濬)이 본래 초본(草本)을 지었는데, 소략하고 미비하여 서
적을 고찰하고 기존의 글을 첨삭하고, 여기에 또 지(誌), 비(碑),
행장(行狀), 제축문(祭祝文) 등을 부록으로 삼아 연보를 편차하였
던 것이다.[10] 또한 《계갑록(癸甲錄)》을 편차하기도 하였는데, 이
는 우산(牛山) 안방준(安邦俊)이 계미, 갑신 이래 당화(黨禍)의 사
실을 엮은 것을 편차한 것이다. 1649년 3월 김집에게 우계선생의
묘표를 지어 달라고 청하였다. 1652년 가을 김상헌의 죽음을 맞

---

9) 앞의 글 : "丙戌六月 候愼獨齋金先生 會宋李諸公及從兄龍西公 於遜巖書
院(金先生年踰七十 用功不懈 先生在錦峽時 往來參候 事以師禮 自此以
後 從游益親 講貫盆切 先生嘗以爲愼齋以小學律身 以家禮從事 守定規矩
謙恭勤謹 無一毫浮虛務外之意 此其實德也 先生之所得於愼齋者盖如此
而愼齋亦語人曰 尹某之篤行精思 諸人所不及也云)."

10) 위의 글 : "丁亥 十一月 講牛溪先生碑文改處于愼獨齋 戊子春 謁淸陰金公
于石室 請改坡山碑文一節 編次牛溪先生年譜(牛溪先生年譜 舊有舅氏滄
浪公所述草本 而疎略未備 先生考書籍 添刪成書 又取誌碑行狀祭祝等文
爲附錄……)."

아 곡하였으며, 돈암서원에서 송시열, 이유태 등과 만나 사흘을 함께 지냈다. 또 구포로 포저(浦渚) 조익(趙翼)을 방문하기도 하였다. 1643년 종형 윤원거와 함께 유계를 방문하고, 보광사에서 《주역》을 강의하고 열흘만에 돌아왔다. 5월 그믐 노서당에서 향약을 강하였고, 7월에는 윤원거와 함께 돈암서원에 모여 〈태극도(太極圖)〉를 강하였다. 윤7월에는 유계 등 여러 호서유림들이 황산서원(黃山書院)에 모였는데, 여기에서 송시열은 윤휴를 이단으로 몰았고 이에 대한 토론이 있었다. 1674년 형조좌랑에 제수되었으나 나아가지 않았고, 9월에는 계룡산 복림동을 유람하였는데, 공암서원을 지나며 고청(孤靑) 서기(徐起)의 묘소를 찾기도 하였다.

1655년 송시열, 이유태 등 제공과 돈암서원에 모여 《의례문해(疑禮問解)》를 교정하였고, 조익의 상을 당해 곡하기도 하였다. 윤선거는 조익에 대해 그의 일생 용공(用功)은 근세의 유종(儒宗)이라 평하고, 만년에 한번 물러나 옛 사람의 거취대절(去就大節)을 깊게 한 것은 효종 초 조익 한 사람뿐이라 하였다.[11] 1662년 유계가 내방하여 《근사록》을 강하였다. 이 때 석호(石湖)에서 미촌(美村)으로 이사하고, 7일 동안 머물며 《근사록》 일편을 강하였는데, 윤선거는 시를 지어 선생을 송별하였다. 그해 10월 지평으로 부름을 받았는데, 과천에 이르러 다시 상소를 올려 사퇴하고 돌아왔다. 1656년 5월 사헌부 장령에 임명되었으나 다시 사퇴하였고, 윤5월에는 김집의 상을 당해 곡을 하여 애도하였다. 1658년 7월 칠산으로 유계를 방문하고, 그와 더불어 10일 동안 《가례원류》를 편차하고 돌아왔다. 1659년 8월 파산서원에 우거(寓居)하며 우계의 〈서실의(書室儀)〉를 벽에 게시하고, 학생들로

11) 앞의 글: "乙未三月 會宋李諸公于遯巖 校疑禮問解 哭浦渚趙公(先生以浦渚一生用功 近世儒宗也 又晚年一退 深公古人去就大節 孝宗初一人而已)."

하여금 준행(遵行)토록 하였다. 또 우계가 일찍이 주자서와 《주자어류(朱子語類)》를 베낀 수십 단의 글을 학생들에게 보여 주고, 그 머리 제목을 〈위학지방(爲學之方)〉이라 하여, 항상 학생들의 요결(要訣)로 삼아 먼저 읽어야 한다고 가르쳤다. 또한 이 글을 베낀 바가 비록 많지 않지만, 옛 사람의 학문하는 본말을 갖추지 아니함이 없고, 경(敬)을 지니는 방법의 표리가 친절하니, 우계가 스스로 노력한 것을 역시 여기에서 거의 볼 수 있다 하였다.[12]

1665년 4월 중봉(重峰) 조헌(趙憲)의 유고를 교정하였고, 1669년 4월 18일 60세를 일기로 죽리(竹里)에서 생애를 마쳤다. 그해 7월 통정대부 이조참의에 추증되었고, 8월 24일에 장례를 치렀다. 1675년 노강서원(魯岡書院) 사우(祠宇)가 완성되었고, 1682년 4월에는 '노강(魯岡)'의 사액(賜額)을 받고 예관을 보내와 제사하였다. 또한 1686년 신곡서원(新谷書院)이 완성되었고, 또한 1695년에는 '신곡(新谷)'의 사액을 받았고 예관을 보내와 제사하였다. 1710년 정월 영의정에 추증되었고, 그 이듬해에는 '문경(文敬)'의 시호가 주어졌다. '문경'이란 도덕이 박문(博聞)하여 '문(文)'이고, 이른 아침부터 밤 늦게까지 경계한다 하여 '경(敬)'이라 설명하였다.[13] 그의 저서에는 《노서유고(魯西遺稿)》와 《계갑록(癸甲錄)》이 있다.

윤선거의 사람됨은 〈유사(遺事)〉에 잘 나타나 있으니, 이제 이를 통해 그의 인품을 가늠해 보기로 하자. 그는 평소 일찍 일어

---

12) 앞의 글: "己亥八月 寓于坡山書院(先生書牛溪先生書室儀 揭之壁上 使諸生遵行焉 牛溪嘗抄朱子書及語類數十段 以示學者 題其首曰爲學之方 先生常以爲此是學者受用要訣 不可不先讀也 又以爲此書所抄雖不多 而古人爲學本末 罔不備具 持敬之方 表裏親切 牛溪之所自用功者 亦庶乎卽此而可見矣 至是使諸生皆受讀焉)."

13) 위의 글: "辛卯六月 贈謚曰文敬(道德博聞曰文 夙夜儆戒曰敬, 八松公謚曰文正)."

224

나 세수를 하고 빗을 빗고, 의관은 반드시 정숙하였다. 방과 뜰을 반드시 깨끗이 청소하고, 책상 앞에 단정히 앉아 종일토록 조심하여 일찍이 게으른 빛이 없었다. 책이나 일상도구들은 반드시 정돈하여 난잡함이 없었고, 거조(擧措)가 정한 바가 있어 조금도 흐트러지지 않았다. 경(敬)을 일상화하여 거처함에 항상 '근엄(謹嚴)' 두 글자를 아껴 말하였다. 피곤하면 혹 눈을 감고 단정히 앉고, 혹 가지런한 걸음으로 천천히 걸었다. 또 암연히 항상 생각함이 있는 것 같고, 놀라서 항상 경계함이 있는 것 같았다. 비록 앉았다 서는 순간에도 그 조존(操存), 성찰(省察)의 노력을 일찍이 조금도 게을리한 적이 없었다. 하루 사이에 홀로 있을 때 그 수렴(收斂)하고 근칙(謹飭)함이 항상 손님이 와서 문에 있는 것 같았고, 밤에는 반드시 잠자리에 이르러서야 비로소 의관을 모두 벗었다. 비록 매서운 추위에도 약간의 방한(防寒)의 도구라도 몸에 가까이 함을 싫어하였고, 화로 불을 끼는 것을 즐기지 않았다. 몸이 만약 만족한 것 같으면 항상 관대한 것같이 하였고, 비록 무더위라도 버선을 벗지 않고 검속이 느슨하지 않아, 일찍이 땀이 흘러도 항상 시원한 것같이 하였다. 스스로 돕고 일을 살핀 이래 일찍이 한때도 법도의 밖으로 잃은 것을 본 적이 없었다.[14] 이와 같이 그는 일상생활에서 유교의 전통적인 법도에 충실하여 소학적 실천에 모범이 되었다.

또한 그는 본래 기를 받음이 청명(淸明)하고 강대(剛大)하였으

14) 앞의 글: "平居早起櫛盥 衣冠必整肅 枕席必？？室庭必淨掃 對案危坐 終日欽欽 未嘗有惰慢之色 書册器用必整頓 勿令胡亂 化筋擧措有定所 不少放散 盖無所不用其敬 居常愛說謹嚴二字 倦則或瞑目端坐 或整步徐行 儼然常若有思也 瞿然常若有警也 雖坐立瞬息之頃 其操存省察之功 未嘗少怠也 日間獨處之際 其收斂謹飭 常若賓友之在門 至於暮夜必臨寢 方解巾襪縛袴 雖隆寒 不喜襯身狹少禦寒之具 不喜擁爐火 體若充然 常若寬大 雖溽暑 不去縛襪 不弛檢束 未嘗流汗 常若淸凉 自拯省事以來 未嘗見其一時自佚於繩墨之外也."

며, 질을 받음이 중후(重厚)하고 도량이 넓고 의지가 굳었다. 또
의용(儀容)이 뛰어나게 크고 도량이 깊고, 바라보면 그 우뚝함이
산악과 같았다. 천성이 지극히 어질고 측은한 마음이 항상 많았
다. 어버이를 섬김에 그 애경(愛敬)이 지극하였고, 형을 섬김에
우애와 공경함이 극진하였다. 자손을 어루만짐에 은자(恩慈)가
극진했고, 내외 종족에게 화목이 지극했고, 스승이나 친우 그리
고 손님에 이르러서도 그 정성을 다하지 않음이 없었다. 상화(祥
和)의 기운이 얼굴에 가득하고, 스스로 근엄하게 다스리고 법도
가 정숙하여 자연히 방자할 수 없었다. 그러므로 사람들이 가깝
고 먼 관계를 떠나 두려워하면서도 친애하지 않음이 없었다. 평
생 욕구욕망을 적게 하여 성색(聲色)이나 재화 같은 일체의 세속
적 입맛도 그의 마음을 털끝만큼도 움직이지 못하였으니, 천부적
으로 받은 품성이 대개 이와 같았다.[15] 이처럼 그는 타고난 성품
이 훌륭하였을 뿐 아니라, 후천적인 노력을 통해 자신의 인격을
높은 수준으로 끌어 올렸던 것이다.

그러므로 박세채는 〈행장〉에서 "선생은 나면서 뛰어난 자질을
받았고, 중간에 독실한 노력을 보태어, 말을 세워 가르침이 족히
세교(世敎)를 부식(扶植)하였고, 가정에서의 은의(恩義)가 족히
인륜의 모범이 되었으니, 이를 구하고 가까이 당김이 이미 동배
(同輩) 중에 드물었다. 그 연원이 참되고 절의가 정대(正大)한 것
은 다른 유학자들이 미칠 수 없다"고 평가하였던 것이다.

그럼에도 불구하고 그가 병자호란 때 강화도에서 부득이 목숨

---

15) 앞의 글: "先生受氣淸明而剛大 禀質厚重而弘毅 儀容俊偉 宇量崇深 望之
巍然如山岳 天性至仁 惻隱之心常多 事親極其愛敬 事兄極其友悌 撫子孫
極其恩慈 內外宗族 極其睦婣 至於師友賓朋 無不盡誠 隣里鄕黨 無不泛
愛 祥和之氣 達於面背 而自治謹嚴 規矩肅整 自然有不可慢者 是以人無
親疎遠近 無不畏而親之 平生寡嗜欲 於聲色貨利一切世味 無有毫髮經心
者 其得之於天賦者 盖如此."

을 연명하였던 사건은 두고두고 그를 괴롭혔고, 그의 평생에 한이 되고 또 무거운 짐이 되었다. 따라서 그는 참회의 뜻에서 평생 벼슬길을 단념하고 오로지 학문연구에 몰두했던 것이며 재혼도 하지 않았다. 또 그는 상소문 서두에서 '죽을 죄를 지은 신 윤선거'라는 표현을 사용하고 있고, 집의 이름을 '삼회(三悔)', 재(齋)의 현판을 '회와(悔窩)'라고 하는가 하면, 권시에게 보낸 글에서는 "금일 우리 무리가 함께 서로 힘써야 할 것은 오직 '회(悔)' 한 글자에 있다"[16]고 하였다. 이를 통해서 볼 때 윤선거의 삶에 있어서 후회, 참회의 반성과 함께 내면적 공구수성(恐懼修省)의 자기와의 싸움이 얼마나 철저하였는가를 짐작할 수 있다.

2. 학문적 연원

윤선거의 학문적 뿌리는 어디에 있는가? 이제 그의 학문적 연원에 대해 검토해 보기로 하자. 윤선거의 학문적 연원은 크게 보아 두 가지로 생각해 볼 수 있다. 하나는 가학적 연원이고 또 하나는 사승관계라고 볼 수 있다. 윤선거는 부친이 팔송 윤황이고 우계 성혼은 그의 외조부가 된다. 따라서 윤선거의 학맥은 부친을 통해 우계에 닿아 있고, 창녕 성씨의 가학과 파평 윤씨의 가학이 함께 수용되는 위치에 있음을 알 수 있다. 우계학맥은 그의 부친 청송 성수침을 통해 멀리 여말의 정몽주─길재─김숙자─김종직─김굉필─조광조로 대표되는 절의파 내지 도학파의 정통에 연결되어 있다. 따라서 우계학맥은 성삼문의 죽음 이후 자연스레 형성된 '은거자수(隱居自守) 성인자기(聖人自期)'의 학풍을 계승하였으며, 이는 윤선거 자신의 강도(江都)사건과 맞물려

---

16) 앞의 책, 卷6, 〈與權思誠〉, 辛丑 正月: "大槪今日吾党之所共相勉者 唯在於一悔字."

더욱 심화되었던 것으로 짐작된다.

또 하나의 연원은 그가 신독재 김집의 문인이었기 때문에, 이이 ― 김장생 ― 김집의 율곡학파에 연결되어 있다는 점이다. 그는 17세기 조선조 예학의 대표적 인물이었던 김집의 총애를 받는 문인이었고, 사계, 신독재 문하의 송시열, 송준길, 이유태 등과 매우 친밀한 관계를 맺어 학문적으로도 율곡의 성리학과 사계, 신독재의 예학에 많은 영향을 받았음은 물론이다. 따라서 윤선거의 학풍에는 우계학풍과 율곡학풍이 혼재해 있음을 부인키 어렵다. 대체로 우계와 율곡은 기호유학을 대표하는 학문적 동지요 정치적으로는 서인이라는 당파로 그 입장을 함께 했다고 볼 수 있지만, 철학적으로는 같으면서도 또 다른 특성이 자리하고 있음을 간과할 수 없다.

윤선거가 우계와 율곡을 어떻게 보고 있으며, 그 학문적 영향이 어떠한가를 검토해 보기로 하자. 그는 우계와 율곡에 대해 다음과 같이 인물평을 하고 있다.

> 우 · 율 양 선생의 기질이 다르기 때문에 이룬 덕 또한 달랐다. 생각컨대 그 기상은 아마도 하남의 양 정부자와 같을 듯하다. 또 말하였다. "율곡은 먼저 상달처(上達處)로부터 들어갔기 때문에 학문이 의거할 것이 없었으나, 우계는 하나 하나 법도를 따라 학문에 자취가 있었으니, 바로 정자(程子)가 안자(顔子), 맹자를 논한 것과 같았다." 또 말하였다. "율곡의 견해는 뛰어났으나 일을 하는 부분에 있어서는 반드시 우계를 추존(追尊)하여 말하기를, '우계가 아니면 나라를 다스릴 수 없다' 하였다. 그러므로 계미년에 특히 천거하여 경륜을 맡길 수 있다고 했으니, 덕이 같아 서로 허락함이 이와 같았다." 또 말하였다. "율곡의 말은 고명(高明)하고 통투(通透)한 반면 우계의 말은 질박하고 정성스러우며 정밀하고 엄정하였으니, 그 글을 살펴보면 모두 나타난다."[17]

---

17)《牛溪先生年譜補遺》: "牛栗兩先生 氣質不同 故成德亦異 想其氣象 恐如

이와 같이 윤선거는 우계와 율곡의 인품과 기질의 다름을 비교하여 설명하였다. 율곡은 정명도와 같이 상달(上達)에 치중하였다고 보았고, 우계는 정이천과 같이 하학이상달(下學而上達)의 방법을 취하였다고 설명하였다. 아울러 율곡은 이론에는 뛰어났지만, 실무에 있어서는 우계를 추존하여 계미년에는 우계의 경륜을 높이 평가하여 조정에 추천하였다고 하였다.

그리고 그는 율곡의 〈격몽요결〉과 우계가 베낀 〈주문지결(朱門旨訣)〉을 배우는 사람들에게 권하고, 먼저 읽어야 할 필독서로 강조하였다. 그것은 〈격몽요결〉은 평이하고 근실(近實)하여 사람마다 모두 알 수 있어 대강을 갖추지 않음이 없기 때문이며, 〈주문지결〉은 대요(大要)가 지경궁리(持敬窮理)의 방법으로 하학용공(下學用功)의 일로 곧 학문하는 지결(旨訣)이었기 때문이다.[18]

이렇게 볼 때, 윤선거가 우계와 율곡을 함께 존숭하고, 그의 학문적 연원이 우계와 율곡에 함께 연원해 있음을 알 수 있다. 그럼에도 비교적 율곡보다는 우계에 대한 존숭과 그의 영향이 컸음을 짐작케 한다. 그는 말하기를 "우계선생은 학문과 문로(門路)의 바름과 평생 진퇴의 의리가 순수하게 한결같이 옛 성현으로 법을 삼았으니, 우리 나라 선유 중에 우계와 같은 분이 계시지 않다. 이는 내가 좋아하여 아첨하는 말이 아니니, 후세에 주자와

河南兩程夫子 又曰 栗谷先從上達處入 故學之無可依據 牛溪——循蹈規矩 學之有迹 正如程子之論顏孟也 又曰 栗谷見解超卓 而至於做事處 則必推牛溪 以爲非牛溪 不可以爲國 故癸未特薦以爲可任經綸 其同德之相許如此 又曰 栗谷之言 高明通透 牛溪之言 質殼精嚴 考其書 皆可見也 (魯西集 下同)."

18) 《魯西遺稿》, 附錄, 上, 〈遺事〉: "又以擊蒙要訣及牛溪所抄朱門旨訣 教來學者 使之先讀此二册然後及他書曰 擊蒙要訣 則平易近實 人人皆可知 而大綱無不具 朱門旨訣 則大要是持敬窮理之方 而下學用功之事 卽日便可下愛 直爲學之訣也."

같은 분이 있으면 반드시 단정하여 말씀할 것이다"라고 하였
다.[19] 그리고 그는 말하기를 "우계선생은 〈위학지방(爲學之方)〉을
베껴 기록하였으니, 기록한 내용은 비록 많지 않으나, 옛 사람들
이 학문한 본말이 모두 구비되어 있어 경(敬)을 지키는 방법이
표리가 친절하니, 선생이 직접 공부하신 것을 또한 거의 이 책을
살펴보면 알 수 있다"고 하였다.[20] 이를 통해서 볼 때, 윤선거의
학문형성에 있어 우계와 율곡이 중요한 위치에 있지만, 외조부인
우계에 대한 존숭과 학문적 영향이 더욱 컸다.

또한 윤선거에 있어 학문적 연원은 김장생, 김집 부자에 연결
되어 있다. 그는 사계의 예학은 크게 갖추어져 있으니 후학에 크
게 공이 있다고 평가하고, 사계의 공이 후세에 전할 수 있었던
것은 신독재가 그 아들이었기 때문이니, 계술(繼述)의 아름다운
까닭이라 하였다.[21] 이처럼 그는 김장생, 김집 부자의 예학적 공
헌을 높이 평가하고, 김집을 통해 예학을 배웠던 것이다.

3. 무실(務實)학풍

윤선거의 문집에 나타난 학풍의 중요한 특성 중의 하나는 무엇
보다 탈성리학적 경향에 있다. 그는 우계와 율곡의 학맥을 잇고
있으며, 직접적으로는 김집으로부터 성리학과 예학을 배웠다. 그
는 《소학》, 《가례》, 《근사록》, 《심경》을 말하고, 이 네 가지 책
이 하나의 문호를 세울 수 있다 하고, 만학의 선비가 글을 널리

---

19) 앞의 글: "牛溪先生 學問門路之正 平生進退之義 粹然一以古聖賢自程 吾
東儒先中 蓋未有如牛溪者也 此非阿好之言 後世有朱子 必能定之矣."

20) 위의 글: "牛溪先生 嘗抄爲學之方 所抄雖不多 而古人爲學本末 罔不備具
持敬之方 表裏親切 先生之所自用功者 亦庶乎卽此而可見也."

21) 위의 글: "又曰 沙溪禮學大備 有功於後學大矣……又曰 沙溪之功 可傳於
後世者 以愼獨齋之爲之子也 所以繼述之爲美也."

배울 수 없는 자는 다만 이 네 가지 책에 종사함이 옳다고 하였다.[22]

또 그의 〈연보〉에 의하면 유계 등과 함께 《가례》, 《근사록》, 《태극도》를 공부한 것으로 나타나 있으나, 그의 전 문집을 통해 성리학에 관한 전문적인 글은 찾아볼 수 없다. 대체로 조선조 유학자들에게 있어 이기심성에 대한 관심과 저술은 그것이 많든 적든 하나의 상식처럼 되어 있다. 즉, 그가 실학에 경도되어 있든, 양명학에 기울어 있든 성리학에 대한 단편적인 관심은 누구에게서나 볼 수 있는 것이 일반적이다.

그런데 윤선거의 경우에는 문집 전반에 성리학적 흔적을 거의 찾아볼 수 없다. 이는 그 이전의 세대, 즉 16세기에 있어 성리학의 이론적 작업이 활발히 이루어졌으므로 재론의 여지가 없다는 의미도 있고, 17세기의 시대적 변화 속에서 철학적 관심도 달라질 수밖에 없다는 인식도 그러한 요인이기에 충분하다.

특히 그의 문집을 통해서 볼 때 예학적 관심이 가장 많았음은 그가 김집의 문인임을 그대로 보여 주는 것이고, 그의 철학적 관심이 성리학에서 예학으로 전이되고 있음을 말해 준다.

그는 예학의 중요성에 대해 "초학의 선비는 먼저 예를 배우지 아니할 수 없으니, 예를 배우지 않으면 진실로 소위 이목을 보탤 바가 없고 수족을 둘 바 없다. 보고 듣고 말하고 움직이는 사이로부터 사물에 응하고 접함에 이르기까지 예가 있지 않음이 없으니, 하나하나 예에 합하기를 구하면 인욕이 용납할 바 없고 천리가 유행한다"[23]고 하였다. 여기에서 그는 우리들의 행위가 하나

---

22) 앞의 글: "日小學家禮近思錄心經 只此四書可以立箇門庭 晩學之士 不能博學於文者 只從事於此四書可也."

23) 위의 글: "又日 初學之士 不可不先學禮 不學禮 則眞所謂耳目無所加 手足無所措也 又日 自視聽言動之間 至於應事接物 莫不有禮 一一求合乎禮 則人慾無所容 而天理流行矣."

하나 예에 합당하면 인욕을 막을 수 있고 천리를 보존할 수 있다 하여, 예의 합리성을 강조하고 있다. 그리고 그는 앞에서 언급한 것처럼 학문을 함에 있어 《가례》를 반드시 읽어야 한다 하여 초학자의 필독서로 중시하였다.

《노서유고》에 있는 예학에 관련한 글을 검토해 보면, 스승인 김집과 주고받은 글이 모두 15편, 송시열이 6회, 송준길이 5회, 이유태가 3회, 기타 12회가 된다. 그런데 그 중에서 상례에 관한 내용이 34회로 가장 많고, 그 다음이 제례와 기타 의례를 다루고 있다. 이렇게 볼 때, 윤선거의 학문에 있어 가장 중요한 비중을 차지하고 있는 것이 바로 예학임을 알 수 있고, 그 중에서도 변례(變禮)요 흉례(凶禮)인 상례가 가장 중시되고 있음이 특징적이다. 김장생은 《상례비요(喪禮備要)》, 《가례집람(家禮輯覽)》, 《의례문해(疑禮問解)》를 저술하였고, 김집은 부친의 예학을 계승하여 이를 학문화하고 체계화하였다.[24] 그런데 이들의 예학에서 항상 가장 큰 비중을 차지했던 것은 상례였다. 윤선거의 예학에서도 그러한 특징은 그대로 계승되고 있다.

다음 윤선거의 학문에 있어 중요한 특성의 하나는 실학풍이라 할 수 있다. 그는 말하기를 "주자 이후로부터 거경궁리(居敬窮理)의 방법과 정존동찰(靜存動察)의 요령과 성학문호(聖學門戶)의 차례가 찬연히 해와 별과 같아 밝지 않음이 없으니, 학자가 근심하는 바는 단지 실심(實心)이 서지 못함에 있고, 궁행이 독실치 못함에 있을 뿐이라 하였다. 안으로는 심술의 은미함과 밖으로는 언행의 드러남이, 은미하게는 보이지 않고 들리지 않는 가운데, 현저하게는 사물에 접하는 즈음에, 가깝게는 인륜일용의 평상과 멀리는 출처진퇴의 변화에, 작게는 물 뿌리고 청소하며 응대하는

---

24) 배상현, 〈신독재선생의 예학사상〉, 《신독재사상연구》, 사계신독재양선생 기념사업회, 1993, 89면.

절차와 크게는 도덕성명의 쌓임이 한결같이 성현의 유훈으로서 기준삼지 않음이 없고, 강구 체찰(體察)해서 실천하였다"고 하였다. 또한 "얻지 못하면 분발해서 잠자는 것도 잊고, 이미 얻으면 복응(服膺)해서 잃지 않았다. 그러므로 행동거지의 법칙이 질서 정연하여 저절로 이루어진 법도가 있고, 성명박약(性命搏約)의 노력이 독실하여 조금도 빈틈이 없고, 표리가 일치해 서로 길렀다. 대개 그 마음을 학문에 뜻하기 시작하여 종신토록 한때도 혹 그침이 없었다"고 하였다.[25]

이와 같이 그는 학자의 근심 걱정이 실심을 세우는 데 있고, 궁행의 독실에 있다 하여, 실심궁행을 학문의 요체로 삼고 있다.

또한 그는 조정의 위에서 허명(虛名)을 너무 숭상하여 실심(實心)이 서지 못함을 근심하였고,[26] 〈사진선소(辭進善疏)〉에서는 "진실로 허명으로 선비를 구함을 그치지 아니하면, 비록 임금의 두터운 예로 어진 사람을 부르고 날로 초야에 내리더라도 족히 조가(朝家)의 글을 갖춘 하나의 정사일 뿐이니, 국사에 무슨 보탬이 있겠는가?"[27]라고 하였다. 이처럼 그는 매사에 형식과 허명에 치우치는 폐단을 비판하고, 모든 것이 실심에 의한 실공(實功), 실사(實事)로 돌아가야 한다고 보았다.

---

25) 《魯西遺稿》, 附錄, 上, 〈遺事〉: "其爲學 嘗曰 自朱子以後 居敬窮理之方 靜存動察之要 聖學門戶工程次序 粲如日星 無有不明 學者所患 只在實心 之不立 躬行之不篤耳 內而心術之微 外而言行之著 隱而不覩不聞之中 顯 而應事接物之際 近而人倫日用之常 遠而出處進退之變 小而灑掃應對之節 大而道德性命之蘊 莫不一以聖賢遺訓爲準 講究體察而服行之……未得則 憤悱而忘寢 旣得則服膺而不失 是故威儀動止之則 秩秩然自有成法 誠明 搏約之功 慥慥焉無少間斷 言行相顧而不違 表裏一致而交養 盖其心自志 學至終身 未有一時之或息也."
26) 위의 글: "……然先生則猶以朝廷之上 虛名太崇而實心未立爲憂."
27) 앞의 책, 卷3, 〈辭進善疏(三疏)〉: "苟以虛名求士不已 則雖使弓旌之招日 降於草野 適足爲朝家備文之一政而已 其於國事 有何少補哉."

그러므로 그는 당시 천재에 대한 대응에 있어서도 형식적인 노력이 아니라 진실한 대응이 필요함을 다음과 같이 강조하였다.

가만히 생각하니 근래 천재시변(天災時變)이 전보다 열 배나 되고, 크고 작은 근심과 두려움의 화기(禍機)가 어느 곳에 있는지 알지 못한즉, 정당히 군신상하가 진심으로 일을 하고 거조(擧措)에 마땅함을 얻은 후에야, 비로소 위로는 황천(皇天)의 노여움에 답할 수 있고 아래로는 백성의 바람을 위로할 수 있을 것입니다. 나무에 연해서 고기 얻기를 구하고, 허명(虛名)으로서 실화(實禍)를 구제한다는 것은 신이 전에 들은 바가 아닙니다.[28]

이와 같이 그는 천재에 대한 대응에 있어서도 허명, 허례, 허식이 아니라 진심, 실심에 의한 실질적인 노력과 대응을 요청했던 것이다. 이러한 그의 실학적 태도는 도처에서 엿보이고 있다. 그는 제자들을 가르침에 있어서도 일찍이 게으른 적이 없었다. 사도(師道)로서 자거(自居)하지 않고, 자기를 겸손하게 하여 남에게 힘썼다. 오직 하학공부(下學工夫)에 착수하는 것으로 힘썼다. 일찍이 '체인(體認)'을 말하고, '물방과(勿放過)'를 말하고 '면강(勉强)'을 말하였으니, 이것이 그의 평소의 말이다. 그는 또 말하기를 정이천의 문하에 이미 벼슬한 자들은 작록을 잊었고, 아직 벼슬하지 못한 자들은 기한(飢寒)을 잊었으니, 실심이 아니면 어찌 능히 이와 같으며, 실덕(實德)이 아니면 어찌 능히 사람으로 하여금 이와 같겠느냐 하였다. 그는 또 말하기를 옛 사람은 먼저 행한 후에 말하였으니, 언어는 진실로 말단의 일이라고 하였다.[29]

---

28) 앞의 글: "竊念近來 天災時變 十倍於前 大小憂懼 莫知禍機伏於何處 則正當君臣上下 赤心做事 擧措得宜 然後方可以上答皇天之怒 下慰百姓之望矣 以緣木而求得魚 以虛名而救實禍 非臣之所前聞也."

29) 앞의 책, 附錄, 上, 〈遺事〉: "接引學者 未嘗有倦 而不以師道自居 謙己勉人 唯以實下下學工夫爲務 嘗曰體認 曰勿放過 曰勉强 此其雅言也 又曰

이와 같이 그는 제자들을 가르침에 있어서도 하학공부를 중시하였고, 평소 '체인', '허물을 함부로 하지 말라', '힘써 노력하라' 등을 강조하여, 마음공부와 실천의 중요성을 강조하였다. 특히 송대 정이천의 교육태도를 실심과 실덕에 있다고 칭찬하고, 옛 성현들은 먼저 실천하고 말을 하였기 때문에 언어를 말단으로 가볍게 여겼다고 하였다. 이와 같이 그는 형이상의 사변적 탐구로부터 벗어나 형이하의 일용적 실천을 중시하였고, 말보다는 행동, 허명(虛名)이 아닌 실심(實心), 실덕(實德)을 강조하였던 것이다. 이러한 윤선거의 명실론(名實論)은 다음 글에서도 구체적으로 드러난다.

신이 진실로 아래로 굴러 떨어지더라도 감히 명실(名實)의 변으로서 한두 마디 아뢰지 아니할 수 없습니다. 신이 듣건대 옛날의 선비된 자는 땅의 구분은 높고 낮음의 다름이 있으므로 처지에 따라 크고 작은 구별이 있습니다. 대저 공문 제자(孔門 諸子)의 현명함으로써 지혜가 두루 하지 않음이 없고 행실을 갖추지 않음이 없으나, 그 출처에 마땅히 같지 않은 바가 없습니다. 그러나 계로(季路)의 치부(治賦), 칠조(柒雕)의 미신(未信), 유약(有若)의 응모(應募), 원사(原思)의 수빈(守貧)이 각기 그 양에 따르고 각기 절도를 지키지 않음이 없어서 마침내 서로 통할 수 없었으니, 어찌 일찍이 명실(名實)을 살피지 않고 능부(能否)를 가리지 않아 혼연히 같음이 있으며, 진실로 당세의 쓰임을 좇겠습니까.

그런즉 힘이 작은 자는 무겁게 맡김에 부족하고, 재주가 보잘것없는 자는 정교한 데 쓰기에 부족하니, 한갓 아래로서 위에 응하지 못하는 것이 그렇고, 위에 이르러 아래를 구하는 것 또한 그렇지 아니함이 없습니다. 그러므로 능력을 헤아려 벼슬을 받는 것은 명(命)을 다하는 신하요, 덕을 논해서 벼슬을 주는 자는 공을 이룬 임금입

伊川之門 已仕者忘爵祿 未仕者忘飢寒 非實心 惡能如此 非實德 惡能使人如此 又曰 古人先行而後言 言語眞箇末事……."

니다. 옛 훌륭한 임금을 보건대, 반드시 널리 예로서 초빙하여 인재
를 얻음을 먼저 힘썼는데, 그 임용하는 바 또한 반드시 그 실행, 실공
이 있음을 구하여 벼슬하게 하였습니다.[30]

여기에서 윤선거는 인사의 원칙을 능력과 덕으로 삼고, 옛날의
훌륭한 임금들이 인재를 발탁함에 있어서 실행과 실공을 보아 임
용하였음을 말하고 있다. 그의 이러한 실학풍은 '천리돈확(踐履
敦確)'[31]과 '조리독실(操履篤實)'[32] 그리고 실심(實心), 진심(眞心)
을 몸소 실천하고 강조한 외조부 우계의 학풍[33]을 계승한 것이
다. 그러므로 박세채는 송시열에게 보낸 글에서 "지금 노장(魯丈)
의 학문은 비록 하나로 논하기 어렵지만, 요컨대 그 대체는 스스
로 우계의 가르침을 이었다"[34]고 하였다. 아울러 윤선거의 이러
한 학풍은 그의 아들인 명재 윤증이 박세채에게 답한 글에서, 부
친의 학풍을 '내(內)'와 '실(實)'로 특징지어 설명한 데서도 잘 알

---

30) 앞의 책, 卷3, 〈辭進善疏(三疏)〉, 己亥: "臣誠隕越于下 不敢不以名實之
辯 一二陳之 臣聞古之爲士者 地分有高下之殊 故自處有大小之別 夫以孔
門諸子之賢 智無不周 行無不備 其於出處 宜無所不同 而乃有如季路之治
賦 䝉雕之未信 有若之應募 原思之守貧 莫不各隨其量 各守其節 而終不
能相通焉 何嘗有不揆名實 不擇能否 混然同科 苟循當世之用者哉 然則力
小者不足以任重 才拙者不足以用巧 非徒下之應乎上者爲然 至於上之求乎
下者 亦莫不然 故曰量能而受爵者 畢命之臣也 論德而授官者 成功之君也
歷觀前古有爲之主 必以旁招之禮 爲得人之先務 而其所任用 亦必求其有
實行實功者而進之."

31) 유명종, 〈절충파의 비조 우계의 이기철학과 그 전개〉, 《성우계사상연구논
총》, 우계문화재단, 1988, 336면.

32) 《牛溪集》, 年譜, 附錄, 〈行狀〉: "栗谷嘗稱曰 若論見解所到 吾差有一日之
長 操履篤實 吾所不及云."

33) 황의동, 〈우계의 도학사상〉, 《우계학보》, 제16호, 우계문화재단, 1995, 22~
25면.

34) 《南溪集》, 卷26, 〈答宋尤齋〉, 十月 二十七日: "今魯丈之學 雖難一論 要
其大體 自是述牛溪之訓……."

수 있다.[35] 즉, 윤증은 부친의 학풍을 내성(內聖)의 학이요, 실학 (實學)이라 규정했던 것이다.

그러나 이러한 실학풍이 과연 우계학풍의 고유한 것이냐 하는 문제와 윤선거의 실학풍이 전적으로 우계학풍에 연원하는 것이냐 하는 문제는 논란의 여지가 있다. 왜냐하면 율곡학풍 역시 실학풍이 중요한 특징이 되고 있음은 물론이며, 윤선거의 학맥도 율곡—사계—신독재의 학맥에 중첩되어 있기 때문이다.

4. 경세사상

유학이 본래 인간과 사회에 대해 무한한 우환의식을 갖듯이, 윤선거 또한 나라에 대한 근심 걱정에 먹고 쉴 때가 없었다. 그는 평소 시정의 잘못에 미쳐 말하면, 잘못된 사람들이 높은 자리에 올라 드러나고, 나라의 형세가 떨치지 못하고, 세도(世道)는 날로 떨어지니, 일찍이 근심스레 감개(感慨)하지 않은 적이 없었다. 그는 말하기를 "일찍이 한 나라의 임금은 뜻이 있은 후에 훌륭한 정치를 할 수 있으니, 정치를 함에 있어서 먼저 그 강령이 있은 후에 그 절목에 미칠 수 있고, 먼저 행한 후에 말하고, 인욕을 막아야 천리를 보존할 수 있는 것은 학자들의 공부와 다름이 없다"고 하였다.

또 말하기를 "근본이 있은 후에 말단이 있고, 백성을 보호한 후에 군사를 다스릴 수 있다. 시골 백성들이 못살고 도망해 흩어지는 현실에 대해 '저 도망간 자들이 어느 곳에 의탁해 살겠느냐'고 한탄하였다". 또 "사사로운 뜻을 버린 후에 기강이 설 수 있고, 문구(文具)를 버린 후에 실공(實功)을 지을 수 있고, 사치

---

35)《明齋遺稿》, 別集, 卷3,〈答朴和叔〉: "先人之學 內也實也 尤翁之學 外也 名也."

를 금한 후에 민생을 소생시킬 수 있고, 국전(國典)을 밝게 한 후
에 폐습을 바꿀 수 있으니, 그 요체는 모두 한 사람에 있다"고 하
였다.[36]

이를 통해서 볼 때, 윤선거는 당시 시정의 폐단에 대해 심각히
우려하고 있음을 볼 수 있다. 소인배들이 오히려 국정을 주도하
고, 나라의 형세가 떨치지 못하며, 세도가 추락하는 현실에 대해
개탄하였던 것이다.

그러면 정치는 어떻게 해야 하는가? 이에 대해 윤선거는 정치
의 원론을 말하고 있다. 즉, 무엇보다 중요한 것이 치자의 입지
라고 보았다. 임금 자신의 의지가 있느냐 없느냐, 의지적 정향이
무엇이냐가 정치의 관건이라고 보았다. 그리고 먼저 정치의 강령
이 세워진 후에 절목이 수립되어야 한다고 보았다. 여기에서 강
령이 정치철학 내지 원칙의 확립이라면, 절목은 구체적인 정책대
안이라고 할 수 있다. 강령과 절목이 잘 조화되어야 정치의 실효
를 거둘 수 있기 때문이다.

그는 또 본말론에 입각하여 먼저 보민(保民) 이후에 치병(治兵)
할 수 있다 하여, 민생의 안정, 경제적 기초가 국가안보의 기반
임을 분명히 하였다. 아울러 임금의 사사로운 뜻을 버린 후에야
기강을 세울 수 있다 하여, 치자의 공평정대한 심법이야말로 엄
정한 기강을 세우는 데 있어 필수조건임을 강조하였다. 또한 허
례허식, 형식적인 행사를 버린 후에 실공의 공효가 있고, 사치의

---

36)《魯西遺稿》, 附錄, 上,〈遺事〉: "憂國之心 食息靡歇 旣爲諸公惓惓相告
而平居語及時政之闕失 匪人之尊顯 國勢之不振 世道之日下 未嘗不嚘然
感慨 嘗以爲人君有志而後 可以有爲 爲政 先其綱領而後 可及其節目 先
行而後言 遏慾而存理 與學者工夫無異也 又曰 有本而後有末 保民而後
可以治兵 里中連有民戶之流亡者 每語及咄咄曰 彼去者竟何處寄生耶 又
曰 去私意而後 可以立紀綱 除文具而後 可以做實功 禁奢侈而後 可以蘇
民生 明國典而後 可以革弊習 大要皆在一人."

폐습을 고친 후에 민생이 회복될 수 있고, 국가의 법을 밝게 한 후에 잘못된 폐습을 고칠 수 있을 것이라 하였다. 여기에서도 그의 무실학풍이 잘 나타나 있고, 정치에 있어서도 무실이 적용되어야 한다고 본 것이다.

또한 그는 정치에 있어 인사의 중요성을 인식하고, 이에 대한 견해를 소박하게 밝히고 있다. 그는 말하기를 고금의 도 있는 임금을 보면 반드시 어진 이를 친히 하고 선비를 급히 부르는 일에 힘썼다고 하였다. 널리 구하고 널리 찾아 조그만 착한 일도 남기지 않고, 관정(冠旌)의 예로서 인재를 초빙하며, 공경스런 예의와 특별한 예우로서 천거하면 반드시 그 사람을 기다린 후에 행하였다 한다. 이렇게 되면 그 선비 된 자도 학문과 공을 쌓고 도덕을 이루어, 아무리 궁해도 의리를 잃지 않고 달해도 백성에게 실망을 시키지 않는다 하였다.[37]

이와 같이 윤선거는 훌륭한 인재를 발탁하는 문제는 치자의 급선무라 인식하고, 이를 위해서는 치자의 지성스런 노력과 현자에 대한 초빙의 예가 지극해야 한다고 보았다.

윤선거는 또 사정의 변별을 통해 국가의 기강을 확립하고 수양의 공을 이루어야 한다 하였다. 이에 대해 그는 다음과 같이 견해를 밝히고 있다.

대개 생각컨대 음양(陰陽), 사정(邪正), 부억(扶抑), 소식(消息)의 도는 선후, 완급을 용납하지 않는다. 나는 사정(邪正)의 변별이 절근(切近)한 것이나 심히 어렵다고 생각된다. 왜냐하면 세도(世道)의 오르고 내림은 실로 인심의 사정(邪正)에 관계되는데, 사악하냐 바르냐의 혼동은 진실로 고치기 어려운 병통이다. 사정(邪正)을 변별함이

---

37) 앞의 책, 卷3, 〈辭掌令疏〉, 丙申, 十一月: "歷觀古今有道之主 必以親賢急士爲務 傍求廣搜 片善不遺 以冠以旌 各用其招 而至於敬禮優異之擧 則必待其人而後行之矣 其爲士者 亦皆積學累功 道成德邵 窮可不失義於身達可不失望於民……."

없으면 조정이 바르지 못하고, 조정이 바르지 못한데 능히 수양(修攘)의 공을 이룬 자를 나는 아직 듣지 못하였다.[38]

이와 같이 그는 사악함과 정도의 변별은 세도의 승강을 좌우하는 것으로, 사정의 혼동은 참으로 고치기 어려운 고질이라 하였다. 따라서 사정이 제대로 변별되지 못하면 조정이 바르지 못하고, 조정이 바르지 못하면 결국 국가의 기강은 물론 내수(內修), 외양(外攘)의 양면이 모두 무너진다고 보았다. 사정의 변별이란 결국 가치관의 정립이며 정의의 확립이다. 정의가 바로 서지 못하면 명분도, 기강도, 법의 권위도 설 수 없다. 당시 정치적 파쟁이 심각하고 권간의 횡포가 극심한 상황에서 군자와 소인, 정의와 불의, 선과 악의 가치적 질서를 분명히 해야 한다는 신념이 깔려 있었다.

끝으로 윤선거는 당시 경세의 한 대안으로 꾸준히 논의되어 왔던 대동법에 대해 나름대로의 견해를 밝히고 있는데, 이에 대해 검토해 보기로 하자.

대동법이란 선조 이후 지방 특산물인 공물(貢物)을 미곡으로 통일하여 바치게 한 납세제도를 말한다. 이 공물제도는 부담이 불공평하고 수송과 저장에 많은 문제를 안고 있었다. 또 방납(防納), 생산되지 않는 공물의 배정, 공안(貢案)의 증가 등 관리들의 부정행위로 농민들의 부담을 가중시켰고, 반대로 국가의 재정수입은 감소하였다. 이러한 문제를 해결하기 위하여 조광조, 이이, 유성룡 등에 의하여 공물의 세목을 쌀로 통일하자는 주장이 제기되어 왔다. 특히 율곡은 1569년 〈동호문답(東湖問答)〉에서 대공

---

38) 앞의 책, 卷5, 〈與兪武仲〉: "盖念陰陽邪正扶抑消息之道 不容先後緩急 而愚則以爲邪正之卞 切近而甚難也 何則 世道升降 實係人心之邪正 而邪正之混淆 誠爲腹心之疾也 邪正無卞 則朝廷不正 朝廷不正而能成修攘之功者 愚未之聞也."

240

수미법(貸貢收米法)을 건의하였지만 실시되지 못했던 것이다.

그후 임진왜란과 병자호란으로 전국의 토지가 황폐화되고 국가재정이 위기를 맞게 되자, 1608년 영의정 이원익(李元翼)과 한백겸(韓百謙)의 건의에 따라 방납의 폐해가 가장 심한 경기도부터 실시되었다. 1624년에는 조익(趙翼)의 건의로 강원도에도 실시되었다. 이리하여 대동법은 함경도와 평안도만 제외하고 전국적으로 시행되었던 것이다.[39]

윤선거는 이에 대해 말하기를, 율곡의 봉사(封事) 중 해주 일결일두(一結一斗)의 이론은 멀리 주자에 근거한다고 말하고, 대동의 법은 금일에 비롯된 것은 아니라 하였다. 대동의 법은 불편하다고 말할 수는 없으나, 10두의 세율은 지나치게 과중한 부담이라고 우려하였다. 따라서 만약 5두를 감해서 한결같이 '손상(損上)'을 위주로 하여 더욱 무겁게 하는 폐단을 하지 않으면 좋겠다는 견해를 밝혔다.[40] 그리고 그는 이유태의 소위 '양출위입(量出爲入)'의 이론은 대개 율곡으로부터 시작한 것인데, 그 본의에 근원하면 실은 '양입위출(量入爲出)'의 뜻이라 하였다. 그리고 당시 대동의 법은 추포(秋浦) 황신(黃愼)의 이론이라 하고, 율곡의 봉사에서는 일결 일두인데, 황신의 계(啓)에서는 육두(六斗)요 금일은 십두(十斗)에 이르러 부역이 날로 번거로우니 개탄할 일이라 하였다.[41]

---

39)《동아원색세계대백과사전》, 8, 동아출판사, 479~480면.

40)《魯西遺稿》, 卷5,〈與宋明甫〉, 丁酉秋:"栗谷封事中海州一結一斗之論 亦是朱子之餘義也 則大同之法 非始於今日也……栗谷封事一結一斗之論 此乃大同之法也……妄意以爲大同之法 則不可謂不便 而十斗之捧 未免爲太重 若能減作五斗 而一以損上爲主 勿復有增重之弊 則此實合於先生之本意 而於左右封事初論 不至於相悖也."

41) 위의 책, 卷5,〈與兪武仲〉:"草廬所謂量出爲入之論 乃謂此啓也 量出爲入之說 盖自石潭始 而原其本意 則實是量入爲出之意也 今日大同之法 乃秋

이렇게 볼 때, 윤선거는 기본적으로 대동법에 동의하지만, 세율이 지나치게 높아 농민들의 과중한 부담에 대해 우려를 하였던 것이다. 이처럼 윤선거는 비록 그가 재야에 묻혀 평생을 학문연구와 교육에 종사하면서도 민생을 걱정하고 국가경제를 근심했다. 이는 유교 본래의 인간과 사회에 대한 뜨거운 우환의식의 발로이며 외왕지도(外王之道)의 실천이라 하겠다.

浦之論也 而栗谷封事則一結一斗 秋浦之啓則六斗 今日則至於十斗 賦役之日繁 良可慨也."

제7절 명재 윤증

1. 생애와 학문형성의 배경

윤증(尹拯, 1629~1714)은 우계학파의 중심인물로서 17세기 조선조에서 정치적으로나 사상적으로 매우 중요한 위치에 있었다. 그의 자는 자인(子仁), 호는 명재(明齋)·유봉(酉峰)이다. 그는 윤선거의 아들이며 윤황의 손자인데, 부친과 유계(兪棨)에게서 수업하였고, 뒤에 장인인 권시와 김집, 송시열에게서도 배웠다.

그는 '소론의 영수'로 이른바 '소론성리학'의 중심인물이었으며,[1] 평생 재야에서 학문연구와 강학에 힘써 온 순유(醇儒)였다. 36세 때 유일(遺逸)로 천거되어 내시교관에 임명된 이후, 공조좌랑, 세자시강원 진선, 사헌부 집의, 성균관 사업, 사헌부 대사헌, 이조판서, 의정부 우의정 등 수많은 관직에 임명되었지만, 나아가지 않고 '백의정승(白衣政丞)'으로 세상을 마쳤다. 이러한 그의 은거자수(隱居自守)의 학풍과 삶은 직접적으로 부친의 강도(江都)사건에 기인한 바 크거니와, 멀리는 성삼문의 죽음 이후 하나의 가학풍을 형성해 온 부친의 외가인 창녕 성씨의 가학적 영향도 간과할 수 없다.

윤증은 자신의 삶이 매우 고단했던 것처럼 그의 내면적 사상체계도 복합적이어서 그의 학문적 정체성에 대한 시비와 논란이 끊이지 않고 있다.[2] 그것은 그의 학맥이 우계학파와 율곡학파의 양맥에 닿아 있을 뿐 아니라, 그의 사상적 색채 또한 성리학, 실학,

---

1) 최완기, 《한국 성리학의 맥》, 느티나무, 1993, 212~238면 참조.
2) 명재 유학의 정체성에 대한 시비는 그의 사상 자체에서 연유한 것이기도 하지만, 그의 학맥의 복선구조에서 기인하는 것이기도 하다. 그의 사상

예학, 심학 등 다양한 요소를 포함하고 있기 때문이다.

윤증의 학문이 형성됨에는 여러 가지 배경이 자리하고 있다. 우선 그의 사승관계를 보면 그는 어려서부터 조부 윤황과 부친 윤선거의 슬하에서 학문의 기초를 배웠다. 따라서 윤선거는 그의 부친이면서 스승이기도 했다. 윤증은 1642년 14세 때 부친의 학문적 동지였던 시남(市南) 유계(兪棨)가 3년간의 유배생활을 끝내고 금산에 자리잡게 되자, 부친을 따라 이웃에 같이 살면서 그의 문하에서 공부를 하였다. 이 때 경서와 사서를 두루 섭렵하였고, 시와 문장에도 능하였다. 1647년 19세 때 탄옹(炭翁) 권시(權諰)의 딸과 결혼함에 따라 그의 문하에서 수업하기도 하였다.

또 1651년 23세 때에는 연산으로 신독재(愼獨齋) 김집(金集)을 찾아가 그의 문하에 출입하였으니, 〈연보〉는 이를 이렇게 적고 있다.

> 신묘년 5월 신독재 김선생을 임리에서 배알하였다. 선생의 휘는 집(集)이고 자는 사강(士剛)이며, 사계선생의 사자(嗣子)이다. 연산에 계실 때 노선생이 그에게 복종하고 존신(尊信)하였다. 선생이 약관으로부터 역시 그 문하에 출입하였는데, 스승의 예로써 섬기었다.[3]

그 이듬해에는 동춘당(同春堂) 송준길(宋浚吉)을 찾아뵈었고, 1654년 26세 때에는 구포로 포저(浦渚) 조익(趙翼)을 배알하였으

내용은 대체로 성리학, 예학, 실학, 심학 등으로 대별하고 있는데, 특히 심학풍이라 할 때 성리학적 범주에서의 심학풍이냐 육왕학적 심학풍이냐가 가장 중심적인 문제로 대두된다. 아울러 이러한 논쟁은 그의 학맥이 일면 율곡학맥에 닿으면서도 또 달리는 우계학맥의 가학으로 연결될 뿐 아니라 그의 문하에서 한국양명학을 대표하는 정제두가 배출되었다는 점에서 근거하고 있다.

3) 《明齋年譜》, 卷1: "二十四年辛卯五月　謁愼獨齋金先生于林里　先生諱集 字士剛　沙溪先生嗣子也　居連山老先生師服尊信　先生自弱冠亦出入門下 事以師禮."

며, 1657년 29세 때에는 우암(尤菴) 송시열(宋時烈)에게서 주자
서를 받고, 그의 문하에 들어가 성리학을 독실히 공부하였다. 또
그 이듬해에는 부친으로부터 《가례원류(家禮源流)》를 통해 예학
을 수업하기도 하였다.

이와 같이 그는 당대 명망 있는 유학자의 집안에서 태어나 조
부와 부친의 가학을 받았을 뿐 아니라 유계, 권시, 송시열, 김집
의 문하에 널리 출입하여 그의 사승관계가 매우 복잡함을 알 수
있다. 이러한 것이 그의 사상적 성격을 복잡하게 하는 요인이 되
고 있다. 대체로 그의 성리학은 송시열로부터, 예학은 부친과 김
집 그리고 유계로부터, 무실학풍 내지 도학풍은 부친 윤선거와
장인 권시 그리고 멀리 부친의 외조부인 우계와 율곡의 영향을
받은 것으로 짐작된다.

또한 그의 학문 형성의 역사적 배경을 검토해 보면, 그가 살았
던 17세기는 당쟁의 시대였을 뿐 아니라, 청나라의 침략을 받아
병자ㆍ정묘호란을 겪고 민족적 자존이 무너지고 아픈 상처를 그
대로 안고 있는 때였다. 이 때 야기된 부친 윤선거의 강도사건은
그의 일생을 따라다닌 멍에였고, 그로 인해 그는 평생 관직에 나
아가지 않고 재야학자로서 일생을 살았다. 아울러 그의 은거자수
(隱居自守)의 학풍 또한 이러한 역사의 산물이었음을 이해할 수
있다.

그리고 예송(禮訟)사건이 당파와 연계되면서 그와 부친 윤선거
에게 심대한 상처를 주었을 뿐 아니라, 묘지명 사건과 결부되면
서 정치적으로는 노론, 소론의 분파를 초래하고, 같은 율곡학파
속에서 윤증과 송시열이 결별함으로써 사제간의 의리까지 단절
되게 되었다. 또 이를 계기로 그는 정치적 진로를 달리 할 뿐 아
니라 이념적으로도 송시열과는 구별되는 자기 정체성을 분명히
하는 계기가 되었다. 특히 53세 이후 무실(務實)과 실심(實心)을
강조하며 송시열의 명분주의와 일정한 선을 긋는데서 그의 학풍

의 변모를 엿볼 수 있다.[4] 성리학의 기본 틀은 율곡과 함께 하면
서도 성리의 사변적 탐구보다는 유학 본래의 자기수양과 위기지
학(爲己之學)을 지향하며, 이론보다는 실천, 명분보다는 실리(實
利)를 중시하는 무실(務實)학풍을 열었던 것이다.

2. 심학풍과 그 연원

윤증의 학풍적 특성을 흔히 심학적 경향에 두기도 한다. 그는
"학자는 마음을 세우는 것을 마땅히 첫째로 주를 삼아야 한다"[5]
고 하였고, 또 "선비가 되는 것은 단지 내 분수 안의 일일 뿐
이다"[6]라고 하여, 학문의 근본이 마음공부에 있음을 분명히 하
였다.

그런데 이러한 윤증의 마음공부는 몇 가지 의미가 함축되어 있
음을 유의하지 않으면 안 된다. 하나는 육왕학적 심학의 측면에
서 보고자 하는 것이고,[7] 또 하나는 성리학적 입장에서의 심학적
경향성을 의미하고,[8] 또 다른 하나는 실심을 기초로 한 실학적
측면에서 하는 말이기도 하다.[9] 이처럼 윤증의 경우 심학적 경향
성은 그 자체가 하나의 문제로 제기됨을 알 수 있다. 여기에서는
성리학적 심학풍이 가학에 있어 어떻게 연원되었는가를 다루고

---

4) 한기범, 〈명재 윤증의 예학사상〉,《명재 윤증의 생애와 사상》, 충남대학교
　 유학연구소, 2001, 163면.

5)《明齋遺稿》, 卷14, 〈答羅顯道〉: "學者立心 當以第一義爲主."

6) 위의 책, 卷29, 〈與子行敎〉: "爲士者 只爲吾分內事而已."

7) 이은순·김길락·송석준 교수 등은 명재의 심학풍을 육왕학적 관점에서
　 보고자 한다.

8) 윤사순 교수는 명재유학의 심학적 특성을 '내심을 닦는 실심의 학문'(명재
　 윤증의 성리학적 실학)으로 규정하고 있다.

9) 유명종 교수는 명재학풍을 '심학적 실학'(명재 윤증의 무실실학)이라 규정
　 하였고, 한우근 교수는 '실심실학'(명재 윤증의 실학관)이라 규정하였다.

자 한다.

본래 성리학은 이기심성에 대한 존재론적 분석을 중시하지만, 궁극적으로는 '인간 되어짐'의 수양론이 중핵적 과제가 된다. 이 때 성(誠)이나 경(敬)을 중심으로 한 마음공부는 매우 중요한 문제로 등장한다. 따라서 수기의 핵심과제가 바로 마음의 문제로 귀결되는데서 마음에 대한 다양한 논구가 필수적이고, 전통적으로 성리학의 심학적 경향이 두드러지게 되었다. 한국유학사에서도 여말 이후 권근을 비롯하여 이언적, 이황, 이이, 성혼 등 수많은 유학자들에게서 심학적 특성을 엿볼 수 있다. 특히 16, 17세기 이후 성리학의 사변적 탐구에서 벗어나 유학 본래의 내면적 자기성실성을 추구하고자 했던 일군의 유학자들 속에서 심학적 경향은 더욱 뚜렷해 보인다.

이러한 심학적 경향은 일면 성리학의 범주 속에서 이해할 수 있지만, 다른 한편으로는 육왕학적 시각에서 보기도 한다. 그의 심학적 경향은 일면 경(敬)으로 드러나고, 일면 성(誠)이 실심(實心)으로 드러난다. 그의 은거자수(隱居自守)를 뒷받침하는 요체가 바로 '성'과 '경'에 있다고 볼 수 있다. 따라서 그의 심학풍은 인간 내면의 자기성실성을 이론과 실천의 양 측면에서 철저히 추구한다는 점에서 도학과 그 궤를 함께 한다.[10]

윤증의 심학풍 내지 도학풍은 멀리 여말 정몽주—길재—김숙자—김종직—김굉필—조광조의 학맥에 연원한다. 그것은 그의 부친 윤선거의 외조부가 우계였고, 우계의 부친 성수침이 바로 조광조의 문인이었기 때문이다. 또 우계의 숙부인 성수종도 조광조의 문인이었고, 우계의 스승이었던 휴암(休菴) 백인걸(白

---

10) 15세기 조선 초 김종직의 문하, 즉 김굉필·정여창·조광조 등에서 볼 수 있었던 도학풍에서도 경(敬)을 중심으로 한 마음공부와 내면적 자기수양의 철저성이 특징적으로 나타난다는 점에서, 명재의 심학풍은 도학풍과 연관지어 생각할 수 있다.

仁傑)도 조광조의 문인이었다. 이러한 그의 도학풍은 일찍이 우
계를 통해 창녕 성씨의 가학적 전통으로 이어져 내려왔고, 이것
이 윤증의 조부 윤황, 부친 윤선거를 통해 파평 윤씨의 가학풍으
로 전해 왔던 것이다.

더욱이 조선 초 성삼문의 순절 이후 불의에 저항하며 벼슬에
나아가기보다 학문연구와 자기수양에 전념하는 '은거자수(隱居
自守) 성현자기(聖賢自期)'의 도학풍이 창녕 성씨의 가학적 전통
으로 지켜져 왔다. 그의 조부인 윤황은 청의 침략을 맞아 척화
(斥和)를 주장하다 영동으로 유배를 당하였고, 강화도가 함락되
자 그의 모친 공주 이씨와 중부인 윤전(尹烇)도 자결하였던 것이
다. 다만 부친 윤선거의 강도 탈출이 문제됨에 따라 윤선거 자신
은 평생 벼슬길에 나아가지 않고 속죄하며 학문연구에 전념하였
고, 윤증도 부친의 처세에 대한 세론의 따가운 눈총을 의식하면
서 평생 재야에서 학자의 길을 걸었다. 이와 같이 윤증의 심학풍
내지 도학풍은 창녕 성씨의 가학과 파평 윤씨의 가학적 전통에
뿌리하고 있음을 간과할 수 없다. 더욱이 조부 윤황이나 부친 윤
선거의 경우 이기심성에 대한 전문적인 글은 거의 보이지 않는
다. 오히려 은거하여 자기수양에 전념하면서 성현 되기를 기약하
는 동시에, 그 방법으로서의 마음공부를 중시하는 데 특징이 있
다. 아울러 그의 장인이자 스승이었던 권시의 심학풍 내지 도학
풍도 그에게 적지 않은 영향을 미쳤다.[11]

3. 성리학풍과 그 연원

《명재유고(明齋遺稿)》속에 성리학에 관한 체계적인 글은 보이
지 않는다. 여기 저기에 산견되는 성리학적 표현들을 통해 그의

---

11) 《炭翁先生集》, 附錄: "蓋先公之學 以心爲主……."

성리학적 면모를 짐작할 뿐이다. 이와 같이 성리학적 사변을 지양하고 성리학 본래의 '인간 되어짐'에 충실하고자 한 데에 그의 성리학적 특성이 있다. 즉, 이기론적 논쟁, 사단칠정이나 인심도심설 등에 대한 이론적 검증보다는 인간심성의 내면적 성찰에 더욱 충실하고자 한 데에 특징이 있다. 바로 이 점이 그의 가학적 전통과 연결되는 점이다.

　윤증은 이 세계를 이기이원의 존재구조로 보았다. 즉, 리(理) 없는 기(氣)가 없고 기 없는 리가 없다고 하였다. 양자는 하나의 존재 양상으로 있어 구별하기 어렵지만, 그렇다고 리와 기를 혼동해서는 안 된다고 하였다.[12] 이것은 주자의 이기불상리(理氣不相離)와 이기불상잡(理氣不相雜), 합간(合看)과 이간(離看)을 분명히 통찰한 것이며, 율곡의 '일이이 이이일(一而二 二而一)'의 '이기지묘(理氣之妙)'를 깊이 체인한 것이다. 특히 그는 리와 기의 관계성에서 시간적인 선후나 공간적인 이합(離合)이 없는 묘합적 사유에 깊은 관심을 표명하였다.[13] 또 발하는 것은 기이고 발하게 하는 소이는 리라고 하여, 율곡의 기발이승일도설(氣發理乘一途說)을 계승하고 있다.[14] 아울러 기가 하나이므로 리 또한 하나이고, 리가 하나이므로 기 또한 하나이며, 리가 만 가지로 다르므로 기 또한 만 가지로 다르고, 기가 만 가지로 다르므로 리 또한 만 가지로 다르다고 하였다.[15] 이것은 윤증이 이일분수(理一分

---

12) 《明齋先生言行錄》, 卷4, 〈問答 上〉: "天下未有無理之氣 亦無無氣之理 不可謂相雜 而亦不可謂相離也."

13) 《明齋遺稿》, 卷15, 〈答羅顯道〉: "理與氣合四字 誤看則有理氣二物之病 栗翁於大學小註 深斥北溪之說 盖慮此也."

14) 《明齋先生言行錄》, 卷4, 〈問答 上〉: "又曰 栗谷先生所謂發者氣也 發之者理也 是顚撲不破底語."

15) 위의 글: "……如此則氣一而理亦一 理一而氣亦一 理萬殊而氣亦萬殊 氣萬殊而理亦萬殊."

殊)나 기일분수(氣一分殊)를 아울러 설명하면서 율곡의 이통기국
(理通氣局)에 이르는 구극적 경지를 깨달은 것으로 보인다.[16]

또한 가치적으로 리는 본래 선한 것이지만, 불선한 뒤에 악이
있게 된다 하고, 악한 뒤에는 악의 리도 있다 하였다. 따라서 만
약 선악이 모두 리인 줄만 알고 순역(順逆)을 구분하지 못하면,
리는 주재할 것이 없게 되고 기의 부림을 받게 되어 인간의 도덕
적 행위를 바랄 수 없다 하였다.[17] 이는 그가 존재론적으로는 이
기의 상보적 관계를 중시하면서도, 가치론적 수양의 측면에서는
리의 우위성과 기에 대한 주재기능을 중시한 것이다.

윤증은 심(心), 성(性), 정(情), 의(意), 지(志) 등 심성론의 기
초개념에 대해서는 선유의 설에 따르고 있다. 그는 사단칠정에
대해 별 논의를 하지 않고 인심도심에 관해 깊이 있는 논의를 하
고 있다. 그는 본연의 일심(一心), 본연의 바른 마음속에서 인심
도심을 구별하였다. 본연의 마음이 과불급으로 인해 가려진 것을
인심이라 하고, 인심은 성인도 없을 수 없으며, 인심 그 자체는
불선한 것이 아니라 하였다.[18] 다만 마땅히 욕구해서는 안 될 것
을 욕구하는 것이 인욕이라 하여 도심, 인심, 인욕을 삼층으로

---

16) 황의동,〈명재사상의 성리학적 특성〉,《무실과 실심의 유학자 명재 윤증》,
　　청계, 2001, 105면.

17)《明齋遺稿》, 卷19,〈與朴泰輔士元〉:"天下固無無理之處 然理之本體 則善
　　而已 不善而後爲惡 爲惡之後 則亦不可謂無惡之理……若徒知善惡之皆理
　　而不分順逆 則理爲無主宰之物 爲氣之役 而無以率氣矣 豈理也哉."

18) 위의 책, 卷26,〈答或人〉:"情之撟乎形氣 而不能直遂其性命之本然者 目
　　之以人心 使人審其過不及而節制之 節制之者 道心之所爲也 形色天性也
　　人心亦豈不善乎 由其有過不及而流於惡耳 若能充擴道心 節制人心 使形
　　色 各循其則 則動靜云爲 莫非性命之本然矣……所謂有過不及云者 非謂
　　人心便有過不及也 謂由其爲人心 故有過不及而爲惡云爾 道心亦有過不及
　　而只言於人心者 過不及生於形氣 道心之有過有不及者 皆人心故也……雖
　　上知不能人心 卽形色天性人心 亦豈不善之謂也."

나누어 설명하였다. 그렇지만 마음의 본체는 하나라고 하여, 일심 내지 본심의 경지를 강조하였다.[19]

이상에서 그의 성리학적 면모를 간단히 살펴보았는데, 가학적 연원과의 관계에 대해 검토해 보기로 하자. 윤증은 성혼, 윤황, 윤선거에서 보듯이, 학문적으로 명망 있는 가학적 전통 속에서 생장하였다. 그러나 그의 성리학적 내용은 우계보다는 율곡에 가까운 것으로 보인다. 그것은 적어도 성리학의 이론적 측면에서는 가학적 영향보다는 이이─김장생─송시열로 이어온 율곡학파의 영향이 더 컸음을 의미한다. 그것은 그가 29세 때 송시열의 문하에서 주자서를 받아 본격적으로 공부한데서 더욱 분명해진다.[20] 더욱이 윤황이나 윤선거의 경우에는 거의 성리학적 저술이 보이지 않고 관심조차 미미하다. 이렇게 본다면 윤증의 성리학적 이론 형성에 미친 가학적 영향은 미미하다고 볼 수밖에 없다. 윤증의 경우에도 전체적으로 보면 이기심성론보다는 도학 내지 심학풍이 주류를 이루고 있음을 고려하면 이 자체가 바로 가학의 영향임을 알 수 있다. 송시열─권상하─한원진으로 이어지는 율곡 직계 계열에서 보이는 성리학적 이론탐구의 학풍이 윤증에게서 보이지 않을 뿐 아니라 이는 곧 그의 가학적 영향임을 알 수 있다. 이기심성에 대한 형이상학적 논의보다는 경(敬)을 중심으로 한 수양법과 성(誠)에 근거한 무실(務實)학풍을 진작하고, 당시 현실적 과제였던 예 규범의 확립에 주력하는 실용적인 특징을 보여 주었다.

이와 같이 윤증의 성리학적 이론에 있어서는 가학적 영향보다는 율곡을 정점으로 한 김장생─송시열의 율곡학파의 학연이 더

---

19) 앞의 책, 卷16, 〈與李君輔(世弼)〉: "生於形氣 而欲其所當欲 故人心也 欲 其不當欲 則人欲也 欲其所當欲者 上智人心也 欲其不當欲者 衆人之人慾 也."

20) 《明齋年譜》, 29歲條.

욱 중요한 영향을 미쳤다고 생각된다. 역설적으로 이기론, 사단
칠정론, 인심도심설 등 성리의 사변적인 탐구에서 벗어나 유학
본래의 내면적인 자기수양에 전념하고자 한 은거자수의 학풍이
곧 가학적 전통에 있었다고 보아야 한다. 그러므로 윤증은 부친
윤선거의 학풍과 송시열의 학풍을 비교해 말하기를 "선인(先人)
의 학문은 내(內)요 실(實)이나 우암의 학문은 외(外)요 명(名)이
다"[21]라고 하였던 것이다. 즉, 송시열의 학문적 경향을 외면적이
고 명분론적이라고 규정하면서, 부친 윤선거의 학풍은 내면적이
고 실학적이라고 평가하여 구별하였던 것이다. 이는 그가 부친을
빙자하여 자신의 학문적 정체성을 분명히 표현한 것이라고 볼 수
있다.

그런데 이러한 무실의 학풍은 우계학파의 특징으로, 최명길도
임금에게 올린 상소에서 "금세에 숭상하는 바는 명(名)이나 신이
힘쓰는 바는 실(實)이며, 세상에서 논하는 바는 자취이나 신이
믿는 바는 심(心)이다"[22]라고 하였다. 이러한 '내실(內實)'의 학풍
은 심학, 도학, 무실학풍으로 다양하게 드러났던 것이다.

이렇게 볼 때, 윤증의 성리학은 이론성리학에서 실천성리학으
로, 명분적인 성리학에서 내면적인 성리학으로 변모하고 있음을
알 수 있고, 이 점이 바로 성혼, 윤선거, 권시 등에서 공통적으로
보이는 가학적 전통이라고 볼 수 있다.

4. 예학풍과 그 연원

윤증은 예학에 대해 많은 관심을 갖고 저술을 남겼는데, 그 대

---

21) 《明齋遺稿》, 別集, 卷3, 〈答朴和叔〉: "先人之學 內也實也 尤翁之學 外也
名也."

22) 《遲川集》, 卷8, 〈論典禮箚〉, 丙寅: "嗚呼 今世所尙者名也 而臣之所務者
實也 世之所論者迹也 而臣之所信者心也."

표적인 것이 《의례문답(疑禮問答)》이다. 그 밖에 단편적인 글로
서 〈상례유서(喪禮遺書)〉, 〈제례유서(祭禮遺書)〉 등이 있다. 그런
데 《의례문답》의 대부분이 사대부 예로서의 관혼상제 사례(四禮)
가 그 중심이 되어 있다.[23]

그의 〈연보〉에 의하면 30세 때(1658년) 부친 윤선거를 도와
《가례원류(家禮源流)》를 수정하였고, 32세 때(1660년)에는 권시,
유계, 이유태 등과 서신으로 예송(禮訟)을 논하고, 서인의 예설
을 지지하였다. 또한 44세 때(1672년)에는 사계의 〈상례비요(喪
禮備要)〉를 교정, 중간(重刊)하였고, 50세 때(1678년)에는 《가례원
류》를 교정하였다. 52세 때(1680년)에는 박세채와 왕복 교정하여
〈국휼중사례사의(國恤中四禮私議)〉를 저술하였고, 66세 때(1694
년)에는 김집의 〈의례문해속(疑禮問解續)〉을 교정하여 발문을 지
었다. 또한 말년인 85세 때(1713년)에는 유상기(兪相基)와 《가례
원류》에 대해 논하였고, 86세 때(1714년)에는 장손 윤동원(尹東
源)에게 구술하여 〈상제례유서(喪祭禮遺書)〉를 짓기도 하였다. 이
와 같이 그는 평생에 걸쳐 예학에 깊은 관심을 갖고 연구와 저술
활동을 하였음을 알 수 있다.

그러면 윤증은 예학을 누구에게서 어떻게 배웠는지 사승(師承)
관계를 살펴보기로 하자. 그는 14세 때부터 부친을 따라 금산에
살았는데, 부친 윤선거와 도의지교(道義之交)를 나누었던 유계
(兪棨)에게 나아가 공부하였다. 유계는 김집의 문인으로 예학에
밝았다. 그는 일찍이 《가례원류》를 저술하여 윤선거와 함께 교
정, 보완작업을 하였으나 끝내지 못하고 세상을 떠났다. 그후 그
의 손자였던 유상기가 이 책을 유계의 이름으로 발간하고자 함에
따라, 윤선거의 역할을 주장하는 윤증과 대립되어 노론과 소론의

---

23) 한기범, 〈명재 윤증의 예학사상〉, 《명재 윤증의 생애와 사상》, 충남대학교
유학연구소, 2001, 158면.

갈등을 빚기도 하였다. 《가례원류》 그 자체는 분명히 윤증의 학
문연원과 예학배경을 구성하는 중요한 요소가 된다.[24] 23세 때에
는 연산의 김집에게 나아가 예학을 배웠다. 부자간이 모두 김집
의 문하에서 수업하게 되었다. 윤증의 예학은 이처럼 부친 윤선
거, 부친의 친구였던 유계, 부친의 스승이요 자신의 스승이었던
김집으로부터 배웠다고 볼 수 있다. 이 중에서도 특히 부친과 김
집의 예학적 영향은 컸다. 윤증의 〈연보〉에 의하면 그는 부친을
도와서 《가례원류》를 교정하였다는 기사가 나오고 있고, 《의례문
답》의 예문답에서도 부친의 예설을 인용한 사례가 있음을 볼 수
있다. 또한 예문답에서 자신의 문중에서 시행해 오고 있는 '자가
례(自家禮)'로서 답하고 있는 경우도 적지 않음을 볼 때,[25] 그의
예학 형성에 있어 가학적 연원은 중요한 비중을 차지하고 있다.
물론 전체적으로 보면 윤증의 예학은 조선예학을 정립한 사계 예
학파의 학풍을 계승하였다고 볼 수 있고, 또 그 영향이 더욱 컸
다고 볼 수 있다.[26]

5. 무실학풍과 그 연원

윤증 학풍의 특징을 실학풍이라고 보는 경우가 많은데, 이는
달리 말하면 무실(務實)학풍을 의미한다. 윤증은 '입지(立志)'와
'무실(務實)'을 학문의 근본으로 삼았는데, 이는 가전(家傳)의 지
결(旨訣)이었다 하고,[27] 실심(實心)으로서 실공(實功)을 지어야
한다고 하였다.[28] 그에 의하면 무릇 실심이 있은 뒤에 실공이 있

---

24) 한기범, 앞의 글, 160면.
25) 위의 글, 162면.
26) 위의 글, 205면.
27) 《明齋年譜》, 卷1: "……又必以立志務實爲本 此乃先生家傳旨訣爾."
28) 《明齋遺稿》, 卷19, 〈與閔彦暉書〉: "惟當以實心做實功……."

254

고, 실공이 있은 뒤에 실덕(實德)이 있다. 실덕이 있은 뒤에 밖으로 드러나는 것이 모두 실하지 않은 것이 없다고 하였다.[29]

이와 같이 윤증의 실학체계는 실심을 기반으로 한다. 실심을 기초로 실공이 가능하고, 실공이 있은 후에 실덕을 지닐 수 있다. 따라서 실덕을 지니게 되면 그 나타나는 바 모두가 실하지 않음이 없게 되는 것이다. 실심, 실공, 실덕으로 표현되는 그의 무실학풍은 두 갈래 연원을 상정할 수 있다. 하나는 부친의 외조부인 우계로부터 연원하고, 또 하나는 율곡으로부터 연원한다. 우계는 일찍이 도학자로서 수기를 위해 하학공부를 중시하였고,[30] 소학공부를 강조하였다.[31] 또 그는 소학적 실천의 기초로서 실심의 공부를 강조하였다. 진실심(眞實心), 극기지실심(克己之實心), 진심(眞心), 허심(虛心) 등으로 표현되는데, 이는 다름 아닌 실심이요 허심이다.[32]

또한 이러한 실심에 기초한 무실학풍은 율곡에 연원하는 것이기도 하다. 율곡은《중용》의 성(誠)을 천의 실리(實理)와 인심의 본체로 해석하고,[33] 실리의 성(誠)과 실심의 성(誠)으로 구분하였다.[34]

그런데 이러한 율곡의 성(誠) 해석은 주자가 '성'을 '실유지리(實有之理)'와 '실연지심(實然之心)'으로 본 데서 연유한다.[35] 이와

---

29) 앞의 책, 下, 別集, 卷3,〈擬與懷川書〉:"夫有實心 而後有實功 有實功而後有實德 有實德而後發於外者 無往而不實."

30)《牛溪集》, 卷5,〈答安士彦〉:"誠願一意下學 必以孝悌忠信爲本."

31) 위의 책, 卷3,〈上王世子箚〉:"……至如入德之門 則小學養其本."

32) 황의동,〈우계학의 전승과 그 학풍〉,《범한철학》, 제28집, 범한철학회, 2003, 39면.

33)《栗谷全書》, 卷21,〈聖學輯要 3〉:"臣按 誠者 天之實理 心之本體……."

34) 위의 책, 拾遺, 卷6,〈四子言誠疑〉:"誠者 眞實無妄之謂 而有實理之誠 有實其心之誠 知乎此 則可以論乎誠矣."

35)《性理大全》, 卷37:"誠者 在道則爲實有之理 在人則爲實然之心."

같이 성(誠)에 기초한 실심(實心), 실공(實功), 실덕(實德)의 무실(務實)학풍은 율곡에 연원하기도 하지만, 우계의 영향과 부친 윤선거 그리고 장인 권시의 영향을 결코 간과할 수 없다. 이건창(李建昌)이 '유봉(酉峰)은 무실(務實)이다'라고 하였듯이, 윤증의 학문은 '무실학(務實學)'이라 할 수 있는데, 이는 우계의 '천리돈확(踐履敦確)'이 윤선거의 '각실(殼實)'을 거쳐 윤증의 '무실(務實)'로 귀결되었다고 보아야 할 것이다.[36] 윤증의 무실학풍은 율곡에 연원하기도 하지만 성혼, 윤선거 그리고 장인 권시로 이어지는 가학적 영향이 더 컸다고 볼 수 있다.

우계의 학문은 실천을 근본으로 하였고,[37] 우계학의 특징은 '실천이 돈독하고 확실함(踐履敦確)'에 있었다.[38] 그러므로 율곡도 말하기를 "만약 견해의 경지를 따진다면 내가 조금 낫다고 할 수 있으나, 조리(操履)의 독실함에 이르러서는 내가 미칠 수 없다"고 말한 바 있다.[39] 이러한 우계의 학풍은 윤증에게 영향을 미쳤다.

또한 부친 윤선거는 우계의 학풍을 그대로 계승하였다고 볼 수 있다. 박세채는 말하기를 "지금 노장(魯丈)은 비록 한 가닥으로 말하기 어려우나, 요컨대 그 대체는 스스로 우계의 가르침을 이었고 신독재의 문하에 의거했다"[40]고 말했던 것이다. 그러므로 윤선거는 우계의 〈주문지결(朱門旨訣)〉에 대해서 말하기를 "〈주

---

36) 유명종, 〈명재 윤증의 무실 실학〉,《무실과 실심의 유학자 명재 윤증》, 청계, 2001, 511면.

37) 유명종, 〈절충파의 비조 우계의 이기철학과 그 전개〉,《성우계사상연구논총》, 우계문화재단, 1991, 336면.

38) 유명종, 위의 글, 337면.

39)《牛溪集》, 年譜, 附錄, 〈行狀〉: "栗谷嘗稱曰 若論見解所到 吾差有一日之長 操履篤實 吾所不及云."

40)《南溪集》, 卷26, 〈答宋尤齋〉: "今魯丈之學雖難一論 要其大體 自是述牛溪之訓而依愼齋之文者……"

256

문지결〉의 요령은 지경(持敬)과 궁리(窮理)하는 방법이며, 하학
(下學) 용공(用功)의 일은 곧 바로 착수해야만 참된 학문의 지결
(旨訣)이 된다"[41]고 하였다. 이처럼 윤선거가 하학공부의 중요성
을 강조한 것은 그의 무실학풍의 연원이 되기에 족하다. 윤선거
는 효종 말년에 유위(有爲)의 뜻을 크게 분발했으나, 조정의 풍
토가 허명을 너무 숭상하여 실심이 서지 못함을 근심하였다.[42]
마찬가지로 학자가 근심하는 바는 단지 실심이 서지 못함에 있
고, 궁행이 독실치 못함에 있을 뿐이라 하였다.[43] 이러한 부친 윤
선거의 실심중시와 하학중시의 실학풍은 그대로 그의 학문형성
에 지대한 영향을 미쳤다.

또한 장인 권시(權諰)의 영향도 간과할 수 없다. 윤증은 19세
때 호서지역의 저명한 유학자였던 권시의 딸과 결혼하였고, 장인
인 그의 문하를 드나들며 수업을 받기도 하였다. 권시는 부친 만
회(晩悔) 권득기(權得己)로부터 가학을 받았으며, 그가 죽은 후에
는 부친과 도의지교(道義之交)를 맺었던 잠야(潛冶) 박지계(朴知
誡)의 문하에서 수업하였다. 그리고 그는 당색으로 보면 남인에
속한다고 볼 수 있으나 사계, 신독재 문하의 송시열, 이유태, 송
준길, 윤선거, 유계 등과 매우 친밀하게 교유하였다.

그런데 그의 학풍은 당시 율곡학파 직계에서 보듯이 이기심성
에 대한 이론적 탐구보다는 심학적 측면에 경도되는가 하면,[44]
공심(公心)에 기초한 공도(公道)의 실현을 추구하는 데 특징이 있

---

41) 《魯西遺稿》, 〈魯西遺事〉: "朱門旨訣 則大要是持敬窮理之方 而下學用功
    之事 卽日使可下手 眞爲學旨訣也."
42) 위의 책, 附錄, 上, 〈遺事〉: "孝廟末年 大奮有爲之志 然先生則猶以朝廷
    之上 虛名太崇而實心未立爲憂……."
43) 위의 글: "學者所患 只在實心之不立 躬行之不篤耳……."
44) 권정안, 〈탄옹 권시의 유학사상〉, 《도산학보》, 제2집, 도산학술연구원,
    1993, 166면.

다.[45) 권시의 이 공심은 곧 인(仁)이며, 이는 달리 말하면 인의지심(仁義之心)이라고 볼 수 있다. 따라서 윤증의 실심은 권시의 공심과 다를 바 없고, 공도(公道)의 실현은 곧 윤증에 있어 실공으로 표현되며, 전체적으로는 무실의 학풍으로 귀결되었다.

이렇게 볼 때, 윤증의 무실학풍은 율곡의 영향을 배제할 수 없지만, 가학적으로 보면 부친의 외조부인 우계와 부친 윤선거, 장인 권시의 실학풍에 영향을 받은 바가 더 크다고 볼 수 있다.

---

45) 권정안, 앞의 글, 173~192면 참조.

제8절 서계 박세당

1. 생애와 저술

박세당(朴世堂, 1629~1703)은 17세기 조선조의 유학자로서, 윤휴와 더불어 자주적 입장에서 학문하고자 했던 대표적인 인물이다. 그는 남원 출신으로 자는 계긍(季肯), 호는 서계(西溪)인데, 소론의 대표적 인물인 박태보(朴泰輔)가 그의 아들이며, 박세채(朴世采)는 당내간이다.

그는 어려서 고모부 정사무(鄭四武)에게서 수업하였고, 17세 때 남구만(南九萬)의 누이와 결혼하여 처남 남구만과 더불어 학문을 토론하였다. 아울러 그의 형 박세후(朴世垕)는 윤선거(尹宣擧)의 사위였으므로, 이러한 그의 학연, 혈연 등에 의해 당파로는 소론계열,[1] 학파로는 우계학파에 속하였다.

31세 때 문과에 장원급제하여 성균관 전적에 이어 교리, 경연시독관을 역임했고, 35세에는 암행어사로 황해도에 파견되어 민생의 고통을 목격하고 안민계책을 지어 올리기도 하였다. 38세 때에도 민생고와 폐정에 대해 극언을 하는 등 현실문제 해결에 적극적인 관심을 보였다. 1680년 동부승지에 이어 공조, 이조, 형조판서를 역임하였으며, 1703년 그의 나이 74세에 판중추부사로 기로소(耆老所)에 들어 《사변록(思辨錄)》을 저술하였다.

《사변록》의 경전해석이 정·주와 다르다 하여 많은 문제를 야기하였으며, 이경석(李景奭)의 신도비명 속에서 송시열을 비방함으로써, 노론의 격렬한 반발을 불러일으켜 '사문난적(斯文亂賊)'

---

1) 윤사순, 〈서계 박세당〉, 《한국인물유학사 3》, 한길사, 1996, 1219면.

으로 몰려 관직을 삭탈당하고 전라도로 유배당하였다. 다행히 이
인엽(李寅燁)의 간곡한 상소로 겨우 유배만은 면했으나, 그후 얼
마 안 되어 병으로 세상을 떴다.

그는 동시대의 이단아로서 정주성리학에 이의를 제기하고, 나
름대로 자유분방한 학문을 하고자 했다. 그의 이러한 자주적인
학문태도는 《사변록》의 경전 해석에 잘 나타나 있으며, 이단시했
던 《노자》와 《장자》에 대해서도 주해한 것은 그의 이러한 일면
을 잘 보여 준다. 그는 기질에 있어서도 아부하거나 남의 눈치를
보지 않고 강한 소신과 의지를 가지고 실천했던 강골의 행동
파였다.

그의 저술로서 가장 대표적인 것은 《사변록》이다. 이것은 유가
경전에 대한 주석서로서, 14책으로 이루어져 있는데, 일명 《통설
(通說)》이라고도 불린다. 그는 52세에서 65세에 이르는 약 14년
간에 걸쳐 사서에 대한 《사변록》을 완성했으며, 그후에도 계속해
서 《상서》를 완료하고 《시경》을 연구했으나, 65세에 병으로 중단
하였다. 이 밖에도 그의 저서로는 농서인 《색경(穡經)》과 실학서
인 《산림경제(山林經濟)》가 있고, 도가에 관한 연구로는 《노자도
덕경주(老子道德經註)》, 《장자남화경주(莊子南華經註)》가 있다.

2. 학문과 사상

박세당의 학문영역은 《사변록》과 《노자도덕경주》 및 《장자남
화경주》를 중심으로 한 경학이 주류를 이루고 있으며, 《색경》에
서 보듯이 그의 실학적 사고도 주목할 만하다.

그는 육경을 본래적 의미 그대로 해석하는 데 학문의 목적을
두고, 정주계통의 학풍이 육경의 본래 취지와는 달리 일상적이고
긴요한 것을 외면하고 고원한 것에 집착하고 있다고 보았다. 이러
한 그의 경학적 관점은 다음 《사변록》의 서문에 잘 나타나 있다.

  지금 육경에 구하는 이는 대개가 모두 그 얕고 가까운 것은 뛰어
넘어 깊고 먼 것으로 달려가며, 그 거칠고 간략한 것은 소홀히 하고
정밀하고 구비한 것만을 엿보고 있으니, 어둡거나 어렵고 빠지거나
넘어져서 아무런 소득도 얻지 못하는 것은 당연하다 할 것이다. 저들
은 다만 그 깊고 멀고 정밀하고 구비한 것을 얻지 못할 뿐만 아니라,
그 얕고 가깝고 거칠고 간략한 것마저 모두 잃게 될 것이다. 아! 슬
프다. 그 또한 미혹한 것이 심하다 하겠다. 무릇 가까운 것은 미치기
쉽고, 얕은 것은 재어 헤아리기 쉽고, 거친 것은 알기 쉬운 것이다.[2]

  이와 같이 그는 육경에 대한 독자적인 연구를 진행시켜 그 편
파성을 극복하였고, 그 결과 반주자학적 경학사상을 형성하였다.
주자의 《사서집주(四書集註)》가 가장 권위 있었고, 이를 전통시
해 온 그 당시의 학문 풍토 속에서, 그의 이러한 경전 해석은 한
시대의 이단아로 지목되기에 충분하였다. 이제 사서에 대한 《사
변록》을 중심으로 간략하게 그의 경학사상을 살펴보기로 하자.

  먼저 《대학사변록》을 중심으로 그의 경학관을 살펴보면, 그는
《중용》과 《대학》의 경우에는 장구의 편차까지도 수정하고, 《대
학》의 3강령을 주자가 '명명덕(明明德) 신민(新民) 지어지선(止於
至善)'이라 한 것을 비판하였다. 왜냐하면 강(綱)이 있으면 목
(目)이 있고, 목이 없는 강은 있을 수 없다고 보았기 때문이다.
그는 《대학》에 '명덕', '신민'의 목은 있으나 '지어지선'의 목은 없
는 것을 보면, 주자가 '지어지선'을 3강령에 포함시켜 설명한 것
은 이치에 맞지 않는다고 보았다.[3]

---

 2) 《思辨錄》,〈序〉: "今之所求於六經 率皆躐其淺邇而深遠是馳 忽其粗略而
    精備是規 無怪乎其眩瞀迷亂沈溺顚躓 而莫之有得 彼非但不得乎其深遠精
    備而已 幷與其淺邇粗略而盡失之矣 噫噫悲夫 其亦惑之甚乎 夫邇者易及
    淺者易測 略者易得 粗者易識."
 3) 《大學思辨錄》: "註以明德新民至善三者 爲一書之綱領 誠如此是明德爲一
    事 新民爲一事 至善又自爲一事 今明德新民旣各自爲一事矣 至善又可得

또한 '격물치지(格物致知)'에 대한 해석에서도, 주자가 '격(格)'을 '지(至)' 또는는 '궁지(窮至)'로, '물(物)'을 '사물(事物)'로 해석한 것에 반대하고, '격(格)'에는 '칙(則)' 또는 '정(正)'의 뜻이 있고, 물이 있으면 법칙이 있으니, '물을 격한다'는 것은 '그 법칙을 구하여 물의 바름을 얻도록 힘쓰는 것'이라고 하였다.[4] 그의 이러한 해석은 '격(格)'을 '정(正)', '물(物)'을 '사(事)'로 해석하여, '격물치지(格物致知)'를 '그 일의 부정을 치양지(致良知)로 바로잡는다'는 의미로 해석한 왕양명의 해석과 비슷하다고 볼 수 있다.

다음은 《중용사변록》을 중심으로 그의 경학관을 살펴보자. 그는 먼저 《중용》의 명칭에 관해 정·주와 견해를 달리한다. 그는 《중용》의 '용(庸)'자에 대한 해석에 있어서, 정이천은 '불역지위용(不易之謂庸)'이라 하고, 주자는 '평상야(平常也)'라 하여, 두 사람의 해석이 다른 점을 지적하고, '용(庸)'을 '항상항구(恒常恒久)'의 뜻으로 보아 중(中)을 항상 지니는 것으로 해석하였다.[5]

또한 '중(中)'에 대해서도 그는 《상서》의 '유정유일(惟精惟一)'과 《중용》의 '도는 잠시도 떨어질 수 없다'는 두 구절에서 '정(精)'과 '도(道)'를 중(中)이라 하고, '일(一)'과 '불가수유이(不可須臾離)'를 용(庸)이라 하여, 정·주와는 다른 독특한 해석을 하였다.[6]

以自爲一事乎……且有綱必有目 未有無其目而獨有其綱 綱所以挈衆目 目旣不存 綱安所設 故此書爲明德之目五 爲新民之目三 而及求其爲止至善之目者 則終不可以得 以此知此書之爲綱者二而已."

4) 앞의 책: "求以至曰致 格則也 正也 有物 必有則 物之有格 所以求其則而期得乎正也 蓋言欲使吾之知 能至乎是事之所當而處之無不盡則 其要唯在乎尋索是物之則 而得其正也."

5)《中庸思辨錄》: "程子以爲不易之謂庸 庸者天下之定理 朱子以爲庸 平常也 是不爲怪異 二先生於庸 取義之不同如此 ……今按庸 恒也."

6) 위의 책: "在於書則精一之義 如此表裏 精爲中 一爲庸 在於此書則首章所

또한 주자의 '성즉리(性卽理)'에 대해서도 성은 심명(心明)이 받은 바의 천리이며 날 때부터 갖춘 것이라 정의하고, 사람이 이미 천리를 받아 그 마음에서 밝아지면, 여기에서 사물의 당부를 고찰할 수 있다 하였다.[7] 아울러 《중용》 수장의 주자 주해에서 인(人)과 물(物)을 함께 거론한 것은 잘못이라고 비판하고, 사물에 성이 있음은 인정하지만, 그 성이 인간의 성과는 종류가 다름을 강조하면서, 오상(五常)의 덕은 사물에 적용시킬 수 없음을 지적하였다. 더욱이 《중용》은 사람을 가르치기 위해 만든 책일 뿐이지, 사물까지 포함하여 가르치려고 한 것은 아니라 하였다. 왜냐하면 사람은 능히 도를 알 수 있지만, 사물은 그렇지 못하기 때문이다.[8]

다음은 《맹자사변록》의 일부를 살펴보기로 하자. 그는 왕이 신의로서 민심을 얻어야 하지만, 민심을 얻는 데 너무 급급하면 패자(覇者)와 다를 게 없다 하고, 왕도는 양생(養生), 양민(養民)에 있다고 하였다.[9]

또한 '만물개비어아의(萬物皆備於我矣)'에 대해서도, 주자는 만물의 이치가 내 몸의 성 속에 갖추어져 있다고 해석한 데 비해, 그는 단지 외물과 나와의 상관성으로 이해하였다. 즉, 그는 리가 갖추어졌다는 주관적인 해석을 거부하고, 실증적인 관점에서 외

云道不可離者 已揭而示之 道者 卽中也 不可離者 卽庸也."

7) 앞의 책: "性者 心明所受之天理與生俱者也 天有顯理 物宜之而爲則 以此理則 授與於人 爲其心之明 人旣受天理 明於其心 是可以考察事物之當否矣.

8) 위의 책(註): "言性兼人物 今去物而獨言人何也 雖物亦有性 但其爲性也 與人不類 無以稱乎五常之德 兼言物 非中庸之指故也 (註)言人物各循其性之自然爲道 今亦但言人者何也 中庸言人而不言物 夫中庸之爲書也 以敎人而非以敎乎物 人可敎也 物不可敎 人能知道 物不能知道也."

9) 《孟子思辨錄》: "愚謂王道在於養民 若先有意於得民心 則是覇者之爲 恐非王道也."

물과 접촉함에 있어서 그 대비하고 대응하는 도를 성실하게 하
여, 외물로 하여금 그 성과 본분을 얻게 하는 것이 바로 이 뜻이
라 하였다.[10]

다음은《논어사변록》을 통해 그의 경학관을 검토해 보기로 하
자. 그는 주자가 '학(學)'을 '본받는 것'이라 해석한 데 대해, '학'
은 '스승을 따라 독서하면서 지식을 추구하고 처신(處身), 처물
(處物)의 방법을 질문하고 강구하는 것'이지 단순히 '본받는 것'
이라고 해서는 안 된다고 하였다.[11]

또한《시경》의 '사무사(思無邪)'에 대해 주자가 시를 읽는 자로
하여금 거짓이 없는 생각을 갖게 한다는 의미로 해석한 데 대해,
그는 '사무사'는 분명히 시 삼백 편 자체의 내용을 말한 것이지,
사람들로 하여금 이와 같은 마음으로 시를 읽고 감상하라고 말한
것은 아니라 하였다.[12]

이와 같이 그는 실증적이고 자유로운 태도로 경전을 독자적으
로 해석함으로써 경학의 기반 위에서 공자의 본래적인 뜻을 찾
고, 탈주자적 철학체계를 모색하며, 나아가 후대의 실사구시(實
事求是)의 학풍을 여는 데 선구적 역할을 하였다.

다음은 그의 도가에 대한 견해를 살펴보기로 하자.[13] 박세당은
노장사상에는 유학과 다른 점이 있고 또 결점도 있다고 생각하였
다. 그러나 거기에 유학과 같은 정도로 취할 만한 장점이 없는

---

10) 앞의 책: "人之一身 處乎天地之間 所與者無非物也 近自君臣父子 遠至夷
   狄禽獸 微則昆蟲草木與凡手足之所觸耳目之所接 苟當於吾身 必皆有以使
   無失其性而各得其所 是則萬物皆爲吾身之所備有而實任其責矣 可不知所
   勉哉."
11)《論語思辨錄》: "人從師讀書質問講究 求知行已處物之方 是謂之學 旣得
   其方 又須熟習 理明功到 其心說喜 若荒嬉者 安得有此乎 學雖可訓爲效
   但只言效 則恐於傳受講質之義 或有未備."
12) 위의 책: "思無邪 明是指詩而言之 非言其用之使人如此."
13) 윤사순, 앞의 책, 1228~1229면 참조.

것은 아니라고 하였다. 특히 노장이 본래 의도한 수신과 치인이 유학과 같은 점이며, 그 수신과 치인의 내용을 설명하는 언설의 간결함과 의미의 심오함이 장점이라고 하였다.

이러한 관점에서 그는 노장의 용어를 유학의 용어로 대치하여 설명하는가 하면, 사상의 내용까지 유학의 의미로 해석하였다. 예컨대 노자의 도(道)를 무(無)로 이해하면서, 그것을 또 리(理), 즉 태극(太極)으로 설명하는 성리학적 해석이라든가, '자연'이란 본성대로 하되 지나침이 없다는 의미라는 중용식의 해석을 내리고 있다.

이러한 해석을 통해서 박세당은 노장의 겸허(謙虛), 질박(質樸) 중시 사상에 입각하여, 노장사상의 성격을 한 마디로 '문(文)'보다 '질(質)'을 중시하는 것이라고 결론하였다. 한편 유학은 '질'보다 '문'을 중요시하는 것으로 이해하였다. 이와 같이 그는 노장사상에 호의적 태도를 갖고, 유학에서 이를 배워야 한다고 하였다.

다음은 그의 대표적인 시무 상소라 할 수 있는 〈응구언소(應求言疏)〉를 통해 그의 실학적 면모를 보기로 하자. 그는 당시 군신간의 형식적인 태도를 이렇게 비판하고 있다. 재난을 당해 여러 대신들이 왕 앞에 모이면 곧 큰일이라도 일어날 듯이 근심하는 빛을 보이며 떠들다가도, 정작 방안을 내놓는 것을 보면 사소한 일 몇 가지를 진언하는 데 그치며, 그나마도 궐내에서 말할 그때뿐이다. 정령을 도모하는 데 있어 도대체 조정은 수성(修省), 공구(恐懼)의 기상이 없이 무실지학(無實之學)만 일삼기를 좋아한다. 실제로 실천하지 않아 아무 효과도 없는 태도를 그는 '무실지거(無實之擧)'라 하면서 그것을 허문(虛文)과 같다고 보았다.

또 이와 같이 어떤 폐단을 개혁하려는 노력이 없었다는 것은 신하뿐만 아니라 왕의 경우도 마찬가지라 하고, 이제까지 왕의 미재책(弭災策)이 실효에 힘쓰는 무실(務實)의 정책이 아니라, 일종의 허문(虛文)에 그쳤다고 통탄하였다. 이어 그는 폐정개혁의 구체적 대안으로서 첫째는 왕 자신이 성실히 근무하여 모범을 보일 것이며, 둘째는 대신들이 주어진 직무에 충실할 것이며, 셋째는 과도한 세금 부과를 막고 조세와 부역을 공평하게 할 것이며, 넷째는 오위(五衛), 어영(御營), 훈련(訓鍊)으로 문란해진 병제를 일원화하여 백성들의 병역 부담을 줄일 것이며, 끝으로 국가 재정의 충실을 위해 비용을 절약하는 데 왕 자신이 모범을 보이고 왕실 재산을 사유화해서는 안 된다고 하였다.[14]

이러한 그의 주장에는 일면 현실개혁이라는 진보의식이 내재해 있으며, 백성의 고통을 덜어 주고 백성의 이익을 돕는다는 위민(爲民)의식이 자리하고 있다. 아울러 형식과 공리공론에 치우치는 '무실(無實)'현상을 비판하면서 실공(實功), 실효(實效), 실천(實踐)을 중시하는 그의 무실(務實)정신을 엿볼 수 있다. 이러한 무실학풍은 우계학파의 공통점이기도 하다.

그는 또한《색경(穡經)》을 저술하여 농업의 중요성을 강조하였다. 그에 의하면 농사란 공자 같은 성인도 외면할 수 없거니와, 선비에게는 당연한 것이라 하였다. 특히 선비가 벼슬을 내놓고 초야에 묻힐 경우 당연히 해야 하는 것이 농사라 하였다. 벼슬하여 도를 행하면 군자요, 물러가 밭을 갈아 자기 힘으로 먹고 살면 야인일 뿐이다. 그 스스로도 일찍이 벼슬을 하면서 그 도를 세상에 행하는 데 부족함을 깨닫게 되어, 물러가 스스로의 힘으로 먹고 지내고자 한지 오래였기 때문에 실은《색경》을 엮을 수 있었다고 하였다. 또 그는 실제로 병으로 물러나게 되자, 이 책을 휴대하여 다른 재야의 선비들과 함께 보았으며, 이것을 통해 손수 농사까지 지었다. 이처럼 그가 농사를 중요시하는 동시에 나아가 손수 농사까지 지었다는 사실에서, 공리공론을 배격하는

---

14)《西溪全書》, 卷5,〈應求言疏〉.

실학자다운 면모를 엿볼 수 있으며, 그의 실학적 태도를 알 수 있다.

이렇게 볼 때, 박세당은 윤휴와 더불어 조선유학사를 통해서 전통적 정주성리학에 반항의 기치를 높이 들었던 대표적 인물이며, 그의 자유분방한 학문정신, 자주적 학문태도, 실학적 사고 등은 18세기 이후 전개되는 실학사상에 심대한 영향을 미쳤다.

제9절 남계 박세채

1. 생애와 인품

박세채(朴世采, 1631~1695)는 17세기 조선조의 대표적인 유학자로서 문묘에 배향된 동국 18현 중의 한 사람이다. 또한 윤증과 더불어 17세기 우계학파의 중심에 서서 학문적으로나 정치적으로 매우 중요한 위치에 있었다. 그의 자는 화숙(和叔)이며, 호는 남계(南溪) 또는 현석(玄石)이라 불렀다. 그의 본관은 반남이며 고려 말의 대표적인 유학자 박상충(朴尙衷)은 그의 10대조이고, 정암 조광조의 문인으로 강직한 도학자였던 박소(朴紹)는 그의 고조부이다. 또한 그의 증조부인 박응복(朴應福)은 이소재(履素齋) 이중호(李仲虎)의 문인이었고, 조부 박동량(朴東亮)은 유조인(柳祖訒)의 문인이었다. 자주적 입장에서 경전해석을 하여 '사문난적(斯文亂賊)'으로 몰렸던 서계(西溪) 박세당(朴世堂)은 그와 8촌간이었다.

박세채는 1631년 서울 창동 외가에서 아버지 박의(朴漪)와 어머니 신씨 부인 사이에서 태어났다. 아버지 박의는 홍문관 교리를 지냈고, 어머니 신씨 부인은 상촌(象村) 신흠(申欽)의 딸이었다. 그는 5세 때 어머니를 여의고 숙모 조씨에 의해 양육되었다. 7세 때 아버지로부터 학문을 배우기 시작하여, 11세 때 율곡의 〈격몽요결(擊蒙要訣)〉을 배우면서 학문의 길을 깨달았다. 따라서 그는 "처음 공부할 때 올바른 학문에 대한 스승의 가르침이 없었음에도 다른 길로 빠지지 않을 수 있었던 것은 실로 일찍 선부로부터 〈격몽요결〉을 배운 덕분이다"라고 술회했다. 그는 한·당대의 시문과 역사에도 능통하였고, 총명하여 경학보다는 문장으로 명성을 떨쳤다.

이처럼 그는 어려운 환경 속에서도 숙모의 지극한 사랑을 받으며 자랐으며, 비범한 바 있어 판서 이경직으로부터 큰 인물이 될 것이라는 평을 들었고, 김상헌은 그를 만나보고 "내 형님이신 선원공(仙源公: 金尚容)이 말씀하기를 '경숙(敬叔: 申欽의 字)은 소년시절이 노성한 때보다 더 뛰어났다' 하셨는데, 지금 이 소년의 자질이 경숙의 어릴 때와 비교해 누가 나은지 모르겠다"고 칭송하였다 한다.

14세 때 부친상을 당하여 3년상을 치르고, 그 와중에도 여러 경전은 물론《좌전(左傳)》,《국어(國語)》등 제가의 문장을 섭렵하였다. 16세 때 잠야(潛冶) 박지계(朴知誡)의 문인이었던 원두추(元斗樞)의 딸과 결혼하였다. 1647년 17세 때 생원, 진사시에 장원으로 합격하고 그 이듬해에 성균관에 입학하였다.

1649년 19세 때에는 예학의 대가인 신독재(愼獨齋) 김집(金集)을 찾아 방문하였고, 이듬해 당대 대청의리(對淸義理)의 중심에 섰던 청음(淸陰) 김상헌(金尚憲)을 찾아 그의 문하에 들어갔다.

그 때 김수항(金壽恒) 등이 율곡과 우계의 문묘종사를 요청하여 박세채도 이에 적극 동조하였는데, 효종이 이를 거절하였고 영남유생 유직(柳稷)의 상소로 당쟁이 격화되자, 그는 벼슬길을 포기하고 학문연구에 전념하기로 결심하였다. 이는 그의 일생에 있어 매우 중요한 계기가 되었다. 이후 그가 학문적으로 율곡의 사상적 맥을 이으면서도 퇴계의 사상에 호의적이었던 것이나, 노론과 소론의 극렬한 파쟁 속에서 상호 조정을 위해 노력한 것은, 객관적 입장에서 당파적인 폐단을 줄여 보려는 그의 현실인식이 반영된 것이다.[1]

---

1) 권정안, 〈문순공 남계 박세채〉,《동국 18현》, 하, 율곡사상연구원, 1999, 614면.

29세 때 세자익위사(世子翊衛司) 세마(洗馬)로 추천되었으나 나아가지 않았다. 그해 효종이 죽자 자의대비(慈懿大妃) 조씨의 복제문제가 현안으로 대두되었다. 송시열, 송준길 등 서인들은 기년복(朞年服)을 주장하였고, 윤휴, 윤선도 등 남인들은 3년복을 주장하였는데, 박세채는 서인들과 의견을 같이 하여 기년복을 주장하였다. 그리하여 〈복제사의(服制私議)〉를 통해 3년설의 부당성을 주장하기도 하였다.

그는 이후 여러 번 벼슬길에 나아갈 기회가 있었으나 사양하였는데, 1680년 50세에야 경신대출척(庚申大黜陟)을 기회로 성균관사업(成均館司業)에 제수되었다. 이 시기에 윤선거의 묘지명 사건으로 회니시비(懷尼是非)가 일어나고, 송시열과 윤증 사이에 사제간의 의리가 끊어지는가 하면, 결국 노론과 소론으로 분당까지 하게 되었다. 그는 이 와중에서 양자의 화해와 조정을 위해 힘껏 노력하였으니, 소론의 선봉장이었던 족질(族姪) 박태보(朴泰輔)와 문인이었던 최석정(崔錫鼎)에게 질책과 함께 당쟁의 자제를 당부하기도 하였다.

그는 53세 때 송시열의 출사를 계기로 숙종에 의해 희정당에 입시를 명받고 출사하게 되었다. 주로 경연에서 활동하며 노·소간의 당쟁을 조정하는 데 힘썼다. 그런데 태조에 대한 추시(追諡)문제에서 송시열과의 견해 차이와 김익훈(金益勳) 사건으로 인해 갈등이 생기고, 우의정 김석주(金錫冑)가 노·소 분쟁을 부추겨 정국은 매우 혼란스럽게 되었다. 이에 그는 송시열을 설득하고 화해를 주선하면서 〈황극탕평론(皇極蕩平論)〉을 써서 당파의 폐단을 극복하고자 노력하였다.

이후 그는 이조판서 등 여러 관직을 역임하다가 1689년 기사환국(己巳換局)을 계기로 물러나 재야에서 학문활동에 전념하였다. 이 때 송시열, 김수항 등 노론의 영수들이 죽음을 당했고, 박태보도 인현왕후의 폐위를 반대하다 죽음을 당하였다. 또한 율곡과 우계가 문묘에서 쫓겨나자, 이에 반대하는 상소를 하자 결국 관직을 강등당하고, 남계서당으로 돌아와 학문연구와 저술 그리고 제자의 교육에 힘썼다. 특히 그는 기대가 컸던 문인 하곡(霞谷) 정제두(鄭齊斗)가 양명학에 흐르는 것을 매우 안타까워하면서 〈양명학학변(陽明學學辨)〉과 〈양지천리설(良知天理說)〉을 지어 경계하였다.

그는 1694년 갑술옥사 후 다시 좌의정이 되었지만, 이듬해인 1695년 병으로 인해 65세의 나이로 세상을 마쳤다.

1698년(숙종 24년) '문순(文純)'이라는 시호가 주어졌고, 1764년(영조 40년)에는 당쟁의 와중에서 탕평을 위한 공로가 인정되어 문묘에 배향되는 영예를 얻게 되었다.

그의 문인으로는 후재(厚齋) 김간(金幹), 하곡(霞谷) 정제두(鄭齊斗) 등이 있다. 그의 예학은 주로 김간에게 전수되었고, 정제두는 양명학에 관심을 기울여 박세채와의 사승관계를 스스로 끊어 버렸다. 그러나 정제두가 고례(古禮)와 간체(簡禮)를 중시하였으며 우계, 율곡과 함께 박세채의 예설을 자주 인용하고 있는 것으로 보아, 박세채의 예설이 정제두에게도 영향을 미친 것으로 보인다.[2]

그의 저술을 보면 우리 나라에서 송시열 다음으로 방대한 저술을 남기고 있다. 그는 《남계집(南溪集)》56책을 비롯하여 ,〈동유사우록(東儒師友錄)〉, 〈육례의집(六禮疑輯)〉, 〈남계예설(南溪禮說)〉, 〈삼례의(三禮儀)〉, 〈범학전편(範學全編)〉, 〈춘추보편(春秋補編)〉, 〈심학지결(心學旨訣)〉, 〈주자대전습유(朱子大全拾遺)〉, 〈증산염락풍아(增刪濂洛風雅)〉, 〈거가요의(居家要儀)〉, 〈이학통록보집(理學通錄補集)〉, 〈이락연원록(伊洛淵源錄)〉, 〈퇴계어록(退溪語

2) 도민재, 〈남계 박세채〉, 《한국인물유학사 3》, 한길사, 1996, 1236면.
   윤남한, 〈남계집해설〉, 《한국의 사상 대전집》, 23권, 동화출판공사, 1972.

錄)〉, 〈율곡속외별집(栗谷續外別集)〉, 〈심경요해(心經要解)〉, 〈가
례요해(家禮要解)〉 등을 남겼다.

2. 성리학

박세채는 우계학파 가운데 이론성리학에 가장 많은 관심과 저
술을 남겼다. 그도 이 세계는 리(理)와 기(氣)로 이루어진 세계로
인식하였다. 그것은 대체로 성리학자 일반의 세계 인식이기도 하
다. 그런데 박세채는 태극과 음양, 리와 기의 동정문제에 대해
나름대로의 견해를 밝히고 있다. '태극이 동하여 양(陽)을 생한
다'는 해석에 대해서, 그는 "태극이 실제로 음양을 생한다는 것이
아니라, 만물의 형화(形化)가 그런 것인데, 다만 음양이 동정하
고 태극은 그 주재가 된다는 것이다. 동(動)의 리가 있고 난 후에
기가 곧 동하며, 정(靜)의 리가 있고 난 후에 기가 정한 까닭에
태극이 동하여 양을 생한다고 하였다. 만약 이것 때문에 이발(理
發)의 설과 같다면 아마도 깊이 생각하지 못한 것일 것이다."[3]라
고 하였다.

이는 박세채가 주렴계(周濂溪)의 〈태극도설(太極圖說)〉 가운데
'태극동이생양(太極動而生陽)'에 대한 자신의 견해를 밝힌 것인
데, 특히 태극 내지 리의 발용에 대해 분명히 말한 것이다. 박세
채에 의하면 이 말의 본뜻은 태극이 음양을 실제로 낳는다는 말
이 아니라, 음양의 동정에 있어 태극이 그 주재가 된다는 의미에
서 '생(生)'자를 썼고, 또한 동(動)의 리가 있고 난 후에 기가 동
하게 되고, 정(靜)의 리가 있고 난 후에 기가 정하게 되므로, 태

---

3) 《南溪集》, 卷41, 〈答沈明仲問近思錄〉: "圖說之意 亦非謂太極實生陰陽如
萬物之形化然也 只是陰陽動靜而太極爲其主 有動之理然後氣乃動 有靜之
理然後氣乃靜 故曰太極動而生陽 若以此謂同於理發之說 恐未深思."

272

극이 동하여 양을 생한다고 말한 것이라 하였다. 따라서 만약 이러한 표현을 보고 퇴계식의 이발설(理發說)과 같다고 오해한다면 이는 철학적 사유가 부족한 것이라 단정하였다.

그는 또 주자가 '태극은 동정한다' 하고, 또 '동정은 기(機)이다'라고도 하였는데, 무엇이 옳은 것이냐는 물음에 대해 "동정한다고 한 것은 만사만물의 뿌리가 되고 조화의 근본으로 말한 것이며, 동정하지 않는다고 한 것은 동정이 타는 기(機)로써 말한 것이다"[4]라고 설명하였다.

박세채는 주자가 태극의 동정을 인정하기도 하고 부정하기도 한 말은 그 관점에 따라 달리한 것임을 혼동해서는 안 된다고 하였다. 즉, 태극이 동정한다는 말은 태극 자체가 스스로 동정한다는 말이 아니라, 태극이 만사만물의 뿌리가 되고 조화의 근본이 된다는 의미에서 한 말이고, 동정은 기(機)라고 한 것은 동정이 타는 기틀로써 한 말이라 하였다.

또한 주자가 '리에는 정의(情意)나 조작이 없다'고 하지 아니하였는가?라는 질문에 대해, 그는 "정의가 없고 조작도 없다는 설을 또한 의심하는 자 많으나, 만약 원래부터 응취(凝聚)하거나 조작하는 리가 없다면 기가 어찌 능히 응취하고 조작하랴? 대개 그 근본을 미루어 보면 이 기는 저 리의 운행에 의거하여 응취 조작할 때에 이르고, 리는 도리어 기를 타니 지각운용(知覺運用)할 곳이 없게 된다. 이것이 그 설을 말한 것이니 말로써 뜻을 해치지 않는 것이 옳다"[5]고 하였다. 이는 주자가 리를 정의도 없고 조작도 없고 계탁도 없다고 한 말에 대해 박세채의 견해를 밝힌

---

4) 앞의 글: "言非一端 其謂會動靜者 以品彙之根柢造化之樞紐而言 其謂不會動靜者 以動靜所乘之機而言."

5) 위의 글: "無情意無造作之說 或多疑之者 然若元無凝聚造作之理 氣何以能凝聚造作乎 蓋推其本則氣便依傍這理行 到其方凝聚造作時 理却乘氣別無知覺運用處 此其說云爾 不以辭害意可矣."

것이다. 그는 리에 정의, 조작, 계탁이 없다는 의미는 리가 지각 운용을 할 수 없다는 의미라고 말하였다. 그러나 만약 응취 조작하는 리가 없다면 기가 어떻게 응취 조작할 수 있겠느냐고 하여, 기의 응취 조작은 물론 정의와 계탁에 있어서도 그 정의, 계탁의 리를 전제로 한 기의 정의, 계탁을 말하였던 것이다. 이러한 박세채의 리에 대한 설명은 변화 운동하는 기의 배후에서 리는 기를 운동 변화하게 하여 자기를 실현하고자 한다는 의미라 하겠다.[6] 그렇다고 그가 퇴계처럼 리의 자발적인 운동성을 인정한 것은 아니다.[7]

이렇게 볼 때, 박세채는 태극 내지 리의 현실적인 작용성은 부정하고, 다만 리의 기에 대한 주재성, 근원성에 대해서는 강조하고 있음을 알 수 있다. 율곡에 있어 리의 무위성(無爲性)이 갖는 기에 대한 무능력을 결코 용인할 수 없다는 신념이 자리하고 있다. 물론 율곡의 경우 리가 아무리 현실적으로 작용성이 없는 무위(無爲)의 실체라 하더라도 아무런 능력도 없는 있으나 마나한 존재는 결코 아니었다. 왜냐하면 율곡에 있어서도 리는 그 스스로는 작위성이 없지만, 기의 운동변화를 주재하고 그 운동변화를 가능케 하는 소이연자로서의 역할은 분명하였기 때문이다.

다음은 그의 대표적인 글 〈사단이발칠정기발설(四端理發七情氣發說)〉을 통해서 그의 사단칠정에 대한 견해를 검토해 보기로 하자.

대개 사단이 발함에 비록 또한 기를 탄다 할지라도 바로 인의예지의 순수한 리로부터 나온 까닭에 리가 주가 되니 리의 발이라 말한다. 마치 사람의 본연한 성이 비록 기질 가운데에 있더라도, 단지 그

---

6) 유명종, 《조선후기성리학》, 이문출판사, 1985, 373면.
7) 도민재, 〈남계 박세채의 성리설에 관한 일 고찰〉, 《유교사상연구》, 제7집, 유교학회, 1994, 314면.

주된 바를 가리키면 본연의 성이라 말하는 것과 같으며, 혹 절도에 맞지 못함에 이른 연후에 악이라 한다.

칠정의 발은 비록 리에 근원할지라도 희노애락애오욕(喜怒哀樂愛惡欲)이 모두 기와 겸해 발동하는 까닭에 기가 주가 되니 기의 발이라 한다. 마치 사람의 기질 가운데에 비록 본연의 성이 진실로 있을지라도 특별히 그 주된 것에 나아가 말하면 기질의 성이라고 말할 수 있는 것과 같다. 절도에 맞은 연후에 화(和)라고 하니, 진실로 그 근원을 소급해 보면, 성으로서 말하면 본연지성은 본래 기질에 있으나, 이로 인하여 본연이라고 말하지 않을 수 없다. 정으로서 말하면, 사단의 정은 본래 칠정에서 나왔지만, 이로 인하여 사단이 아니라고 할 수 없다. 성정(性情)의 체용은 자연히 다를 수 없다. 여기에 마침내 사단은 본연을 좇는 것으로서 리의 발이라 하고, 칠정은 기질에 좇으므로 기의 발이라 말한 것이 어찌 옳지 못한가? 아마도 주자가 원래 말한바 소위 천지의 성을 논한다면 오로지 리를 가리켜 말한 것이고, 기질의 성을 논한다면 리와 기를 섞어 말한 것이 대략 혼륜(混淪)과 분별(分別)의 실마리는 있으니, 또한 중요한 곳에 나아가 말할 수 있다. 결코 율곡이 의심한바 이기(理氣) 이물(二物)이 혹은 앞서며 혹은 뒤하여 상대적으로 두 갈래가 되어 각기 나온 것이 아니다. 대개 리의 발이란 참으로 형상이나 조화가 있는 일로 여기는 것이 아니라, 단지 그 기가 아직 용사하지 않았을 때 곧장 사성(四性)에서 나온다는 뜻으로 말한 것이다. 또 '기수(氣隨)'의 '수(隨)'도 정작 '수행(隨行)한다'는 '수(隨)'가 아니라, 단지 '기로서 형상을 이루고 리가 또한 거기에 부여되었다'는 의미로, 융통성 있게 보면 자연 이기호발(理氣互發)의 의심에 이르지는 않을 것이다. 이는 당연히 주자, 황면재(黃勉齋), 정임은(程林隱), 이퇴계, 기고봉의 여러 설과 합하지 아니할 수 없고, 또한 율곡의 '오로지 리로 말하고 기를 겸해 말했다'고 말함으로써 서로 밝히기 어려운 폐단이 없을 것이니, 그 문하에서 몸소 질정(質正)하지 못한 것이 한스럽다.[8]

8) 《南溪集》, 卷55, 〈四端理發七情氣發說〉: "盖四端之發 雖亦乘於氣 而以其 直從仁義禮智純理底出來 故主於理而目之曰理之發 如人本然之性 雖在氣

박세채의 사단칠정에 대한 입장은 일단 퇴계설에 호의적이고 율곡설에 비판적임을 알 수 있다. 사단이 발용할 때 비록 기를 탄다고 하더라도 인의예지의 순리(純理)로부터 곧장 나왔으므로 리가 주가 되므로 이발(理發)이라 해도 무방하다는 것이요, 또 칠정의 경우 그 발용에 있어 근원은 리에 있을지라도 기쁨, 노여움, 슬픔, 즐거움, 사랑함, 미워함, 욕심 등 이러한 정들이 모두 기와 겸해 발용하므로 기가 주가 되므로 기발(氣發)이라 해도 무방하다는 것이다.

따라서 혼륜(混淪)의 논리로 보면 율곡의 말이 맞고, 분별의 논리로 보면 퇴계의 말도 틀리지 않는다는 것이다. 율곡이 비판하는 바대로 퇴계의 사단칠정의 설이 이기가 이물(二物)이 되어, 서로 선후가 되고, 상대적으로 두 갈래로 나오는 것은 아니라고 하였다. 아울러 리의 발도 실제로 형상조화의 현상이 일어나는 식의 발용이 아니고, 다만 그 기가 아직 용사하지 않았을 때 인의예지의 네 가지 성이 곧장 나온다는 말이라 이해하였다. 또한 율곡이 비판하는 '이발이기수지(理發而氣隨之)'의 '기수지(氣隨之)'도 실제로 수행한다는 의미가 아니라, '기로써 형을 이루니

質之中 而可單指其所主者曰本然之性也 至或不中節 然後謂之惡 七情之
發 雖亦原於理 而以其滾自喜怒哀樂愛惡欲兼氣底發動 故主於氣而目之曰
氣之發 如人氣質之中 雖固有本然之性 而可特就其所主者而言曰氣質之性
也 至乃中節然後謂之和 誠欲溯其源則以性言之 本然之性本在於氣質 而
不可因此不謂之本然 以情言之 四端之情本出於七情 而不可因此不謂之四
端 性情體用 自無異致 於是遂以四端從本然而謂理之發 七情從氣質而謂
氣之發 有何不可 恐與朱子元說所謂論天地之性則專指理言 論氣質之性則
以理與氣雜而言之者 略有混淪分別之端 而亦可就重處言也 決非栗谷所疑
理氣二物 或先或後 相對爲兩歧 各自出來者矣 蓋不以理之發 爲眞有形狀
造化之事 而只得認取其氣未用事 直出於四性之意 又不以氣隨之隨 定作
隨行之隨 而只得以氣以成形而理亦賦焉之意活看 則自不至於理氣互發之
疑矣 是當與朱子勉齋林隱退溪高峰諸說 無不脗合 而亦無栗谷專言理兼言
氣 交互難明之斃 恨不能躬質於其門也."

리가 부여되었다'는 이기지묘(理氣之妙)의 다른 표현에 불과하다 하였다. 그리고 이는 주자, 황면재, 정임은, 이퇴계, 기고봉 등 선유들의 설과 부합한다 하고, 이를 율곡의 문하에서 직접 질정 하지 못한 것이 한스럽다고 하였다.

사실 이러한 그의 사단칠정론은 기본적으로 퇴계의 설에 거의 가깝다고 볼 수 있다. 퇴계가 그랬던 것처럼, '강조하는 바에 따라 입론한다'는 것이 박세채의 기본적 입장이다.[9] 사단이나 칠정 이나 리와 기가 불가분의 관계에 있음을 인정하지만, 무엇이 주 가 되느냐에 따라 주리, 주기의 구분이 가능하고, 이에 따라 사 단, 칠정의 분별이 가능하다는 말이다. 여기에서 주목할 것은 '강조하여 말한다'는 것이다. '사실'과 달리 입론할 때 '대립시 켜' 말할 수 있다는 것이다. 이것은 어떤 존재의 사실을 말하는 것이 아니라, 도덕적 가치를 비교하여 평가하는 방식이다. 여기 에서 사단칠정론은 사실명제가 아닌 가치명제로서의 성격이 있 고, 따라서 그 입론의 방식은 호발설(互發說)의 형식으로 가능하 다는 것이다.[10]

이렇게 볼 때, 박세채의 이기설은 태극이나 리의 실제적인 발 용을 부정한다는 점에서 율곡과 같지만, 심성론 특히 사단칠정론 에서는 율곡설을 비판하고 퇴계의 호발설에 공감하고 있다. 기호 에 기반을 둔 그였지만 율곡설에 전적으로 의존하지 않고 퇴계설 을 수용하는데서 그의 학문적 태도가 잘 나타나 있다. 이러한 그 의 개방적이고 절충적인 학문태도는 기호의 조익, 조성기, 김창 협, 김창흡, 임영 등과 그 궤를 함께 하는 것이며, 우계학풍의 한 특징이라고 볼 수 있다.

---

9) 이동희, 〈조선후기 절충파의 성리학설에 대한 연구〉, 《동양철학연구》, 제 26집, 동양철학연구회, 2001, 96면.
10) 위의 글, 97면.

3. 수양론

성리를 공부하는 까닭은 궁극적으로 성인이 되고 군자가 됨에 있다. 이를 위해 격물치지(格物致知)가 필요하고 성의정심(誠意正心)이 요구된다. 송학에서는 이를 거경(居敬), 궁리(窮理)로 표현하기도 하였다. 박세채는 그의 문집 곳곳에서 인간의 수양문제를 다양하게 다루고 있다.

먼저 그는 입지(立志)를 학문하는 방법에 있어 우선적인 과제로 삼았다.[11] 그는 학문하는 도리는 반드시 입지를 우선으로 삼고, 기질을 변화하는 것으로 요령을 삼아야 한다 하였다. 그리고 소위 뜻을 정한다는 것은 한 마음으로 뜻을 참되게 하여 선을 가려 굳게 잡는 데 있다 하였다.[12] 공자가 15세에 학문에 뜻을 두었듯이, 학문함에 있어 뜻을 세움은 무엇보다 중요한 과제가 된다. 뜻을 세운다 함은 한 마음으로 뜻을 참되게 하여 선을 선택해 그것을 굳건히 잡고 나아감에 있다. 이는 결국 학문하는 목표의 설정이요 학문하는 목적을 분명히 세우는 것이다.

그는 또 말하기를 학문하는 방법은 반드시 입지로서 근본을 삼아야 한다 하고, 대개 성인의 도로서 반드시 행해야 할 것으로 삼는 것이 바로 입지라고 하였다.[13] 이와 같이 입지란 성인의 도를 실천하겠다는 목표와 뜻을 세우는 것이다.

그러면 성인의 도란 무엇인가? 이는 공맹지도(孔孟之道)를 일컫는 것이요, 요순지도(堯舜之道) 내지 유가의 도를 의미한다. 따

---

11) 《南溪集》, 卷30, 〈答沈龍卿〉: "大抵爲學 莫先於立志堅固 莫要於門路不錯."

12) 위의 책, 卷8, 〈乞進德箚子〉: "臣又惟學問之道 必以立志爲先 以變化氣質爲要……所謂定志者 一心誠意 擇善而固執之也."

13) 위의 책, 卷17, 3月 16日, 〈熙政堂召對〉: "然爲學之法 必以立志爲本 盖以聖人之道 爲必可行者 此之謂立志也."

라서 입지는 성인 내지 군자가 되기 위해 유가의 도리를 알고 실천하겠다는 각오를 굳건히 함을 의미한다.

그러면 구체적으로 수양의 방법은 무엇인가? 크게 보면 '인간 되어짐'의 공부란 지(知)와 행(行)을 의미한다. 박세채는 말하기를 성문(聖門)의 학문하는 요령은 지행(知行)일 뿐인데, 그 선후와 경중은 진실로 구분되는 바가 있다 하였다.[14] 그리고 《대학》 한 편의 그 중요한 것을 미루어 본다면, 오직 '지행' 두 가지일 뿐이라 하였다.[15] 이처럼 박세채에 있어 공부하는 방법은 크게 볼 때, 하나는 지적인 노력이고 또 하나는 실천적 노력이었다.

이러한 관점에서 그는 학문하는 방법은 치지(致知), 역행(力行)에 있고, 함양(涵養), 성찰(省察)의 두 가지 길밖에 없다고 하였다.[16] 그는 또 성현의 천 마디 만 마디 말이 무엇인들 인(仁)공부가 아니겠는가마는, 그 요령은 단지 거경(居敬), 치지(致知), 역행(力行)에 있으니, 이것이 주자의 평소 학문하는 규모였고, 이 세 가지 공부가 인(仁)을 구하는 방법이라 하였다.[17] 또한 그는 거경, 궁리, 역행 세 가지가 성학의 종지(宗旨)가 된다고도 하였다.[18]

이렇게 볼 때, 그는 학문하는 방법으로 거경, 치지, 역행 또는 치지 대신에 궁리를 말하기도 하였는데, 여기에서 치지나 궁리는 지적 탐구를 의미하고, 거경이나 역행은 몸과 마음의 실천적인

---

14) 앞의 책, 卷9, 〈乞令看詳官面奏箚〉: "盖聖門爲學之要 知行而已 其先後輕重 固有所分矣."

15) 위의 책, 卷43, 〈答金直卿問〉: "大學一篇若推其要 則惟知行二者耳."

16) 위의 책, 卷11, 〈請依前定進講心經講目疏〉: "盖學問之道 在於致知力行 涵養省察 兩途而已."

17) 위의 책, 卷17, 〈同日宣政殿夕講〉: "聖賢千言萬語 孰非求仁底工夫 而其要只在於居敬致知力行 此乃朱子平日爲學規模也 此三件工夫 乃是求仁之方."

18) 위의 책, 卷35, 〈答黃汝器〉: "……尤以居敬窮理力行三者 爲聖學宗旨."

공부를 의미한 것이다. 이렇게 거경, 치지(궁리), 역행 세 가지를
학문하는 방법으로 삼은 것은 이미 주자나 율곡에게서 볼 수 있
으니, 이러한 선유의 전통을 계승한 것이다. 이에 관한 다음 글
을 보기로 하자.

> 학자는 진실로 마땅히 거경과 궁리를 주로 삼아야 한다. 그러나
> 또한 여기에 잠심해서 복응하지 않을 수 없어야 반드시 서로 발하는
> 이로움이 있게 된다. 성문(聖門)의 학문하는 방법은 대개 두 가지 길
> 이 있는데 실은 하나이다. 요컨대 모두 경(敬)으로써 주를 삼아야 한
> 다. 《대학》에서는 격물, 치지, 성의, 정심, 수신을 말하였는데, 마치
> 〈우서(虞書)〉의 정일(精一), 《노론(魯論)》의 박문약례(博文約禮),
> 《중용》의 명선성신(明善誠身), 《맹자》의 진심지성(盡心知性), 존심
> 양성(存心養性)이 모두 이러한 종류이다. 《중용》에서는 존덕성도문
> 학(尊德性道問學)을 말하였는데, 마치 《주역》의 경의(敬義), 정
> (程) · 주(朱)의 함양진학(涵養進學), 거경궁리(居敬窮理)가 모두 이
> 러한 종류이다.[19]

박세채는 공부의 방법으로 거경, 궁리를 말하지만, 실은 경
(敬) 하나라고 말한다. 따라서 《대학》의 격물, 치지는 궁리의 공
부라면, 성의, 정심, 수신은 거경의 공부라고 볼 수 있다. 또 《서
경》의 인심도심을 정밀히 살피는 '정(精)'의 공부와 도심을 한결
같이 하는 '일(一)'의 공부가 이에 해당하며, 《논어》의 박문(博文)
과 약례(約禮)가 이에 해당하며, 《중용》의 명선(明善)과 성신(誠
身)이 이에 해당하며, 《맹자》의 진심(盡心), 존심(存心), 양성(養
性)과 지성(知性)이 모두 이러한 종류라고 하였다.

---

19) 앞의 책, 卷54, 〈隨筆錄〉: "學者固當以居敬窮理爲主 然亦不可不潛心於此
而服膺焉 必有互發之益 聖門爲學之法 皆有二塗而其實一也 要皆以敬爲
主 大學曰格物致知誠意正心修身 如虞書之精一 魯論之博文約禮 中庸之
明善誠身 孟子之盡心知性存心養性 皆此類也 中庸曰存德性道問學 如易
之敬義 程朱之涵養進學居敬窮理 皆此類也."

또한《중용》에서의 존덕성(尊德性)이 거경의 문제라면, 도문학
(道問學)은 궁리의 문제이고,《주역》의 경(敬), 의(義)와 정주학
에서의 함양(涵養)이 거경의 문제라면, 진학(進學)은 궁리의 문제
였다.

마찬가지로 그는 학문의 종지(宗旨)가 치지역행(致知力行), 함
양성찰(涵養省察) 두 가지 실마리밖에 없다 하고, 반드시 치지 연
후에 역행하고 함양 연후에 성찰해야 한다 하였다. 그리고 계신
공구(戒愼恐懼)는 함양의 때이며, 근독(謹獨)은 성찰의 때이니,
이는《중용》수장에 자세히 말한 바 있다고 보았다. 만약 함양성
찰의 공부를 부지런히 하여 그치지 아니하면, 동정이 서로 함께
하고, 겉과 속이 하나와 같아, 자연히 성인의 경지에 넉넉히 들
어갈 수 있을 것이라 하였다.[20]

이렇게 볼 때, 학문의 종지는 치지와 역행에 있고, 그것을 실
현하는 공부의 방법은 함양과 성찰 두 가지 길밖에 없으며, 구체
적으로는 치지공부가 있은 다음에 역행의 실천공부를 해야 하고,
함양공부가 선행된 후에 성찰공부로 나아갈 수 있다고 하였다.
율곡에 의하면 함양이란 몸과 마음을 모두 거두어 잡는 것을 말
하며, 동정을 막론하고 실천하는 공부를 말한다. 따라서 실천하
는 가운데 함양이 있다.[21]

함양과 성찰을 상대적으로 말하면 함양은 오로지 고요한 곳만
을 가리켜 말한 것이지만, 단지 함양만을 들어 말하면 동정을 겸

---

20) 앞의 책, 卷18,〈四月二十八日宣政殿晝講〉: "臣世采曰 學問宗旨 在於致
知力行 涵養省察兩端 而然必致知然後力行 涵養然後省察 其次第之不相
踰等如此 而戒愼恐懼是涵養時也 謹獨是省察時也 此則中庸首章已詳言之
如以涵養省察 喫緊用工 孜孜不已 則動靜相須 表裏如一 自然優入於聖人
之域矣."

21)《栗谷全書》, 卷31,〈語錄 上〉: "曰收斂身心 皆可謂之涵養 故勿論動靜皆
謂涵養在踐履 則踐履中有涵養矣."

하는 것이다.[22] 성찰은 마음에서 발단하는 선악의 은미한 기미를 잘 살펴 천리와 인욕의 경계를 살피는 공부를 말한다. 함양이나 성찰이나 모두 정심공부인데, 상대적으로 보면 함양은 정적(靜的)인 방법이고, 성찰은 비교적 동적(動的)인 방법이라 할 수 있다.

그 밖에도 그는 경(敬)과 의(義)를 체용 내지 본말로 보아 학문하는 요령으로 삼고 있으며,[23] 또 성(誠)과 경(敬) 두 글자를 성현의 말 가운데 가장 긴절한 것이라 하였다.[24] 아울러 마음공부를 위한 교재로《심경》과《소학》을 중시하였고,[25] 율곡이 강조한 이른바 '구용(九容)'과 '구사(九思)'[26]를 수양의 방법으로 제시하기도 하였다. 이와 같이 박세채가 경을 중심으로 한 마음공부를 강조하고, 또 지행의 병진을 통한 수양론을 전개하고 있음은 우계학풍의 한 모습이라 할 것이다.

---

22) 앞의 글: "曰涵養省察對擧 則涵養專指靜處而言 單擧涵養 則兼動靜也."

23)《南溪集》, 卷17,〈三月三日晝講〉: "敬爲之本 義爲之末 敬爲之體 義爲之用……敬義工夫 實是爲學之要."

24) 위의 책, 續集, 卷6,〈八月初八日晝講〉: "臣世采曰 聖賢之言 莫不切至 而至於誠敬二字 尤是緊切處也."

25) 위의 책, 卷18,〈四月二十二日晝講〉, 續集, 卷11,〈與崔平甫〉.

26) 위의 책, 卷54,〈隨筆錄(丁未)〉.

제10절 하곡 정제두

1. 생애와 인품

정제두(鄭齊斗, 1649~1736)는 우리 나라 양명학을 대표하는 유
학자로 서울에서 태어났다. 자는 사앙(士仰), 호는 하곡(霞谷)인
데, 남계 박세채와 명재 윤증에게서 배웠다. 정제두를 우계학파
의 일원으로 볼 수 있는 것은 바로 그의 스승인 박세채나 윤증이
모두 우계학파에 속한다고 볼 수 있기 때문이며, 우계학파의 중
요한 특성 중의 하나가 바로 육왕 심학에 있기 때문이다. 윤증은
직접 부친 윤선거로부터 조부 윤황을 거쳐 외증조부인 우계에게
그 학문적 연원이 닿는다. 박세채는 김상헌을 거쳐 윤근수 그리
고 퇴계에 닿는 퇴계학파의 학맥에 속하지만, 17세기 윤증과 함
께 소론으로서의 정치적 길을 함께 하였고, 또 사상적으로도 율
곡설만 따르지 않고 퇴계설까지도 수용하는 개방적 태도를 보여
주고 있다. 정제두는 여말 '동방 이학(理學)의 할아버지'로 칭송
받던 정몽주의 11대 손인데, 윤선거의 종질(從姪)과 결혼하였다.
그는 10세 무렵 송시열과 송준길의 문인인 이찬한(李燦漢), 이상
익(李商翼) 등에게 성리학을 배웠다.

정제두는 19세에 초시에 합격했으나 사회적 혼란으로 과거시
험을 단념하고 오로지 학문에만 전념하였다. 그는 30여 회에 걸
쳐 관직에 부름을 받았지만 나아가지 않고, 재야에서 학문연구에
몰두하였다. 그것은 20대 나이에 가정에 불어닥친 가족들의 숱
한 죽음과 자신의 병고 때문이었다.

퇴계가 〈전습록논변(傳習錄論辯)〉에서 양명학을 비판하여 이단
시한 이후, 조선조 학계는 성리학 중심의 경직된 학문풍토를 이

어갔다. 불교, 도가는 물론 같은 유학 안에서도 화담의 기학이나 육왕의 심학까지도 이단시하는 분위기였다. 따라서 이러한 학문적 환경에서 양명학에 관심을 갖고 이를 연구한다는 것은 상당한 모험이었다. 정제두는 23세 무렵 양명학에 심취하여 당시 학계로부터 의혹의 눈길을 받았지만, 끝까지 양명학을 연구하여 한국 양명학을 개척하였다. 그는 41세 이전에는 서울에서 살았고, 60세까지는 안산에서, 그 이후 88세로 세상을 떠날 때까지 경기도 강화에서 생애를 보냈다. 그의 제자 김택수(金澤秀)는 하곡이 몇천 년 동안 반딧불의 번득임조차 없던 암흑 동방 일대에 홀로 횃불을 밝혔다 하고, 정인보(鄭寅普)는 《양명학연론(陽明學演論)》에서 그의 일생 종지가 양명학에 있음을 처음 밝힌 바 있다.

그의 사상적 편력을 더듬어 보면, 20대에는 양명학에 심취하여 깊이 빠졌다가, 50대에 와서는 양명학과 성리학이 다르기는 하지만 그 근본취지는 다를 바 없다는 견해를 밝혔고, 말년에 이르러서 양명학에 대한 비판적 입장에 서고 있다.[1] 따라서 정제두의 양명학은 성리학에 기반을 둔 양명학이라 할 수 있다.

그의 문인으로는 이광신(李匡臣), 이광사(李匡師), 이광려(李匡呂), 김택수(金澤秀), 심육(沈錥) 등이 있고, 그의 학풍은 이광사의 아들 이영익(李令翊), 조카 이충익(李忠翊), 이광려의 문인 정동유(鄭東愈), 정제두의 외손 신작(申綽), 이충익의 현손 이건창(李建昌) 등에게로 전승되어 이른바 '강화학파(江華學派)'를 낳게 되었다. 또한 근세에 와서는 정만조(鄭萬朝), 박은식(朴殷植), 이건방(李建芳)도 양명학을 하였는데, 이건방은 정만조의 당질인 정인보(鄭寅普)에게로 학풍을 전하였으며, 같은 시대에 송진우(宋鎭禹)도 양명학의 발전을 위해 힘썼다.[2]

---

1) 이병도,《한국유학사》, 아세아문화사, 1987, 369~370면.
2) 유승국,《한국의 유교》, 세종대왕기념사업회, 1980, 250면.

그의 저술은 오늘날《하곡집(霞谷集)》으로 전해지는데, 구체적
으로는 〈존언(存言)〉, 〈심경집의(心經集義)〉, 〈정성서해(定性書
解)〉, 〈통서해(通書解)〉, 〈경학집록(經學集錄)〉, 〈하락역상(河洛易
象)〉 등이 있다.

2. 철학사상

정제두는 성리학 중심의 학문풍토에서 양명학에 깊은 관심을
갖고 한국양명학의 새로운 모습을 보여 주었다. 그는 본래 주자
학에 관심을 가지다가 양명학으로 옮겨갔지만, 주자학적 탐구를
완전히 버린 것은 아니어서,[3] 양명에 비해 이기론에 관한 언급이
많은 편이다. 정제두도 성리학 일반에서 말하듯이, 이 세계는 형
이상자로서의 도(道, 理)와 형이하자로서의 기(器, 氣)가 하나의
존재양상으로 전개되어 있다고 보았다.

> 형이상을 일러 도라 하고 형이하를 일러 기(器)라 하는데, 리가 기
> (氣) 가운데 있어 그 형체를 풀어 말하기가 지극히 어렵기 때문에,
> 반드시 모름지기 기 위에 나아가 이와 같이 말한 것이다. 대개 이같
> 이 나누어 설명하지 않을 수 없기 때문에 정자가 '모름지기 이와 같
> 이 말해야 한다'라고 하였다. 그러나 또한 기 위에 나아가 있으므로
> '기 역시 도요 도 역시 기다'라고 하였다.[4]

이처럼 그는 이 세계를 형이상자로서의 도와 형이하자로서의
기로 설명하는《주역》〈계사전〉의 논리에 일단 동의한다. 따라서

---

3) 김교빈, 〈하곡 이기론의 구조에 관한 연구〉, 《유교사상연구》, 제6집, 유교
   학회, 1993, 475면.
4) 《霞谷集》, 卷9, 〈存言 中〉: "形而上者謂之道 形而下者謂之器 理在氣中
   其體極難開說 故必須就氣上而言如此 盖不得不如此分說 故程子曰須着如
   此說 然又必就氣上在 故曰器亦道道亦器."

리는 기 가운데 있어 도(道)와 기(器), 리(理)와 기(氣)는 결코 떨어질 수 없는 불가분의 관계에 있다. 정제두의 관심은 도가 기속에 있고 리가 기 속에 있다는 일원의 존재론적 사고에 초점이 맞추어 있다.

그러면 리와 기는 어떻게 구별되고 각기 그 기능과 역할은 어떠한 것인가? 그에 의하면 기는 리의 운용이고, 리는 기의 조리이다.[5] 마찬가지로 하나의 기가 굽히거나 펴서 음양이 되고, 하나의 리가 드러나서 동정이 된다.[6] 따라서 그에게 음양은 운용, 동정은 조리가 된다.

또한 정제두는 발하는 것은 기이고, 발하게 하는 소이 내지 발하는 까닭이 리라고 하였다. 따라서 기가 아니면 발함이 없고, 리가 아니면 발할 수 없는 것이다.[7] 이와 같이 그는 발하는 것 자체는 기이고, 그 소이연은 리라고 이해하였다. 이러한 이기의 설명은 율곡과 다르지 않다. 그런데 그는 리를 기의 본체니[8] 기의 근원이니 하면서, 기 또한 리요 리 또한 기라고 하였다.[9]

이렇게 볼 때, 정제두의 존재론은 리와 기라는 두 가지 다른 말로 이 세계를 설명하지만, 그 관계성에서는 떨어질 수 없는 하나로, 리를 기의 본체 내지 근본으로 이해하는 것이다. 다시 말하면 리와 기는 체용관계로서, 리를 근본으로 운용하는 것이 기요 기의 조리가 바로 리였다. 따라서 이기는 하나로 있는데, 체로 말하면 리라 할 수 있고, 용으로 말하면 기라 할 수 있다. 이러한 관점에서는 리가 곧 기요 기가 곧 리라 해도 무방하다.

---

5) 앞의 책, 卷9, 〈存言 中〉: "氣者理之運用……理者氣之條理."

6) 위의 책, 卷8, 〈存言 上〉: "蓋陰陽者其氣也 體用者其理也 屈伸以氣言 動靜以理言."

7) 위의 글: "發者氣也(非氣無發) 發之者理也(非理無能發)."

8) 위의 책, 卷9, 〈存言 中〉: "氣之本體爲理."

9) 위의 글: "理爲氣原 氣亦理 理亦氣."

그런데 정제두는 리를 물리(物理), 생리(生理), 진리(眞理)로
구별하여 그의 존재론을 설명한다.[10] 그는 먼저 물리를 조리 있
는 궤적이라 하고,[11] 그것은 사물의 헛된 조리이며 빈 도리로서
넓고 아득하여 근본과 으뜸이 될 수 없다고 보았다.[12] 또한 물리
는 생리가 없고 실체가 없으므로 죽은 물건과 더불어 그 체를 함
께 하는 것이라 하였다.[13] 이와 같이 물리는 만물에 일관된 흐름
으로 작용하는 존재법칙이지만, 그것을 담고 있는 개체의 한계를
넘어 모든 존재에 보편적으로 작용할 수 없다 하였다.

그러면 생리는 무엇인가? 정제두는 물리의 상위개념으로 생리
를 제시하였다. 그에 의하면 정신생기(精神生氣)가 한 몸의 생리
이며,[14] 리(理)나 성(性)도 생리일 뿐이다.[15] 여기에서 그가 말하
는 성이란 본연지성이 아닌 기질지성으로, 성이 곧 정신생기요
생리요 리다. 물리는 빈 조리로서 생물의 경우 종족 보존의 정도
에 머물러 있지만, 생리는 참으로 실한 것으로 능동적으로 드러
날 수 있는 신묘한 생명력을 갖는다. 따라서 생리는 살아 있는
생물에만 있고 무생물에는 없으며, 도적, 포악, 음란 같은 비도
덕적 행위의 경우에는 본래의 특성을 갖지 못한다.[16] 그는 또 생
리가 그 특성을 유지하는 경우와 그렇지 못한 경우가 있는데, 그

---

10) 김교빈, 〈하곡철학사상에 관한 연구〉, 성균관대학교대학원(박사학위논
　　문), 1991 참조.

11)《霞谷集》, 卷8, 〈存言 上〉: "以其條路爲理者 蓋物理是耳."

12) 위의 글: "朱子以其所有條通者爲之理 雖何以謂之該通於事物 然而是卽
　　不過在物之虛條空道耳 茫蕩然 無可以爲本領宗主者也."

13) 위의 글: "朱子則以氣道之條路者爲之理 氣道之條路者 無生理 無實體 如
　　死物同其體焉."

14) 위의 글: "卽精神生氣 爲一身之生理."

15) 위의 글: "理性者 生理耳."

16) 위의 글: "以神生爲理(性志之主 神聖之靈 生生不息者)爲實(於枯木死灰
　　則絶焉 於盜賊暴淫則 息焉)."

척도는 도덕성이라고 보았다. 물리와 생리의 차이가 생명력을 바탕으로 한 능동성이 있느냐 없느냐 하는데서 오는 것이라면, 생리에 다시 도덕성의 존재 유무의 차이가 있다고 보았다.[17] 따라서 생리 가운데에는 도적, 포악, 음란같이 부도덕하고 잘못 드러난 망령된 리가 있기도 하고 도덕적으로 참된 본성을 나타내는 참된 리가 있는데, 이 참된 리 즉 진리(眞理)가 그의 진정한 관심사였다. 생리는 선과 악을 함께 포함하는 것이라면, 진리는 선만 가지고 있는 것이며, 생리 가운데 악을 배제하면 완전히 본래의 모습을 회복할 수 있다.

정제두에 의하면 생명의 신묘함을 리라 하기도 하고 성이라 하기도 하는데, 그러한 성에는 본래 참된 체가 저절로 들어 있으니, 이것이 바로 성이며 리다. 따라서 생명의 신묘함 가운데 참된 것과 망령된 것을 구분하여 참된 체를 주로 삼는 것이 곧 성을 높이는 학문인 것이다.[18]

이렇게 볼 때, 생리 가운데 참된 체가 곧 진리이며, 이 진리가 정제두의 학문적 목표였다.[19] 물론 이러한 정제두의 성리설이 정주성리학의 큰 틀에서 완전히 벗어난 것은 아니지만, 그 정도에 있어서는 많이 다르다고 하겠다. 더욱이 그가 진리의 진리다움을 활활발발한 생명력과 함께 도덕성을 그 내용으로 삼고 있음은 양명학적 색채를 잘 드러낸 것이라고 볼 수 있으며, 이는 정제두의 철학적 특성이라고 보아도 좋다.

---

17) 김교빈, 〈하곡 이기론의 구조에 관한 연구〉, 《유교사상연구》, 제6집, 유교학회, 1993, 452면.

18) 《霞谷集》, 卷8, 〈存言 上〉: "蓋生神爲理爲性 而其性之本自有眞體爲者 是其性也 理也 故於生神中辨有眞有妄 得主其眞體焉 則是爲尊性之學也."

19) 김교빈, 앞의 글, 454면.

참고문헌

〈戒諸子書(尹煌)〉,《谿谷集》,《高峰集》,《국역 조선왕조실록》,
《近思錄》,《南溪集》,《魯西遺稿》,《老村集》,《論語》,《論衡》,《大
東野乘》,《東洲先生遺稿》,《孟子》,《明齋年譜》,《明齋遺稿》,《明
宗實錄》,《法言》,《思辨錄》,《三淵集》,《象村集》,《西溪集》,《成謹
甫集》,《性理大全》,《世祖實錄》,《宋子大全》,《肅宗實錄》,《燃藜
室記述》,《牛溪先生年譜》,《牛溪先生年譜補遺》,《牛溪續集》,《牛
溪集》,《六臣傳(南孝溫)〉,《栗谷全書》,《隱峰全書》,《毅齋集》,
《二程全書》,《仁祖實錄》,《傳習錄》,《貞蕤閣集》,《定齋集》,《周
易》,《朱子大全》,《朱子語類》,《竹川集》,《重峰集》,《中庸》,《遲川
集》,《滄溪集》,《昌黎集》,《聽松集》,《炭翁集》,《退溪全書》,《退陶
先生言行通錄》,《浦渚全集》,《霞谷集》,〈寒氷戒(金宏弼)〉

강주진,《이조당쟁사연구》, 서울대학교출판부, 1971.
김용덕,《조선후기사상사연구》, 을유문화사, 1987.
《성우계사상연구논총》, 우계문화재단, 1991.
유명종,《조선후기성리학》, 이문출판사, 1985.
유승국,《한국의 유교》, 세종대왕기념사업회, 1980.
유영박,《사육신》, 동방도서, 1996.
윤남한,《조선시대의 양명학연구》, 집문당, 1986.
윤정중,《파평윤씨 노종오방파의 유서와 전통》, 선문인쇄사,
  1999.

이병도,《한국유학사》, 아세아문화사, 1987.

이성무,《조선시대당쟁사 2》, 동방미디어, 2000.

이은순,《조선후기당쟁사연구》, 일조각, 1993.

조동영 역,《국역 육선생유고》, 민족문화추진회, 1999.

최완기,《한국성리학의 맥》, 느티나무, 1993.

최완수,《조선왕조 충의열전》, 돌베개, 1998.

풍우란,《중국철학사》, 반도문화사, 1976.

한국사상연구회,《조선유학의 학파들》, 예문서원, 1996.

현상윤,《조선유학사》, 민중서관, 1948.

황의동,《율곡철학연구》, 경문사, 1987.

─────,《율곡학의 선구와 후예》, 예문서원, 1999.

─────,《한국의 유학사상》, 서광사, 1995.

권정안,〈문순공 남계 박세채〉,《동국 18현》, 하, 율곡사상연구
　　원, 1999.

─────,〈탄옹 권시〉,《한국인물유학사 3》, 한길사, 1996.

─────,〈탄옹 권시의 유학사상〉,《도산학보》, 제2집, 도산학술
　　연구원, 1993.

김교빈,〈하곡 이기론의 구조에 관한 연구〉,《유교사상연구》, 제
　　6집, 유교학회, 1993.

─────,〈하곡철학사상에 관한 연구〉, 성균관대학교대학원(박사
　　학위논문), 1991.

김길락,〈만회의 육왕학적 심학체계에 관한 연구〉,《도산학보》,
　　제3집, 도산학술연구원, 1994.

─────,〈명재 윤증의 육왕학〉,《도산학보》, 제5집, 도산학술연
　　구원, 1996.

김문준,〈동주 성제원선생〉,《충현서원》, 충현서원, 2001.

김충렬,〈우율사칠논변평의〉,《성우계사상연구논총》, 우계문화

재단, 1991.

도민재, 〈남계 박세채〉, 《한국인물유학사 3》, 한길사, 1996.

─────, 〈남계 박세채의 성리설에 관한 일 고찰〉, 《유교사상연구》, 제7집, 유교학회, 1994.

성교진, 〈성우계 성리사상연구〉, 건국대학교대학원(박사학위논문), 1984.

성낙진, 〈성우계의 이기일발사상〉, 《성우계사상연구논총》, 우계문화재단, 1991.

송재소, 〈해제〉, 《국역 육선생 유고》, 민족문화추진회, 1999.

안재순, 〈조익의 심학사상〉, 《한국사상가의 새로운 발견 2(조익 연구)》, 한국정신문화연구원, 1994.

오석원, 〈19세기 한국 도학파의 의리사상에 관한 연구〉, 성균관대학교대학원(박사학위논문), 1991.

─────, 〈문렬공 중봉 조헌〉, 《동국 18현》, 하, 율곡사상연구원, 1999.

유명종, 〈절충파의 비조 우계의 이기철학과 그 전개〉, 《성우계사상연구논총》, 우계문화재단, 1991.

─────, 〈명재 윤증의 무실실학〉, 《무실과 실심의 유학자 명재 윤증》, 청계, 2001.

유승국, 〈한국 근대사상사에 있어서 양명학의 역할〉, 《제1회 한국학국제학술회의발표문》, 한국정신문화연구원, 1979.

윤남한, 〈남계집 해설〉, 《한국의 사상 대전집》, 23권, 동화출판공사, 1972.

윤사순, 〈서계 박세당〉, 《한국인물유학사 3》, 한길사, 1996.

─────, 〈조선초기 성리학의 전개〉, 《한국철학사》, 중, 동명사, 1987.

이능화, 〈朝鮮儒界之陽明學派〉, 《청구학총》, 제25호, 1937.

이동준, 〈16세기 한국성리학파의 역사의식에 관한 연구〉, 성균관대학교대학원(박사학위논문), 1975.

이동희, 〈조선후기 절충파의 성리학설에 대한 연구〉, 《동양철학 연구》, 제26집, 동양철학연구회, 2001.

이을호, 〈우계의 실학정신〉, 《성우계사상연구논총》, 우계문화재 단, 1991.

한기범, 〈조선시대 대전지방산림의 학맥과 학통〉, 《한국사상과 문화》, 제7집, 한국사상문화학회, 2000.

_____, 〈명재 윤증의 예학사상〉, 《명재 윤증의 생애와 사상》, 충 남대학교 유학연구소, 2001.

황의동, 〈우계의 도학사상〉, 《우계학보》, 제16호, 우계문화재단, 1995.

_____, 〈명재사상의 성리학적 특성〉, 《무실과 실심의 유학자 명 재 윤증》, 청계, 2001.

_____, 〈우계학의 전승과 그 학풍〉, 《범한철학》, 제28집, 2003.

_____, 〈명재사상의 성리학적 특성〉, 《무실과 실심의 유학자 명 재 윤증》, 청계, 2001.

_____, 〈퇴계철학의 리에 관한 고찰〉, 《인문과학논집》, 제6집, 청주대학교 인문과학연구소, 1987.

찾아보기

294

[ㅇ]

300

302

304